¿Felices para siempre?

El poder de Dios para restaurar tu matrimonio

DANNAH GRESH

PRÓLOGO POR BOB GRESH

EDITORIAL
PORTAVOZ

Publicado originalmente en inglés por Moody Publishers con el título *Happily Even After*, copyright © 2023 por Dannah Gresh. Traducido e impreso con permiso. Todos los derechos reservados.

Edición en castellano: *¿Felices para siempre?* © 2025 por Editorial Portavoz, filial de Kregel Inc., Grand Rapids, Michigan 49505. Traducido con permiso. Todos los derechos reservados.

Traducción: Rosa Pugliese

EDITORIAL PORTAVOZ
2450 Oak Industrial Drive NE
Grand Rapids, MI 49505 USA
Visítenos en: www.portavoz.com

ISBN 978-0-8254-5099-0 (rústica)
ISBN 978-0-8254-6329-7 (Kindle)
ISBN 978-0-8254-6330-3 (epub)

1 2 3 4 5 edición / año 34 33 32 31 30 29 28 27 26 25

Impreso en los Estados Unidos de América
Printed in the United States of America

Elogios para *¿Felices para siempre?*

Pocas cosas hieren más profundamente a una esposa que descubrir que su marido le ha sido sexualmente infiel. La pornografía o cualquier otra actividad sexual extramatrimonial golpea el corazón de la intimidad conyugal. **Dannah Gresh no encubre el dolor. No ofrece una "solución fácil", pero sí esperanza. No escribe desde una torre de marfil, sino como alguien que ha experimentado el dolor y ha encontrado la redención.** Si estás recorriendo este camino, encontrarás en *¿Felices para siempre?* una grata compañía. Recomiendo encarecidamente este libro a las esposas que se encuentran en esta lucha y a las que quieren ayudarlas.

DR. GARY D. CHAPMAN, autor de *Los 5 lenguajes del amor*

Dannah habla con conocimiento de causa. Su matrimonio se ha visto azotado en ocasiones por olas de decepción, fracaso y vergüenza. Sin embargo, a lo largo de los años, he visto cómo ella y Bob encontraban un faro en el evangelio, un ancla en las Escrituras, un puerto en el amor de Dios que guarda el pacto. **A través de sus lágrimas y temores, estos queridos amigos míos han hallado en Cristo la misericordia, la gracia y la esperanza para seguir adelante… juntos.** A partir del caos y el daño causados por las tormentas que han atravesado, Dios ha creado algo de gran belleza y valor duradero. *¿Felices para siempre?* te mostrará cómo Él puede hacer lo mismo en la vida de cualquier persona y cualquier matrimonio que se atreva a aferrarse a Él y tomar su Palabra en serio.

NANCY DEMOSS WOLGEMUTH, editora general de la
Biblia devocional Mujer Verdadera

Franca. Sincera. Sabia. Dannah ofrece la ayuda del evangelio y esperanza a cada corazón herido por el trauma de la traición. Estas páginas no solo están repletas de consejos sólidos, sino que también presentan una visión del matrimonio de pacto, que inspirará a las mujeres heridas a recorrer el camino de la redención con convicción y valentía.

MARY A. KASSIAN, autora de *Chicas sabias en un mundo salvaje*

Todo matrimonio experimenta dolor, decepción y todos los efectos del quebranto. Es una escuela para aprender a vivir el amor y el perdón bíblicos. Con total apertura y transparencia, Dannah invita a la lectora a emprender su propia travesía y ayuda a las mujeres a atravesar los tiempos difíciles en su camino hacia la restauración. **Una lectura imprescindible que conduce a la gracia, la esperanza y la redención que solo podemos encontrar en Cristo.**

LAURA GONZÁLEZ DE CHÁVEZ, directora de Aviva Nuestros Corazones

Recomiendo encarecidamente *¿Felices para siempre?* debido a su franca sinceridad y transparencia que viene de un lugar de verdadero quebrantamiento y, sin embargo, de sanación. La historia de Bob y Dannah Gresh es un testimonio del perdón de Cristo que vence el pecado y trae restauración. Los estudios, referencias y fundamentos bíblicos dan esperanza de que tú también puedes encontrar la felicidad incluso después del dolor de la traición y el pecado sexual. Como exadicta a la pornografía y pecadora sexual que he sido, puedo aseverar las afirmaciones de este libro de que a través de Cristo es posible tener un arrepentimiento real y un cambio.

LAURA PERRY SMALTS, autora de *De transgénero a transformada*

Has adquirido este libro porque te sientes perdida y sin esperanza. Amiga, no eres ni lo uno ni lo otro. El Dios del universo está contigo y te invita a abrir tu corazón a su sanidad y sabiduría. Este libro no restaurará tu matrimonio roto, pero te mostrará un camino hacia la madurez espiritual y la vida de una mujer piadosa que ha recorrido cada paso de este camino. Cuando José se enfrentó a sus hermanos, que lo habían vendido como esclavo, dijo: "Vosotros pensasteis mal contra mí, mas Dios lo encaminó a bien, para hacer lo que vemos hoy, para mantener en vida a mucho pueblo" [Génesis 50:20]. No puedo evitar pensar en este versículo mientras leo *¿Felices para siempre?* A pesar del mal de la traición y el pecado sexual, Dios ha creado una historia de redención para preservar la vida de muchos.

DRA. JULI SLATTERY, autora de éxitos de ventas; cofundadora de Authentic Intimacy

¡Por fin! Un libro que abre un camino a través del caos de los secretos sexuales expuestos. En *¿Felices para siempre?*, la célebre autora Dannah Gresh revela tanto la verdad bíblica como la evidencia clínica necesarias para recuperar la confianza perdida durante el trauma por la traición matrimonial. Este libro es un recurso inestimable, escrito desde la experiencia personal, para cualquiera que haya vivido el engaño y la deslealtad en su matrimonio, así como para todas aquellas personas que anhelan ofrecer esperanza a otros que sufren de esta manera. **Todo pastor y consejero (de hecho, todo cónyuge) se beneficiará del oportuno y amoroso libro de Dannah. Adquiere un ejemplar. Tenlo a mano. Y utilízalo para ofrecer el milagro de la redención a aquellos que se sienten abandonados y rechazados, pero que, a través de Cristo, pueden volver a tener la esperanza de vivir felices… aun después.**

JANI ORTLUND, Renewal Ministries

Este no es el típico libro sobre el matrimonio. Con partes iguales de pura sinceridad y verdad atemporal, *¿Felices para siempre?* te ayudará a enfrentar la realidad de tu matrimonio; es decir, que tú eres una pecadora casada con un pecador, y una realidad aún mayor, que Jesús es un Dios que redime. Tu matrimonio no necesita un cuento de hadas. Necesita la fe de que Dios está dispuesto y es capaz de restaurar todo lo que se ha roto.

ERIN DAVIS, autora de *Fasting & Feasting* y amiga desde hace mucho tiempo

Uno de nuestros mayores temores como seres humanos es el miedo a la exposición. *¿Qué harán los demás conmigo si descubren quién soy realmente, qué hice, con qué estoy luchando?* Este miedo es especialmente poderoso cuando se trata del oscuro mundo del pecado sexual. Por eso **es notable que los cónyuges Gresh hayan escrito con tanta franqueza sobre sus propias luchas con el pecado sexual en su matrimonio. Este libro será de gran estímulo para aquellos que han perdido la esperanza.** ¡Dios todavía promete redimir nuestra vida de la destrucción!

PETE KUIPER, LCSW, Crossroads Counseling of the Rockies

¡Pura verdad… rigurosa y radical sinceridad que conduce a la sanidad definitiva de la redención! *¿Felices para siempre?* está en marcha y disponible. ¡Emprende la travesía!

MIKE BIVENS, maestría en Consejería Cristiana

Conozco a Bob y Dannah desde hace más de treinta y cinco años y puedo señalar que lo que están a punto de leer es cierto. Los he visto luchar por su matrimonio como a ninguna otra pareja que conozca. Puede que pienses que nadie entiende por lo que estás pasando con tu marido, pero Dannah te entiende. Su experiencia, compasión, valentía, sabiduría, perspicacia y fe para creer que se puede vivir "felices para siempre" son evidentes en cada página. Ella sabe lo que piensas y la traición que sientes. Su capacidad para acompañarte por este duro camino de dolor hará que tu travesía sea menos aterradora y te dará fuerzas para dar los siguientes pasos. **Sería difícil encontrar una voz más sabia y de mayor confianza para reafirmar la fe y la esperanza en tu relación con su marido.**

DONNA VANLIERE, autora de éxitos de ventas según el *New York Times* y amiga desde hace mucho tiempo

Bob y Dannah Gresh ofrecen una llave que puede liberar a los hombres y a los matrimonios de la prisión del pecado sexual y la vergüenza. Esta es una lucha con la que lidia un gran porcentaje de hombres en todo el mundo y, sin embargo, existen muy pocos recursos que nos guíen. La vergüenza y el miedo de decepcionar a nuestras esposas es abrumadora y le otorga poder a la vergüenza. Los escritos de Dannah no son solo para mujeres. Ofrece a los hombres una visión del daño y dolor reales que causa este pecado, pero también proporciona un salvavidas de esperanza de que la redención es posible. **Este libro tiene la posibilidad real de convertirse en una herramienta atemporal que salvará matrimonios durante décadas.**

DARREN TYLER, pastor de Conduit Church

¿Felices para siempre? es una historia real. Mi marido y yo somos amigos de Bob y Dannah desde hace veinte años. Los hemos visto atravesar situaciones difíciles. Los hemos visto confiar en Dios con oraciones imposibles. Hemos visto a Dios restaurar fielmente su matrimonio. Sin embargo, no es por eso que sé que este libro es una historia real. **Sé que es una historia real porque, hace veinte años, Bob y Dannah nos transmitieron esta esperanza (estos versículos bíblicos, estas herramientas, estas ideas) durante nuestra propia crisis matrimonial. Sé de primera mano que Dios puede mantener unidas a dos personas cuando el abismo entre ellos parece demasiado grande para zanjar. Sé por mí misma que Dios puede cambiar corazones, mentes y hábitos cuando parecen insensibles. Sé personalmente que, a veces, solo necesitas saber que hay esperanza. Permite que** *¿Felices para siempre?* **sea una voz de esperanza para ti.**

LAURA BOOZ, autora de *Expect Something Beautiful: Finding God's Good Gifts in Motherhood*

Este libro realmente ha tocado mi corazón y me siento increíblemente bendecida por haberlo leído. Para aquellos de nosotros que conocemos este dolor, Dannah ha articulado cuidadosa, reflexiva y amorosamente su historia y la de Bob, sosteniendo en todo momento que nos fortalezcamos en el Señor. Está escrito principalmente para las esposas, pero es posible que tengas una hija, hermana o amiga que se identifique con esta historia. **Me gustaría animar a todas las mujeres a leer este libro para ampliar su perspectiva y entendimiento.** Gracias, Dannah y Bob, por dar a conocer fielmente su historia para honrar y glorificar al Señor.

NICOLA SMITH, una lectora de Escocia

He sido esposa de pastor desde que tenía veinte años. He escuchado y orado por muchas mujeres que decidieron luchar por su matrimonio a pesar de la inmoralidad de su marido. **¡Este es el libro que habría usado con ellas si hubiera estado impreso!** En este libro, Dannah y Bob han elegido hablar de su proceso, y Dannah ha abierto un camino para que otras mujeres tengan el valor suficiente para buscar la sanidad de sus corazones. Pido al Señor que use esta herramienta para redimir y restaurar a muchos que necesitan escuchar la verdad de alguien que pueda decir: "Este es el camino, anden en él" [Isaías 30:21, NBLA].

HOLLY ELLIFF, esposa de pastor y líder de ministerio para mujeres

A Elizabeth "Tippy" Duncan,

que me ha aconsejado con la verdad
durante casi tres décadas.

Este libro es para la mujer que no corre ningún riesgo y espera reconstruir la confianza y la intimidad en su matrimonio después que su marido haya pecado. Un componente clave de la restauración es el arrepentimiento humilde y auténtico, y el quebrantamiento de su marido.

No debes correr riesgos si en tu relación estás experimentando abuso sexual, físico o verbal o traumas repetidos por un pecado flagrante del cual tu esposo no muestra ningún arrepentimiento. Si este es tu caso, deja este libro y llama a alguien que pueda ayudarte a ir a un lugar seguro.

Contenido

Contenido adicional: ¿Tienes preguntas?

Una nota de Bob Gresh

Hace treinta y cinco años conocí a una joven llamada Dannah.

Nos enamoramos, nos comprometimos en un escenario ante dos mil personas y tuvimos una boda de cuento de hadas. Y una vez que por fin fuimos marido y mujer, ~~vivimos felices para siempre.~~

~~tuvimos algunas dificultades, y luego vivimos felices para siempre.~~

luchamos, reímos y lloramos y aprendimos que vivir felices para siempre es un mito, pero descubrimos algo aún mejor: un amor que soporta todas las dificultades.

A veces me gustaría que mi mujer escribiera sobre flores o animales. Podría escribir libros sobre *marketing* o política de Oriente Medio, y yo sería muy feliz, pero no escribe sobre nada de eso. En cambio, escribe sobre relaciones, sexo, verdad y sanidad. Y no escribe ficción, ahí es donde surge la inquietud. Antes que termines de leer este libro, sabrás más de nuestro matrimonio de lo que deseo que sepas, más de nuestros fracasos y momentos íntimos de lo que mi orgullo quiere permitir. No es que nuestro matrimonio sea único. Es que no lo es. Definitivamente, no lo es.

Dannah y yo dimos a conocer un atisbo de nuestra historia en una conferencia de Revive Our Hearts (Aviva Nuestros Corazones) en 2017. Durante veintitrés insoportables minutos, invitamos a miles de mujeres a escuchar algunos de los detalles privados de nuestra historia de dolor y redención. Yo no diría que colgamos nuestra ropa sucia en el patio delantero para que todo el mundo la viera, pero nadie tenía que preguntarse lo que todavía se estaba secando en el patio trasero.

Después que Dannah y yo habláramos aquel día, las mujeres hacían fila para vernos. Durante casi tres horas, oramos con esposas que temían que sus matrimonios estuvieran acabados o que simplemente tuvieran que seguir viviendo tal como estaban. Querían esperanza, necesitaban oír de alguien que sus matrimonios podían ser redimidos.

Ese día mi corazón se conmovió por lo que sucedió, y supe que era necesario escribir este libro. Espero que seas una de las mujeres que lo lea, se identifique con el dolor y use la información para hacer la ardua tarea de dejar que Dios redima tu vida... y tu matrimonio, si es que tu esposo también se pone en las manos de Dios.

Algunas no lo harán. La búsqueda es dolorosa y arriesgada, pero si decides emprenderla, encontrarás la rica realidad de la pasión y la intimidad que solo puedes conocer después de haber fallado y perdonado más veces de las que quisieras. Comenzarán a experimentar el tipo de amor que es posible cuando ambos participan de la historia de redención que Dios está escribiendo en sus vidas.

Espero que elijas creer que pueden ser felices a pesar de todo.

—Bob Gresh

Cómo utilizar este libro

Un libro no salva a un matrimonio.

Para salvar un matrimonio hacen falta dos personas que estén dispuestas a unirse para hablar de sus problemas.

Sin embargo, no dejes de leer este libro si tu esposo no está dispuesto a hacer su parte. Creo que puedo ayudarte a fortalecerte para que afrontes sola la crisis a la que te enfrentas, si es necesario.

Al mismo tiempo, no pienses que este libro es la solución definitiva. Está destinado a ser un complemento de un plan más completo. Una de las razones por las que decidimos contar nuestra historia (y lo que aprendimos en el camino) es que había demasiados tratamientos a base de programas, libros y personas que se presentan como una solución única para todo.

Es ridículo.

Tu historia es única, y necesitarás descubrir las herramientas de redención de Dios para tu propio corazón y matrimonio. Te animo a que hagas lo que sea necesario para experimentar una sanidad completa como individuo y, si es posible, como pareja. Pero, por ahora, todo lo que tienes que hacer es pasar las páginas de este libro.

Las dos primeras partes están diseñadas para que las leas y reflexiones sobre ellas sola. Te ayudarán a estabilizar tu corazón y te prepararán para la labor que tienes por delante. ¡Me hubiera gustado que algunas de las personas con las que trabajamos se hubieran dado cuenta de lo mucho que yo necesitaba eso *antes* de que comenzará la labor de perdón y restauración con Bob!

Ya llegará el momento de trabajar en tu relación.

La Parte 3 está diseñada para ayudarte a hablar con tu marido (si él está dispuesto). Lo ideal sería que, para cuando llegues a esta sección, ya tuvieras un grupo de apoyo o una consejera.

Y asegúrate de consultar el contenido adicional al final del libro, donde abordo preguntas habituales que recibo de las mujeres cuando hablo sobre este tema. Espero que no solo te ayuden a encontrar las respuestas que necesitas, sino que también te recuerden que no estás sola.

Otras mujeres han navegado por estas mismas aguas turbulentas y han salido airosas. ¡Incluida yo!

¡Estoy aquí para ti si crees que Dios puede redimir tu matrimonio!

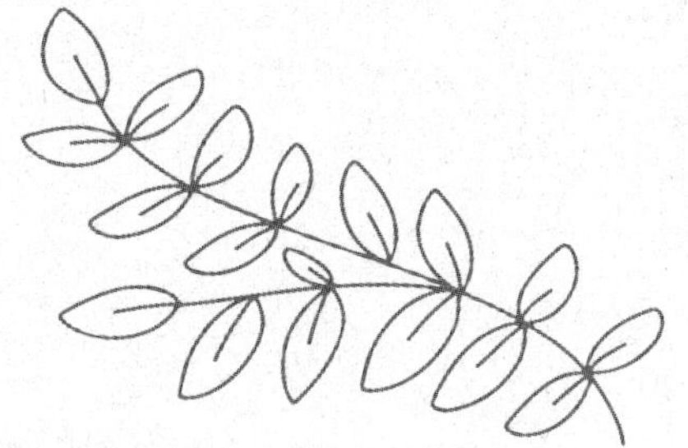

Ahora, así dice Jehová, Creador tuyo, oh Jacob,
y Formador tuyo, oh Israel: No temas, porque yo te redimí;
te puse nombre, mío eres tú. Cuando pases por las aguas,
yo estaré contigo; y si por los ríos, no te anegarán.
Cuando pases por el fuego, no te quemarás, ni la llama
arderá en ti. Porque yo Jehová, Dios tuyo,
el Santo de Israel, soy tu Salvador…
Porque a mis ojos fuiste de gran estima,
fuiste honorable, y yo te amé…

—ISAÍAS 43:1-4

Parte 1

Tu historia de redención no ha terminado

Puede que sientas que tu vida, tal y como la conocías, ha terminado, pero hay un camino valiente y santo que te llevará a experimentar la sanidad de tu vida y tu relación: la *redención*.

La fe es negarse a entrar en pánico.

—Martyn Lloyd-Jones[1]

Nosotros somos felices a pesar de todo

Así que, si el Hijo os libertare, seréis verdaderamente libres.
—JUAN 8:36

Nunca olvidas el día que se apaga la llama de la felicidad en tu corazón.

Aquella tarde estaba en casa, esperando a que mi marido, Bob, viniera a recogerme en su gran camioneta roja para que pudiéramos ir a "comernos todo" a la Feria del condado Grange. Es una tradición familiar que se pega más que la cinta adhesiva para moscas que cuelgan en los establos para cerdos, que irónicamente están situados justo al lado del puesto de puerco asado.

Bob llegó tarde, pero yo no estaba enfadada. De hecho, ese día me sentía muy bien con mi marido. Una semana antes me había lesionado la espalda mientras ayudaba a una amiga a mudarse. No me había gustado el dolor de la lesión, pero la atención y los cuidados que mi hombre me había prodigado eran otra historia. Había sido muy cariñoso mientras me cuidaba durante mi recuperación.

Decidí hacer otro ejercicio de estiramiento, y estaba colgada boca abajo sobre una pelota de ejercicios cuando Bob entró.

"Sí", exclamé mientras él se sentaba en una de nuestras sillas de cuero rojo.

Me extendí boca arriba sobre el globo de goma y comencé a balancearme como una adolescente que pasa el rato con su novio. Mi corazón estaba relajado sin ninguna preparación para lo que se avecinaba.

Bob me estudió con una sonrisa. Sentí su mirada en ese momento. Espera, su mirada era extrañamente distante y perdida. Parecía vacía.

Hacía poco había confrontado a Bob por mis sospechas de que no caminaba en integridad sexual, pero se había hecho el desentendido. Ahora, de repente, todo en mí se dio cuenta de que estaba a punto de decir la verdad. Me levanté, me senté en la otra silla roja y lo miré.

Mi consejera y yo habíamos estado orando para que Dios obrara en el corazón de Bob, pero todavía no estaba preparada para lo que salió de su boca.

—No sé cómo volver a ti o a Dios sin romperte el corazón —empezó.

Y entonces lo hizo.

Me rompió el corazón.

No voy a revelar los detalles de lo que Bob me dijo aquel día. Basta con decir que, antes de casarnos, mi marido había confesado humildemente una feroz batalla contra la tentación sexual que pensábamos que desaparecería después de la boda, pero no fue así. Y habíamos luchado duro contra ella. Juntos. Durante muchos años mi marido había experimentado libertad. Pero, un día, sentados en nuestras sillas rojas, Bob se confesó de nuevo. Había cedido otra vez.

Es mi decisión no contar más, pero Bob quiere que sepas que lo que hizo es peor de lo que puedas pensar, pero no tan malo como puedas imaginar. En su opinión, esta ambigüedad es otra consecuencia del pecado.

Creemos que el dolor de la traición en el matrimonio es similar tanto si el hombre ha consumido pornografía, ha tenido una aventura amorosa o ha tenido otro tipo de comportamiento sexual inapropiado sea el que sea.

Y, sin embargo, a pesar del dolor de esa traición, estoy aquí para decirte que la historia de Bob y Dannah Gresh *no* ha terminado.

Esa frase es una admisión. Escribir este libro me resulta difícil porque a mi esposo y a mí nos queda mucho camino por recorrer, y lo sabemos. *Nuestra historia no ha terminado.* Y punto. Es indiscutible.

Además, esa frase es un grito de guerra porque Bob y Dannah Gresh han ganado una y otra vez. *Nuestra historia no ha terminado.*

Y, finalmente, esa frase es una exclamación de triunfo porque nosotros dos, con la ayuda de Dios, hemos ganado una y otra vez. ¡Nuestra historia no ha terminado! Con signos de exclamación. Sublime expectativa.

Todo empezó muy bien. El día de nuestra boda hicimos un pacto ante Dios para unirnos en matrimonio. Creíamos entonces (y creemos ahora) que para las parejas cristianas este es un acto sagrado con un propósito especial. El matrimonio ayuda a contar la historia de un amor mucho más grande. Invita al mundo a ver el amor sacrificado e incondicional de Jesucristo por su esposa, la Iglesia (Efesios 5:31-32).

> Para ti también es sagrado.
> ¡Por eso tu dolor es muy profundo en este momento!
> El dolor en tu corazón por conocer y ser conocida
> en verdad viene de Dios.

En nuestra boda, Bob y yo queríamos que todos nuestros amigos y familiares supieran que queríamos ayudar a contar la historia del amor de Dios a través de nuestro matrimonio. Así que decidimos hablar en nuestra propia boda.

Yo me acobardé, ¡me aterrorizaba hablar en público!

Bob no. Las palabras que pronunció aquel día fueron mi parte favorita de nuestra ceremonia de pacto matrimonial. Me encantó escucharlas y creí que juntos representaríamos maravillosamente el amor de Dios.

Sin embargo, no nos fuimos cabalgando hacia el horizonte.

De hecho, ni siquiera conseguimos irnos en el nuevo Nissan Sentra de Bob. No pudimos encontrar su auto, que los padrinos de boda habían estacionado para nosotros en el estacionamiento después de la recepción de la boda. ¡Qué pareja más feliz éramos mientras caminábamos a través de cada nivel de ese laberinto de hormigón: yo con mi vestido de novia y Bob con su esmoquin! Nada nos podía robar la alegría de aquel apasionante comienzo.

Por supuesto, nuestra historia contiene un día tan triste como aquel alegre primer día. Un día en el que tuve que asimilar palabras que no quería oír: que la dura batalla de mi marido contra la lujuria se había vuelto incontrolable. Y que los corazones de ambos quedarían ensangrentados.

¿Seguíamos contando la historia del amor de Dios?

No lo parecía.

Parecía que nuestra historia, tal y como la conocíamos, había terminado. O, al menos, la capacidad de vivir felices había terminado.

No obstante, Dios, en su abundante gracia, no estaba levantando su pluma providencial de la página para terminar nuestra historia de manera abrupta. Por el contrario, se estaba preparando para escribir un capítulo que misericordiosamente revelaba algo que Bob y yo ni siquiera podíamos ver.

En realidad, no éramos tan felices como aparentábamos ser.

Cuando hacemos de la mentira nuestro refugio[2]

Hace muchos siglos, el pueblo especial de Dios (los israelitas) buscó la "felicidad" en los lugares equivocados. Se deslizaron lentamente hacia el pecado y la rebelión. Finalmente se aliaron con su enemigo, el rey de Asiria, en lugar de confiar y obedecer al único Dios verdadero. El profeta Isaías dio esta explicación de lo que sucedió con el paso del tiempo:

> "Hemos hecho de la mentira nuestro refugio
> y del engaño nuestro escondite".
> —Isaías 28:15 (NVI)

Esto describe muy bien las circunstancias que hacen que muchas parejas se muevan lentamente desde la vida sana de un matrimonio de pacto hacia la desdicha de una vida en común malsana. En el transcurso de los años, se van deslizando hacia el engaño con una pequeña decisión tras otra. Y, sin darse cuenta, están fingiendo una relación. Desconectados de Dios y el uno del otro, solo siguen juntos por inercia. Han hecho de la mentira su refugio y del engaño su escondite.

Eso es exactamente lo que nos había pasado a Bob y a mí. Estábamos disfrutando de nuestra familia, yendo de vacaciones, cultivando un pequeño huerto como pasatiempo y dirigiendo dos ministerios exitosos. Llevábamos una vida que *parecía* feliz, pero en el transcurso de los años habíamos caído en una vida malsana y solitaria.

Mi esposo estaba atormentado por la culpa y la vergüenza del pecado, que deseaba desesperadamente vencer sin hacerme daño. Y yo tenía la sensación de que algo estaba "mal", pero no me gustaba la idea de lo que podría ser.

Los dos sentimos el impulso del Espíritu de Dios para disminuir el ritmo de nuestra vida y sincerarnos, pero no lo hicimos.

Seguimos haciendo de la mentira nuestro refugio y del engaño nuestro escondite.

¿Es posible que tú también lo hayas hecho?

Es Satanás quien escribe estas historias de esclavitud y destrucción en nuestras vidas. Y solo utiliza un lenguaje: la *mentira*.

> "[El diablo] ha sido homicida desde el principio, y no
> ha permanecido en la verdad, porque no hay verdad
> en él. Cuando habla mentira, de suyo habla; porque
> es mentiroso, y padre de mentira".
> —Juan 8:44

Todas las mentiras tienen su origen en Satanás, incluidas las que tu marido te haya dicho o vivido y la que tú has estado viviendo con él, a sabiendas o no. El objetivo final del enemigo es tu destrucción.

Sin embargo, tú y tu marido no tienen por qué ser una de las víctimas del diablo. Dios quiere escribir una historia de libertad con tu vida.

Este libro es tu invitación a hacer de Dios tu refugio (Salmos 46:1; 91). Y su lenguaje es la verdad.

La verdad te hará libre

Ahora bien, tal vez te aterre la idea de escuchar toda la verdad de tu esposo. Aquí también a Satanás le gusta mentir y decirnos que la verdad será demasiado devastadora. Pero, la verdad, aunque no siempre es sin dolor, nunca es destructiva. Siempre nos hace libres.

Dijo entonces Jesús a los judíos que habían creído en él: Si vosotros permaneciereis en mi palabra, seréis verdaderamente mis discípulos; y conoceréis la verdad, y la verdad os hará libres.
—JUAN 8:31-32

El tipo de verdad que quiero que conozcas no es una serie de hechos concretos, aunque los detalles importan y formarán parte de tu travesía. La verdad que te hará libre es una persona. Jesús dijo: "Yo soy el camino, y la verdad, y la vida" (Juan 14:6). La verdadera libertad se encuentra en una relación viva y amorosa con Él. A medida que permanezcas en la Palabra de Dios, llegarás a conocer la verdad con mucha más profundidad y experimentarás un nuevo nivel de libertad.

Puede que estés diciendo: "Dannah, Cristo ya me ha hecho libre, pero algo no ha funcionado, o no estaría sentada aquí en la desdicha

> ## Busca a Jesús
>
> Si el concepto de una relación con Jesús te parece nuevo, consulta el contenido adicional al final del libro. En él respondo algunas preguntas importantes, como, por ejemplo: **"¿Cómo sé si soy cristiana?"** (Pregunta #1). Llegar a conocer a Jesús es un paso importante para que experimentes todo el potencial de sanidad que se describe en este libro.

absoluta". Pues bien, ¿olvidaste la parte de la batalla épica entre el bien y el mal? En el momento en que descubriste la libertad de Jesucristo, Satanás te puso en su punto de mira. En este caso, tu matrimonio es el blanco, y quiere ver si puede robarte lo que ya es tuyo.

¡Dile que no!

Plántate firme. No te dejes atrapar de nuevo bajo el yugo de la esclavitud espiritual (Gálatas 5:1).

Recuérdale al diablo las palabras de Jesucristo: "Si el Hijo os libertare, seréis verdaderamente libres" (Juan 8:36).

Esto no quiere decir que esta travesía que vamos a emprender juntas vaya a ser fácil. No lo será. Sé que probablemente estés ahí sentada con el corazón abatido, enfadada, frustrada y decepcionada con tu marido. Podrías tener preguntas difíciles sobre tu propia culpabilidad en estas horribles circunstancias. También puedes sentirte a la defensiva y ajena a la obra que Dios quiere hacer en tu propio corazón porque estás rodeada por personas que opinan sobre ti y no sabes qué hacer con ello.

Ya he pasado por eso, como pronto verás.

No obstante, hoy es el día de la sanidad, mi querida amiga. Ponte cómoda. Estoy aquí para abrirte mi corazón y entregarte una porción fresca de fe para *tu* historia.

Esto es lo más importante que debes saber ahora mismo: *no puedes hacerlo sola*. Nadie experimenta la gracia del poder redentor de Dios aislada de los demás.

La verdad que necesitas *No puedes hacerlo sola.*

Hoy te escribo desde una posada histórica, una finca cuáquera a las afueras de Filadelfia. Se construyó en el siglo XVIII y seguro que tiene historias que contar, incluido un capítulo entero sobre cuando era un refugio para el "ferrocarril subterráneo".

Tal vez sepas que el ferrocarril subterráneo no era un ferrocarril en absoluto, sino una compleja red clandestina de rutas, iglesias, casas particulares y personas intrépidas que ayudaban a los esclavos fugitivos en la peligrosa travesía de la esclavitud a la libertad. Pensilvania, un estado libre justo al norte de la línea Mason-Dixon, proporcionó muchos puntos de entrada a la libertad para estos hombres y mujeres desesperados.

Oro para que este libro te proporcione ese tipo de punto de entrada en tu travesía hacia la libertad. Cuando has experimentado una gran esclavitud en tu matrimonio, tienes por delante una travesía agotadora que te sacará *de* la esclavitud del pecado y el dolor, y te llevará hacia la libertad que tu alma anhela conocer.

¿Sabes quién guiaba a la mayoría de esos esclavos por esas rutas secretas? Aquellos que habían conocido íntimamente el dolor de la esclavitud, pero se negaban a permanecer en la esclavitud. Los líderes eran hombres y mujeres que habían recorrido por sí mismos las rutas secretas y conocían el camino de salida.

Bob y yo estamos familiarizados con las rutas secretas y pedregosas hacia la libertad y la redención matrimonial, después del dolor de escondernos en la mentira y en engaño. Queremos mostrarte esas rutas secretas. Hemos decidido ser sinceros con nuestra historia para que puedas conocer la verdad y experimentar la libertad.

¡Imagina que al cerrar este libro has reemplazado toda la angustia que sientes por la verdadera libertad!

- libertad *del* dolor que te nubla el pensamiento
- libertad *de* esos recuerdos que te atormentan
- libertad *de* la desesperanza y la confusión
- libertad *de* la amargura y la ira
- libertad *de* la opinión que las personas tienen sobre ti y tu matrimonio

¡Pero no solo estaremos huyendo del pasado! La libertad que Cristo trae es mucho más completa que eso. Estaremos persiguiendo algunas cosas que pueden estar faltando en tu vida ahora mismo. Así que no solo experimentarás la libertad *de* las cosas que te atan y te frenan, sino también la libertad de sumergirte en el futuro con alegría:

- libertad *para* perdonar *por completo*
- libertad *para* volver a disfrutar de la vida y, tal vez, incluso de tu matrimonio[3]
- libertad *para* tomar decisiones y estar segura de ti misma con la cabeza bien alta
- libertad *para* volver a amar
- libertad *para* convertir esta difícil experiencia en un propósito tan importante, que solo Dios puede ver en este momento.

Incluso mientras escribo estas palabras, siento una gran emoción porque sé que esto es verdad. ¿Por qué? Porque estoy experimentando la felicidad incluso *a pesar de* que Bob y yo hemos vivido en la esclavitud. Cuando dejamos de hacer de la mentira nuestro refugio, descubrimos que la Verdad realmente nos hace libres.

Estoy escribiendo el primer capítulo de este libro, mientras Bob y yo estamos en un lugar encantador llamado *Sweetwater Farm* y, literalmente, sentimos el aroma de las flores.

Esta región del país acaba de salir de un invierno caracterizado por un frío extremo y un exceso de nieve; pero ayer, cuando paseábamos por los terrenos de la hacienda, noté una diminuta promesa de una primavera muy esperada. Ahí estaba, un pequeño brote de azafrán suplicando que le diera el sol para poder florecer. Y luego otro. Y otro más. Más azafranes de los que jamás había visto en un mismo lugar, estaban esperando florecer.

Empecé a esperar que hiciera sol y calor suficiente para que esos pequeños brotes se abrieran antes de irnos de este lugar tan especial. Entonces me fijé cuál era la temperatura. Solo hacía un par de grados por encima del punto de congelación, y no se esperaba que la temperatura subiera mucho.

De vez en cuando elevo una audaz plegaria. Nadie *necesitaba* que esos azafranes florecieran. Solo yo quería que lo hicieran. *Señor, tráenos un calor inesperado y fuera de temporada... ¡y un sol radiante que brille mañana por todo el campo!*

Volvimos a nuestra habitación y disfrutamos de la velada. Y hoy nos hemos despertado con un día de esos que nos hacen dibujar soles con caritas sonrientes. ¡Estamos a 18 grados centígrados a pesar de lo que predijo el meteorólogo!

Bob y yo salimos a ver los azafranes. Efectivamente, estaban abiertos. Y para nuestro deleite, encontramos otra maravilla: un enjambre de abejas. Estaban tan ocupadas como… abejas. El zumbido parecía un alegre canto de alabanza a Dios por la primera cosecha de la temporada.

Nos sentamos juntos en medio de todo: cientos, si no miles, de azafranes y abejas. Estábamos disfrutando juntos de la vida.

Y ese es el verdadero milagro de esta página.

No es que la temperatura se haya calentado lo suficiente para poder ver las abejas sobre los azafranes, sino que nuestros corazones se han calentado, y se volvió a encender la llama por nuestro matrimonio, y el uno por el otro.

Vivimos felices a pesar de todo.

Y quiero ayudarte a experimentar lo mismo.

Empecemos, amiga mía.

Tu matrimonio
no necesita
recuperación.
Necesita
redención.

¿Pueden *ustedes* ser felices a pesar de todo?

Jehová te oiga en el día de conflicto…
Te dé conforme al deseo de tu corazón,
Y cumpla todo tu consejo.
Nosotros nos alegraremos en tu salvación,
Y alzaremos pendón en el nombre de nuestro Dios…
Estos confían en carros, y aquellos en caballos;
Mas nosotros del nombre de Jehová nuestro Dios
tendremos memoria.

—SALMOS 20:1-7

Caminaba por la sala de mi casa cuando, de repente, sentí un impulso irresistible de orar por mi marido. Hacía solo unas semanas que nos habíamos sentado en esta misma sala, en nuestras sillas rojas, y él me había dicho cosas que yo no quería oír.

Caí de rodillas.

Durante varias semanas me había esforzado por interceder, pero ahora las palabras brotaron de mí durante unos veinte minutos. Sentí una fuerte batalla en el reino espiritual.

Me preguntaba qué le estaba pasando a Bob ese día.

Casi inmediatamente después de aquella sesión en la "silla roja", Bob había viajado a otra región del país para participar de un prestigioso programa terapéutico, pero en los últimos días había empezado a preocuparme por la calidad del programa. Muchos de los servicios para personas creyentes que nos habían dicho que estarían disponibles no lo estaban. Y aunque en el sitio web del centro se especificaba que daban apoyo a las parejas y las familias, apenas conseguí que me devolvieran las llamadas, ni hablar del fin de semana personal para parejas que nos habían prometido programar.

Oh, Señor, ¡no me gusta no formar parte de esto! ¿Soy yo la que está descontenta o eres Tú quien nos está mostrando otro camino? Por favor, muéstrame si está bien cambiar de rumbo. ¡Muéstrale a Bob!

El flujo de palabras se detuvo repentinamente tal como empezó.

Pues bien, ¡eso era inusual!

Anoté la hora en mi diario de oración: 6:51 p.m. Tenía la intención de preguntarle a Bob qué estaba pasando mientras oraba.

Horas más tarde me llamó.

—Cariño, no sé qué vas a pensar de esto —empezó—, pero creo que tengo que irme de aquí.

Continuó explicando que antes había asistido a una reunión convocada especialmente. Varios de los hombres del programa estaban preocupados porque pensaban que sus esposas no recibían todo el apoyo que necesitaban. Cuando expresaron su preocupación, les dijeron que estaban experimentando "pensamientos defectuosos". El terapeuta les pidió que repitieran todos: "El equipo quiere a sus esposas y hace todo lo posible por cuidarlas".

Anoté esa notable afirmación. Según mi experiencia, no era cierta. Entonces pregunté:

—¿A qué hora tuvo lugar esta reunión?

Fue a la hora exacta en que tuve el impulso de orar.

Estás en medio de una batalla espiritual cósmica de proporciones épicas. ¡No olvides ni por un segundo que Satanás quiere destruir tu matrimonio y tu esposo!

Debes actuar con rapidez.

Y con gran discernimiento.

Necesitarás ayuda, una buena ayuda sólida y sabia. Y encontrar este tipo de ayuda puede ser difícil.

El triste estado de nuestra cultura ha dado lugar a una industria de recuperación que no siempre acierta. Nunca tengas miedo de cambiar de rumbo para encontrar lo que funciona para ti. Y no permitas que nadie te haga dudar de tu propia cordura.

> Ni las voces culturales que tratan de normalizar el pecado sexual.
> Ni tu esposo, si intenta excusar su comportamiento
> o decirte que estás exagerando.
> Tal vez ni siquiera una clínica de recuperación
> de prestigio.

De hecho, una de las razones por las que estoy escribiendo este libro es que Bob y yo no comenzamos nuestro propio trabajo matrimonial con el pie derecho. Deseo desesperadamente ayudarte, para que no tengas que aprender las lecciones difíciles que yo tuve que aprender sobre el pavimento caliente de la vida.

¡Cómo me gustaría poder llamar a tu puerta y escuchar tu corazón! A veces necesitas desesperadamente que alguien escuche tu historia y te diga que esto no es el final. Ha sido un gran placer para mí escuchar a un gran número de amigas que están pasando por tu misma situación. ¡Muchas de nosotras hemos sido heridas por la batalla de nuestros maridos con la lujuria!

Hace poco me escribió una de mis amigas preferidas. Recordaba que fui a visitarla justo después que descubriera el pecado de su marido. Estaba tan abrumada y herida que no recuerda mucho de esos primeros días.

Sin embargo, sí recuerda mi visita.

Recuerdo que apareciste en la puerta de mi casa con una bolsa de tu granola favorita. (¿Te acuerdas?). Entraste y escuchaste mi historia, mis pensamientos y mis emociones. (¡Yo estaba desbordada!). Pero sabía que me entendías. ¡Tuviste tanta gracia conmigo! Sabía que al final me animarías a hacer lo que la Palabra de Dios quería que hiciera, pero la mayor parte del tiempo solo escuchaste. Hiciste tiempo para estar conmigo (me elegiste a mí) cuando me sentí terriblemente rechazada, abandonada y sin amor.

¿Te sientes rechazada, abandonada y sin amor?

Te comprendo. Yo también he sentido las mismas emociones desesperantes.

Quizá te preguntes si hay esperanza. La respuesta es un sí incuestionable y rotundo.

Saca un poco de tu granola favorita y tal vez una taza de té caliente. Sentémonos juntas en silencio mientras lees este libro. Si necesitas hacer un alto para gritar o llorar, no hay problema. Cuando solo necesites mirar a la pared un rato y procesar las cosas, estaré aquí esperándote.

En las próximas páginas te daré la oportunidad de procesar parte de tu historia. Por ahora, ¿qué tal si te cuento un poco más de la mía?

Cuando Bob y yo nos encontramos en la zona cero de nuestra relación, tomamos la decisión de restaurar nuestro matrimonio juntos.

"Busquen la mejor ayuda que exista", nos dijo un amigo.

Así lo hicimos, o eso creíamos. Ambos pensamos que Bob necesitaba "recuperarse", así que decidimos invertir en uno de los programas más populares en el mercado de la recuperación. Según nuestras investigaciones, se trataba de un programa "modelo" de primera categoría. Aunque el método era esencialmente secular, nos aseguraron que incluía un curso para creyentes, coherente con nuestras creencias cristianas.

Sin embargo, a mitad del programa de cuarenta y cinco días, ambos nos sentimos inquietos. Bob diría que algo de lo que experimentó fue útil, pero que la presencia de Dios parecía estar bloqueada. El curso para creyentes que nos habían prometido estaba aplazado porque "el libro no llegaba". Y el fin de semana de terapia familiar se seguía cancelando, y eso nos impedía participar *juntos* en el trabajo de recuperación.

Habíamos intentado con el mejor tratamiento del mundo con la idea de integrarlo con nuestra fe cristiana, pero no funcionó.

Muchas mujeres vienen a mí porque han cometido errores similares. A menudo recurren a cualquier programa o terapeuta local que su seguro paga o que es más asequible. A veces encuentran un pastor bienintencionado que las aconseja, pero que no entiende las complejidades clínicas de lo que están experimentando. Otras veces encuentran un profesional clínicamente informado, que simplemente no entiende la batalla espiritual que se está librando. Inevitablemente, se encuentran en un lugar donde lo que están intentando no funciona.

Puede ser intimidante la tarea de determinar en quién puedes confiar para que te guíe en esta tortuosa travesía.

Así que déjame ser directa y decirte por qué no debes recurrir a los programas de recuperación del mundo en este momento. Estos programas tienen una tasa de fracaso aterradoramente alta. El fallecido Neil Jacobson, un profesor especializado en la investigación sobre los conflictos matrimoniales, afirmaba que solo entre el 35% y el 50% de las parejas que recibían terapia matrimonial experimentaban mejoras, y que, al cabo de un año, menos de la mitad de esas parejas conservaban los beneficios.[1] Esto llevó a John Gottman, un psicólogo que ha trabajado durante más de cuatro décadas en la predicción del divorcio y la estabilidad matrimonial, a escribir que "a largo plazo, la terapia matrimonial no beneficia a la mayoría de las parejas".[2]

Si depositas tu confianza en la terapia y la recuperación, puedes encontrarte profundamente decepcionada por los resultados.

Permíteme sugerirte un camino más valiente, profundo y santo.

La verdad que necesitas *Tu matrimonio no necesita recuperación. Necesita redención.*

La redención es el acto que te hace libre del pecado, el error o el mal y restablece tu funcionamiento saludable. El pecado te ha llevado a la situación en la que te encuentras. Es probable que estés profundamente herida y consciente del pecado de tu esposo en este momento, ¿no es así?

La triste verdad es que ningún programa, plan o tratamiento psicológico será suficiente para redimir a tu esposo, a ti o a tu matrimonio. Puede haber algunos instrumentos en las cajas de herramientas del mundo que Dios puede usar para ayudarte, pero sin Él no habrá redención. ¿Por qué?

> Hay cosas que solo Dios puede hacer, y para nosotros intentar hacerlas es malgastar nuestros esfuerzos... Entre las cosas que solo Dios puede hacer... está la obra de la redención.
> —A. W. Tozer[3]

Ningún programa para sanar tu matrimonio funcionará a menos que Dios esté en el centro del mismo, porque solo Él puede redimir a una persona del pecado.

Los días en que vivimos (y muchos de nuestros matrimonios también) están manchados con el profundo dolor del *pecado*. Por supuesto, la mayoría de la gente prefiere hablar de la palabra "pecado" en voz baja, si es que la usan. Ciertamente, el lenguaje del pecado franco y directo casi nunca se utiliza en las salas de consejería.

El psicólogo cristiano Mark R. McMinn cree que la mayoría de nosotros, incluidos los cristianos, no queremos realmente hablar del pecado ni entenderlo. Escribe:

> Esto no es solo un problema de la psicología generalizada; también ha afectado a la psicología cristiana. Philip Monroe, miembro de la facultad del SBiblical Theological Seminary, observó recientemente que solo 43 de los 1143 artículos publicados en las revistas profesionales, *Journal of Psychology and Theology* y

Journal of Psychology and Christianity, están relacionados con el pecado, y solo cuatro de ellos están relacionados con los efectos o el tratamiento de los patrones pecaminosos. Me pregunto si hemos perdido el lenguaje del pecado porque el lenguaje de la psicología ha ocupado su lugar.[4]

Yo también me lo pregunto.

Los mensajes de los métodos de la psicología, la autoayuda, la terapia emocional y el movimiento de recuperación se escuchan con fuerza y se aplauden casi universalmente, a pesar de sus limitaciones. De modo que puede ser fácil olvidar que solo Jesucristo tiene el poder de redimir del pecado a las personas quebrantadas.

Estoy aquí para recordártelo.

Mientras tu Redentor esté invitado a escribir tu historia de redención, hay esperanza de que puedas ser feliz incluso después que tu matrimonio haya experimentado un gran dolor, pero depende de tu respuesta a esta pregunta:

¿Dónde pondrás tu esperanza?

Los carros y los poderosos caballos eran los autos de carrera del mundo antiguo. Personificaban la vida moderna. No solo eran el medio de transporte preferido de la realeza y la élite, sino que revolucionaron las tácticas de guerra militar.

El rey David escribió una poderosa declaración de convicciones que necesitamos para una época como esta:

> **Estos confían en carros, y aquellos en caballos;**
> **Mas nosotros del nombre de Jehová nuestro**
> **Dios tendremos memoria.**
> —SALMOS 20:7

Con esas palabras estaba desacreditando el método más moderno para ganar una guerra y sugiriendo que Israel tenía algo mucho mejor. Insinuaba que ganarían porque confiaban en el nombre de Dios; tenían memoria del nombre del Señor.

Me encanta.

Porque es muy fácil olvidarlo.

Los programas de recuperación y los libros de autoayuda son los carros y caballos de nuestros días. Son el estandarte mundial para ganar batallas mentales, emocionales y matrimoniales. Por eso, tantas personas en nuestra cultura depositan su confianza en ellos.

Ahora bien, no te dejes engañar. No tengas amnesia espiritual, ¡no en un momento como este!

En cambio, te invito a que pongas tu confianza en el nombre del Señor. Deja que Él sea tu refugio. Él *es* tu esperanza de redimir a tu esposo, tu matrimonio y tu historia.

En medio de nuestro trabajo matrimonial, Bob y yo decidimos abandonar ese programa de tratamiento, que es considerado el programa modelo de la recuperación. Para nosotros era el carro equivocado porque Jesús no lo conducía.

Ahora bien, esto es absolutamente crucial: ¡no debemos descartar por completo la ayuda profesional! Tenemos demasiada experiencia como para creer la mentira de que podríamos vencer las garras de la lujuria en estos tiempos sin la ayuda de individuos clínicamente informados. El mismo día que Bob dejó ese programa, llegó a otro, donde un equipo autorizado de terapia cristiana empleaba las herramientas de diagnóstico e investigación de la ciencia del comportamiento.

La diferencia es que ellos pusieron a Jesús en el asiento del conductor de nuestra sanación.

Creemos firmemente que es *imperativo* que trabajes con un consejero, un grupo de apoyo o un programa de tratamiento que tenga una base bíblica *y* esté informado clínicamente. El siguiente capítulo te ayudará a entender por qué. Contiene información importante que desearía que alguien me hubiera dado a conocer cuando comencé a pedir al Señor que redimiera mi matrimonio roto.

Tu historia de redención

Bob y yo somos una historia de redención en progreso. La nuestra no será exactamente igual a la tuya, y no debería serlo. Ustedes son una pareja única, y la travesía de ustedes será diferente a la de nosotros.

Sin embargo, hay algo que nuestras historias probablemente tengan en común: la pornografía. Dado que se ha convertido en una triste norma en nuestra cultura, a menudo es la puerta de entrada a otros problemas y sufrimientos conyugales. Un estudio del año 2002 reveló que entre el público en general, en el 68% de los casos de divorcio "una de las partes conoció a un nuevo amante a través de Internet" y, en el 56%, una de las partes tenía "un interés obsesivo en los sitios web pornográficos".[5] Aún más trágico, los matrimonios cristianos no están exentos. ¿Sabías que el 64% de los hombres cristianos y el 15% de las mujeres cristianas afirman mirar pornografía al menos una vez al mes![6]

No permitas que nadie te diga que la pornografía no es dañina. La exposición prolongada a esta versión retorcida de la buena dádiva de Dios desintegra la intimidad en el matrimonio, erosiona la cordura, destruye la confianza y, a menudo, conduce a la infidelidad.

Debido a que la pornografía es, al parecer, omnipresente, muchas mujeres se vuelven complacientes acerca de la lucha de su marido con esta. No dejes que eso te ocurra a ti. No *todos* los hombres viven esclavizados a una mentalidad lujuriosa. Y el hecho de que muchos estén esclavizados no es razón para simplemente aceptarlo en tu matrimonio.

Debes hacer algo. Y puedes hacerlo.

Mientras estés caminando con el Señor, el Espíritu Santo nunca permitirá que estés de acuerdo con algo menos que la completa fidelidad sexual en tu matrimonio.

Solo el Espíritu de Dios puede llevar a tu marido al arrepentimiento, pero tú puedes influir en él para que busque al Señor y reciba la ayuda que necesita. Incluso los maridos "que no creen a la palabra" pueden ser "ganados sin palabra por la conducta de sus esposas" (1 Pedro 3:1). ¡Ese poder es tuyo por medio de Jesucristo!

Me gustaría ser parte de tu historia de redención. No tengo todas las respuestas a tus preguntas. No soy una consejera capacitada ni una experta. Solo soy una mujer que ha estado donde tú estás y quiere acompañarte en tu travesía, porque *yo necesitaba desesperadamente a una amiga así cuando estaba en tus mismas circunstancias.* Es muy útil aprender de alguien que ha pasado por lo mismo.

Por ejemplo, me hubiera ayudado mucho entender lo que estaba pasando en el cerebro de mi esposo.

Y en el mío.

Así que pasa la página. ¡Y te diré lo que yo no tuve la oportunidad de oír en ese momento!

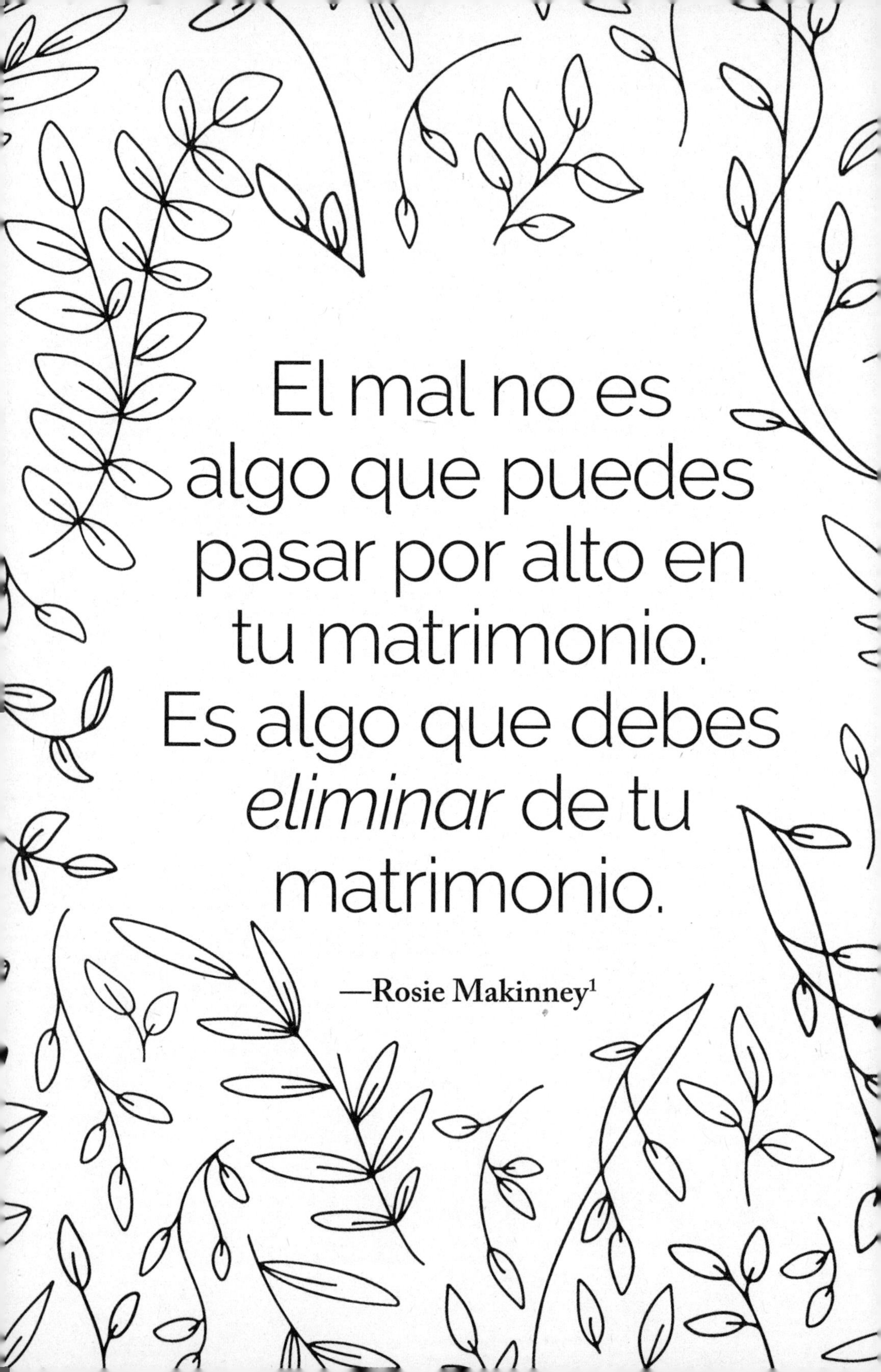

El mal no es algo que puedes pasar por alto en tu matrimonio. Es algo que debes *eliminar* de tu matrimonio.

—Rosie Makinney[1]

Así funciona su cerebro (y lamentablemente el tuyo) con el pecado

"Lee libros sobre codependencia".

Muchas personas me lo recomendaron. Una incluso me dio el título de un libro específico para comprar.

Lo compré. *Quizá sea la llave que abra mi cerebro de esta cárcel de confusión.*

Con una taza de té caliente en una mano y el libro sobre codependencia en la otra, empecé a leer, ansiosa por comprender.

A medida que digería el contenido, veía que los síntomas y signos describían a casi todas las personas que conocía en un grado u otro, incluida yo misma. Y después de muchos años de trabajar con mi propia terapeuta, estaba bastante segura de que el diagnóstico no se ajustaba a mí.

Sin embargo, no podía dejar de preguntarme: *¿Estoy en un estado de negación?*

En lugar de obtener claridad, empecé a sentirme más confundida que antes.

Muchas de las mujeres que he conocido cuyos maridos están atrapados en el pecado sexual me dicen que se sienten confundidas.

Pues bien, ¡acércate, porque te ayudaré a recuperar tu cerebro! En el proceso, espero convencerte de *por qué* necesitas *un consejero cristiano profesional o un grupo de apoyo que combine una sólida comprensión clínica de cómo funciona el cerebro con un sano respeto por la Palabra de Dios.*

¿Te parece abrumador? Dame la oportunidad de explicarte. Hay tres razones por las que necesitas (y mereces) esta ayuda.

Razón #1: Llegar a la verdad puede ser complicado y confuso

Me alegro de que estés leyendo este libro. Los libros pueden ser útiles.

También pueden terminar por ser muy confusos. Al menos algunos de ellos lo fueron para mí.

Lo mismo ocurre con el así llamado movimiento de recuperación. Aunque muchas de las prácticas utilizadas por los programas y grupos de recuperación pueden ser útiles, incluso salvar vidas, otras traen confusión, especialmente para las parejas que tienen problemas.

Un ejemplo claro: el modelo de adicción al pecado sexual.

Es probable que hayas oído hablar de la "adicción al sexo". En 1983, el Dr. Patrick Carnes teorizó que el comportamiento sexual "fuera de control" se parecía al patrón de los alcohólicos, y que muchos de ellos son en realidad adictos al sexo. Treinta años después, aunque la adicción al sexo no está incluida como diagnóstico en el más reciente *Manual de Diagnóstico y Estadística de los Trastornos Mentales* (DSM-5-TR) de la Asociación Americana de Psicología, el término es ampliamente utilizado hoy día para describir a aquellos que consumen pornografía o tienen comportamientos sexuales compulsivos y parecen no tener la capacidad de dejar de hacerlo.

Los expertos no se ponen de acuerdo en cuanto al lenguaje para este diagnóstico. Sin embargo, muchas personas, que han enfrentado fuertes batallas con la tentación sexual, utilizan el término *adicción*. Creen que describe adecuadamente su angustiante experiencia de intentar dejar ese comportamiento compulsivo para volver a caer en él.

Yo, personalmente, tomo el término *adicción* con cautela. No niego que el modelo de adicción pueda aplicarse a los problemas sexuales. He pasado por demasiadas cosas como para pensar lo contrario, pero sigo teniendo algunas inquietudes. Y una de ellas, como ya he mencionado, es que los defensores del modelo de adicción presuponen tradicionalmente que una mujer casada con un adicto al sexo es, por definición, *codependiente* o *coadicta*.

Aunque esto puede ser cierto para algunas mujeres, no creo que lo sea para todas. Y creo que este diagnóstico instintivo puede traer confusión innecesaria, culpa y vergüenza a quienes están erróneamente clasificados. Además, puede impedir que estas mujeres reciban la ayuda específica que necesitan.

Esta creencia cuenta con el apoyo de un subgrupo de médicos que reconocen la fortaleza, la inteligencia y la madurez (junto con el sufrimiento) de las mujeres casadas con adictos. Algunos de estos médicos han comenzado a hablar en contra de la etiqueta automática de codependiente. Un número creciente de profesionales ha empezado a referirse a las esposas de los adictos al sexo como *compañeras* en lugar de *coadictas*. Esto ha allanado el camino para importantes investigaciones. Ahora hay pruebas fehacientes de que la mayoría de las *compañeras* (quizá hasta el 70%) tienen síntomas de estrés postraumático. Eso no quiere decir que se les diagnostique un trastorno de estrés postraumático (TEPT), pero experimentan algo parecido.[2]

Veremos algunos síntomas cuando lleguemos a la Parte 2 de este libro. Por ahora, solo quiero validar que lo que has estado experimentando es angustiante y también hacerte saber algo importante:

La batalla de tu esposo con el pecado no te convierte necesariamente en una mujer coadicta o codependiente.

He aquí algunas cosas que es bueno saber:

1. **No es tu culpa.** No tienes ninguna responsabilidad por el pecado de tu esposo. Ninguna.
2. **Estás sufriendo los daños colaterales**. Una de las mejores cosas en las que puedes trabajar en este momento es en tu propia sanidad.
3. **Puedes sanar y crecer en cualquier área.** Permite que Dios use esta prueba para revelar cualquier área de tu vida en la que Él quiere hacerte madurar.

Te insto a que mires el futuro con el deseo de que Dios utilice tu experiencia. Cualquiera de los términos que he mencionado ("codependencia", "coadicción" o "trauma por traición") *podría* describir con exactitud tu experiencia. Tal vez los tres lo hagan, pero nunca dejes que alguien te ponga automáticamente una etiqueta, sin llegar a conocerte en verdad a ti y tu situación.

Necesitas un apoyo que tenga *tanto* una base bíblica como una información clínica, porque has experimentado algo traumático y los consejos que recibas podrían ser confusos. No deberías intentar hacer frente a esta incongruencia por tu cuenta, porque es posible que tu cerebro no esté funcionando tan bien como de costumbre.

Razón #2: Tu cerebro puede estar atrapado en modo alarma

Cuando el marido de Ashley Jameson le confesó por primera vez su pecado, ella reaccionó de un modo que nunca hubiera imaginado. Al mirar atrás, se describe como "irracional". Incluso se sorprendió al descubrir su reacción de arrojar cosas. Cuando acudió a alguien de su iglesia en busca de ayuda, le contó tanto la confesión de su marido como su reacción impulsiva. Esa persona le dijo: "Muchas mujeres pasan por esto. Solo necesitas perdonarlo".[3]

Decirle a una mujer traicionada en su matrimonio que "solo necesita perdonarlo" es tan útil como decirle que no grite cuando tiene diez centímetros de dilatación y está a punto de dar a luz a un bebé de cuatro kilos. Felizmente, nuestros cuerpos no traen bebés al mundo todos los días, pero fueron diseñados para pasar por ese doloroso proceso de vez en cuando.

Tu cerebro es algo parecido. Está diseñado para adorar al Señor, disfrutar de la creación, resolver problemas matemáticos, leer libros, comunicarse con las amistades y muchas otras cosas cotidianas. Pero tu cerebro también fue diseñado para mantenerte a salvo en las raras ocasiones en que percibe un peligro inminente. Cuando esto ocurre, el cerebro entra en un modo de alarma único, durante el que se producen muchos cambios fisiológicos. El cerebro utiliza toda su energía para protegerte.

En menos de una vigésima parte de segundo,[4] una pequeña estructura del cerebro llamada amígdala toma el control, y el córtex prefrontal, que se ocupa del autocontrol, queda prácticamente anulado. (Esto explica por qué puedes sentirte irracional y más propensa a gritar y arrojar cosas). La amígdala envía señales a las glándulas que liberan adrenalina y cortisol, que a su vez afectan al ritmo cardíaco, la respiración, la vista, los oídos, la sangre, la piel y los músculos. Todo en ti se prepara para luchar, huir o hacerte el muerto.

En la mayoría de los casos, el peligro pasa y tanto el cerebro como el cuerpo se calman en aproximadamente media hora, pero no siempre es así en caso de un hecho traumático. En cambio, el cerebro puede entrar en un estado de vigilancia *que no siempre se apaga.*

Ahora bien, no te asustes. Es posible que las personas con este problema se recuperen,[5] pero necesitas la ayuda de personas con conocimientos clínicos. Tu amiga piadosa de la iglesia puede estar capacitada para ayudar a matrimonios en el que los cónyuges pelean sobre quién saca la basura, pero esa misma persona no estará capacitada para aconsejar cuando se trata de cómo el pecado sexual de tu esposo afecta tu corazón y tu cuerpo.

Un consejero cristiano bien preparado o un grupo de apoyo clínicamente informado entenderán que un trabajo muy importante, como el perdón, podría tener que esperar. Primero necesitas estabilizarte. De lo contrario, el trabajo importante para tu matrimonio podría ser prematuro y estar incompleto, y creará, inevitablemente, más confusión y, posiblemente, una respuesta continuada de trauma.

Si tu trauma es nuevo, si revives repetidamente el dolor de lo que te ha sucedido o si estás en un punto en el que temes no poder confiar en tu propio juicio, este no es el momento de preocuparte por "superar" tu dolor. En lugar de eso, necesitas nutrirte mental, emocional y espiritualmente. Por eso he destinado la Parte 2 de este libro a ayudar a centrarte en tu propio corazón y tu propio cerebro. Sin embargo, también por eso te insto a buscar ayuda de una persona específicamente capacitada para manejar las complicaciones de un matrimonio como el tuyo. O como el mío.

Analicemos la situación de Ashley. ¿Necesitaba perdonar a su esposo? Sí. ¿Necesitaba hacerlo mientras su cerebro estaba en modo alarma? No.

Felizmente, recibió ayuda para su cerebro y su alma, y *luego* perdonó a su esposo. Hoy guía a otras mujeres hacia la sanidad como directora de los grupos de mujeres de *Pure Desire*, que se basan en la Biblia y están informados clínicamente.

La segunda razón por la que necesitas un sistema de apoyo basado en la Biblia y clínicamente informado es que tu cerebro puede necesitar cuidados adicionales en este momento, pero tu cerebro no es el único que tiene que enfrentar esta difícil situación.

Razón #3: El cerebro de tu marido *está* secuestrado

Si observas una tomografía computarizada por emisión de fotón único (SPECT) de un cerebro sano, verás que su superficie es lisa. Pero cuando se escanea el cerebro de un hombre que consume pornografía compulsivamente o que abusa una y otra vez del don divino del sexo, se obtiene una imagen completamente distinta. La superficie parece casi un queso suizo, lleno de agujeros. Es similar a la de alguien que consume heroína,[6] una de las sustancias más peligrosas y adictivas que la humanidad conoce.

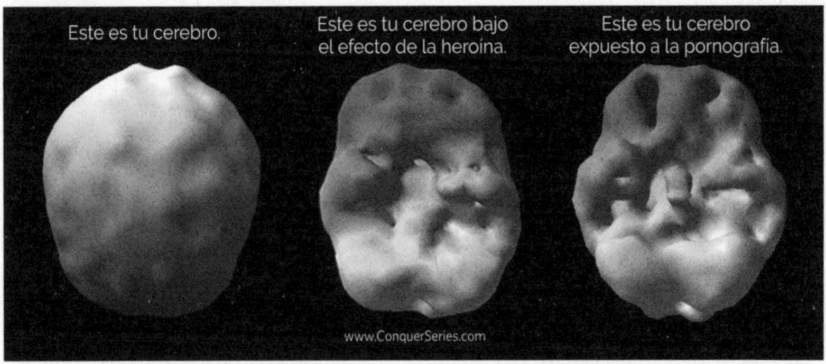

Imagen cortesía de Lawrence V. Tucker, M.D., PLLC, Diplomado de la Junta Americana de Psiquiatría y Neurología que aparece en The Conquer Series.

Los cráteres que se ven en estos escáneres se deben a que el cerebro es maleable. Esto significa sencillamente que puede cambiar y moldearse tanto por un efecto físico (como una conmoción cerebral) *como* por una función (como aprender algo). Los investigadores denominan a esta característica *neuroplasticidad*.[7]

Neuroplasticidad significa que el cerebro puede cambiar de forma para adaptarse a cómo queremos o necesitamos utilizarlo. Esto permite a las víctimas de un derrame cerebral recuperarse y a las abuelas fortalecer su cerebro con juegos como el sudoku. (¡Qué magnífico es eso!).

La neuroplasticidad también nos permite seguir aprendiendo cosas nuevas. De hecho, se pueden observar cambios fisiológicos cuando fortalecemos una determinada zona del cerebro. Por ejemplo, un estudio reveló que los taxistas de Londres tienen el *hipocampo*, la parte del cerebro que les ayuda a memorizar y acceder a mapas, más grande que la media.[8] Increíble, ¿verdad?

Por desgracia, la neuroplasticidad también expone al cerebro a cambios perjudiciales como resultado de experiencias como el consumo de drogas o la adicción a la pornografía. Al igual que la heroína o un accidente automovilístico pueden destruir la estructura y el funcionamiento de un cerebro, lo mismo ocurre con las sustancias químicas que circulan por la cabeza de un hombre cuando está expuesto a demasiado estímulo por la pornografía u otras formas de sexo compulsivo. El subidón proviene de la *dopamina*, un neuroquímico que recompensa al cerebro cuando hacemos algo que es agradable o potencialmente útil para la supervivencia. ¿Si te comes un sabroso pastelillo? ¡Dopamina! ¿Si corres media hora en la cinta? ¡Dopamina!

Los neuroquímicos son neutrales en cuanto a los valores, por lo que la dopamina cumple su función tanto si el placer proviene de algo bueno (como el sexo con tu pareja) como de algo malo (como ver pornografía en exceso).[9] Sin embargo, la forma en que el cuerpo produce esta sustancia química de recompensa es diferente cuando la forma de estimulación no es el sexo *íntimo*, por ejemplo, con la pareja. La neurocientífica Rachel Anne Barr especifica que "las escenas pornográficas, al igual que las sustancias adictivas, son desencadenantes de exceso de estímulo que provocan niveles anormalmente altos de secreción de dopamina. Esto puede dañar el sistema de recompensa de la dopamina y dejarlo insensible a las fuentes naturales de placer".[10]

En otras palabras, el cerebro de tu esposo está secuestrado químicamente.

**Lo que comenzó como un problema moral
es ahora también un problema cerebral.**

La pornografía también produce feniletilamina (PEA) y adrenalina. "Fusionadas, estas dos sustancias químicas producen una sensación embriagadora que supera" el tipo de placer que puede experimentarse incluso con el sexo real.[11]

Así pues, la pornografía actúa como un *estímulo supernormal* que puede causar estragos en la vida humana.

El término *estímulo supernormal* se refiere a "un tipo de estímulo que exagera las cualidades de otros y provoca así que el organismo que lo percibe emita una respuesta mucho más fuerte que ante los estímulos normales".[12] El concepto surgió por primera vez en los años 50 y 60, cuando un destacado biólogo descubrió que podía crear estímulos artificiales que anularan los instintos naturales de los animales. Por ejemplo, podía presentar un huevo artificial extragrande a un ave cuyo instinto de incubar se activaba con la presencia de un huevo. El ave ignoraría sus huevos pequeños normales e incubaría el huevo artificial grande.[13]

Décadas más tarde, este descubrimiento permitió elaborar una estrategia para frenar la propagación de uno de los insectos más destructivos del este de Estados Unidos. Introducida a finales del siglo xx para impulsar la industria estadounidense de la seda, la polilla gitana atacó nuestros bosques frondosos,[14] y así defolió más de cuarenta millones de hectáreas en los cien años siguientes. Sin embargo, los científicos contraatacaron y emplearon diferentes estrategias para combatir el problema. Una de las más interesantes es la interrupción del apareamiento, que consiste en saturar una zona específica con feromonas sexuales concentradas producidas artificialmente por la polilla gitana. En estas zonas, los machos de la polilla gitana se obsesionan tanto por encontrar a las hembras de olor "excepcionalmente sexy" (pero inexistentes), que revolotean como locos junto a las hembras reales.[15]

Eso es lo que provoca la pornografía a un matrimonio.

La primera vez que oí esta comparación fue en boca de la doctora Judith Reisman, una respetada investigadora y opositora a la pornografía.[16] Me convencí aún más de la conexión cuando leí un artículo en *New York Magazine*. El autor, preocupado por algo que observaba en su propia vida, entrevistó a numerosos hombres para ver si su deseo de mantener relaciones sexuales con sus parejas y esposas estaba desapareciendo porque consumían pornografía.

Resulta que había dado en el clavo.

"En la última década —informa la revista *Relevant*— el porcentaje de hombres estadounidenses de entre 18 y 30 años, que declararon no haber tenido relaciones sexuales el año anterior, se disparó del 10% al 28%".[17] Estos hombres están en su plenitud sexual, pero no tienen ningún deseo de intimidad real: solo el *estímulo supernormal*.

Y esto es lo que da miedo: se ha pronosticado que en los próximos años la pornografía en realidad virtual (RV) será un negocio de miles de millones de dólares.[18] Cuando eso ocurra, las personas podrán interactuar con un *estímulo supernormal* en una experiencia 3D que parecerá muy real. No tenemos ni idea de la devastación que esto causará a individuos y familias.

Cuando dije que la pornografía actúa como un estímulo supernormal que causa estragos en las vidas, ¡lo dije en serio!

¿Estás empezando a comprender que el cerebro de tu marido está radicalmente comprometido? ¡Necesita ayuda! No permitas que te convenza de lo contrario.

Y ahí tienes la tercera razón por la que necesitas un apoyo con base bíblica e información clínica. Tu esposo necesita ayuda de personas que entiendan el complejo trauma fisiológico cerebral que él mismo se ha provocado por su propio pecado.

Busca ayuda

Espero que este capítulo te impulse a buscar un consejero con base bíblica y conocimientos clínicos, pero tal vez te preguntes cómo encontrar uno que puedas pagar. O puede que aún tengas preguntas sobre por qué necesitas uno. Te animo a leer la Pregunta #2 al final de este libro: **"¿Por qué necesito un consejero (y cómo puedo encontrar uno bueno)?"**. La escribí para ayudarte a evitar algunos de los errores que Bob y yo cometimos al buscar ayuda profesional.

Necesitamos redimir nuestra comprensión de la adicción

Hasta ahora, todo lo que realmente he demostrado en este capítulo es que necesitas personas con conocimientos clínicos que te guíen a través de la terminología técnica y los ricos recursos de las ciencias del comportamiento. Lo que todavía no he mencionado es algo que requiera que tu sistema de apoyo esté centrado en Cristo.

Así que volvamos a algo que mencioné antes sobre el término "adicción al sexo": que lo utilizo con *cautela*. Una de las razones de mi cautela es la tendencia a etiquetar automáticamente al cónyuge traumatizado del que actúa como codependiente o coadicto. Pero mi principal inquietud es que la preocupación por la adicción puede nublar una sana comprensión del pecado.

En el último capítulo, vimos cómo el lenguaje de la psicología ha eclipsado parcialmente el lenguaje del pecado. Jay Stringer, autor de

Indeseable: Cómo el quebrantamiento sexual nos revela el camino hacia la sanación, observa que lo mismo podría decirse del lenguaje de la adicción:

> Una de las realidades crecientes en nuestra cultura es que cada vez utilizamos menos la palabra *pecado* para describir un comportamiento sexual cuestionable. La palabra preferida, si es que reconocemos algún trastorno, es ahora *adicción*… Este cambio es [bueno porque nos obliga] a cambiar nuestra pereza intelectual por un mayor interés en los orígenes del quebrantamiento. Sin embargo, lo que me desanima es que las Escrituras utilizan las palabras más bellas y sabias que jamás he leído para hablar del pecado.
>
> Creo que necesitamos un modelo que integre el pecado *y* la adicción. He descubierto que cuanto más entiendo lo que la Biblia dice sobre el pecado, más entiendo la naturaleza de la adicción, y cuanto más entiendo lo que la ciencia revela sobre la adicción, más entiendo la naturaleza del pecado.[19]

No podría estar más de acuerdo.

Los adictos a menudo describen sentirse impotentes contra su comportamiento pecaminoso. Se sienten como si estuvieran esclavizados a sus apetitos. Pues bien, creo que Jesús estaría de acuerdo con eso. De hecho, dijo exactamente eso a un grupo de sus seguidores judíos que se preguntaban si estaban en algún tipo de esclavitud:

Jesús les respondió: De cierto, de cierto os digo, que todo aquel que hace pecado, esclavo es del pecado.
—JUAN 8:34

¿Tengo que recordarte que todos hemos practicado el pecado? (De hecho, yo me he vuelto muy buena para eso). En esencia, no tenemos capacidad alguna para lograr nuestra propia libertad de él (Romanos 5:6).

La realidad es que todos los que hemos aceptado a Cristo estamos en recuperación de nuestra esclavitud al pecado. Algunos se están recuperando del abuso de sustancias, otros de la adicción al trabajo, otros del orgullo, otros de la pornografía, otros del chisme, otros de la pereza, otros de la avaricia, otros del egoísmo. Mira a tu alrededor. La gente de tu iglesia se está recuperando de mil tipos diferentes de esclavitud al pecado. Y, finalmente, estas personas son responsables de sus comportamientos pecaminosos, no importa cómo los llamen.

Tu marido puede llamarlo como quiera. Tú puedes llamarlo como quieras. Él sigue siendo responsable de sus elecciones y sus actos. (Y, por cierto, no se te exime de responsabilidad alguna si le arrojas cosas a tu marido).

Lo único suficiente para rescatar a tu esposo de las garras del enemigo es el poder redentor de Jesucristo.

Por favor, no elimines la obra del Espíritu Santo de tu caja de herramientas de recuperación. Satanás, el responsable de nuestra esclavitud al pecado, es un enemigo terrible. Necesitas ayuda de personas cristianas que conozcan las disciplinas espirituales que te permiten acceder al poder del Espíritu de Dios. Estos son los recursos más importantes que necesitas en tu caja de herramientas mientras tú y tu esposo trabajan juntos en el matrimonio.

Busca a tu equipo

Me siento muy honrada de formar parte de tu equipo, pero espero no ser tu único apoyo. Después de pasar por esto con mi propio esposo, estoy convencida de estas cuatro cosas:

- Tú y tu esposo no pueden superar solos la difícil situación que están atravesando.
- Necesitan ayuda bíblica.
- Necesitan ayuda clínica.

- También necesitas una comunidad de personas que te amen y estén dispuestas a apoyarte (más sobre esto en un capítulo más adelante).

La verdad que necesitas 〉 *Necesitas un consejero profesional o un grupo de apoyo que combine una sólida comprensión del funcionamiento del cerebro con un sano respeto por la Palabra de Dios.*

Te insto a formar un equipo de apoyo con fundamentos bíblicos y clínicamente informado mientras lees este libro. Si es posible, trata de encontrar un consejero cristiano con fundamentos bíblicos y clínicamente informado con quien trabajar. Sé que el proceso puede ser costoso, pero ¿cuánto vale tu matrimonio?

El mero hecho de que tengas este libro en tus manos es una señal de que valoras tu matrimonio. Y voy a presuponer que tienes (por lo menos) una inclinación por la verdad de la Palabra de Dios. Eso significa que estás en ventaja para manejar la dificultad que estás enfrentando en este momento. En la siguiente parte de este libro, explicaré cómo usar herramientas que es muy probable que ya estén en tus manos.

Sin embargo, antes que pases a la siguiente página, quizá hayas notado que me gusta comenzar un capítulo con una breve narración de mi propia historia. Las he recopilado de mi diario de oración para mantener la exactitud de los hechos en la medida de lo posible. Esto se debe a que creo que un alto grado de vulnerabilidad es una cualidad muy importante para una próspera comunidad de creyentes.

A partir del siguiente capítulo, retrocederé un poco en el tiempo a algunos síntomas preocupantes que estaba experimentando antes que Bob me confesara su pecado. Espero que esto te ayude a entender algo de lo que puedes estar o has estado experimentando.

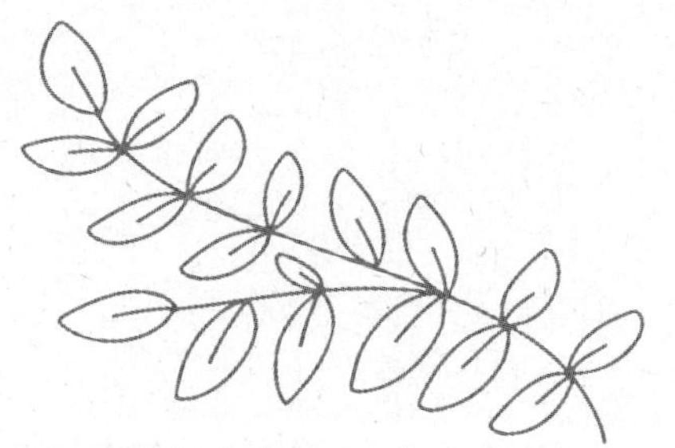

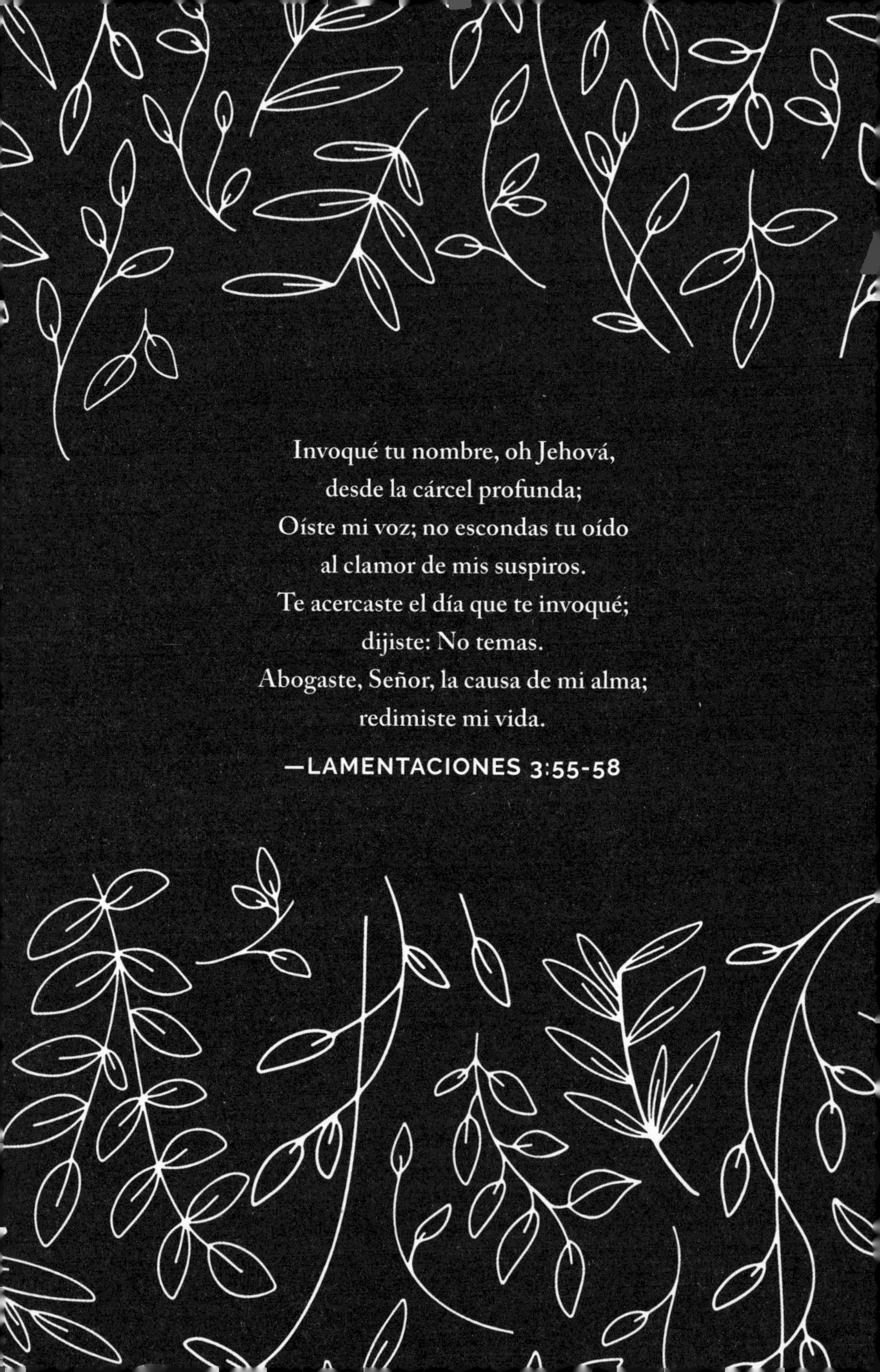

Invoqué tu nombre, oh Jehová,
desde la cárcel profunda;
Oíste mi voz; no escondas tu oído
al clamor de mis suspiros.
Te acercaste el día que te invoqué;
dijiste: No temas.
Abogaste, Señor, la causa de mi alma;
redimiste mi vida.

—LAMENTACIONES 3:55-58

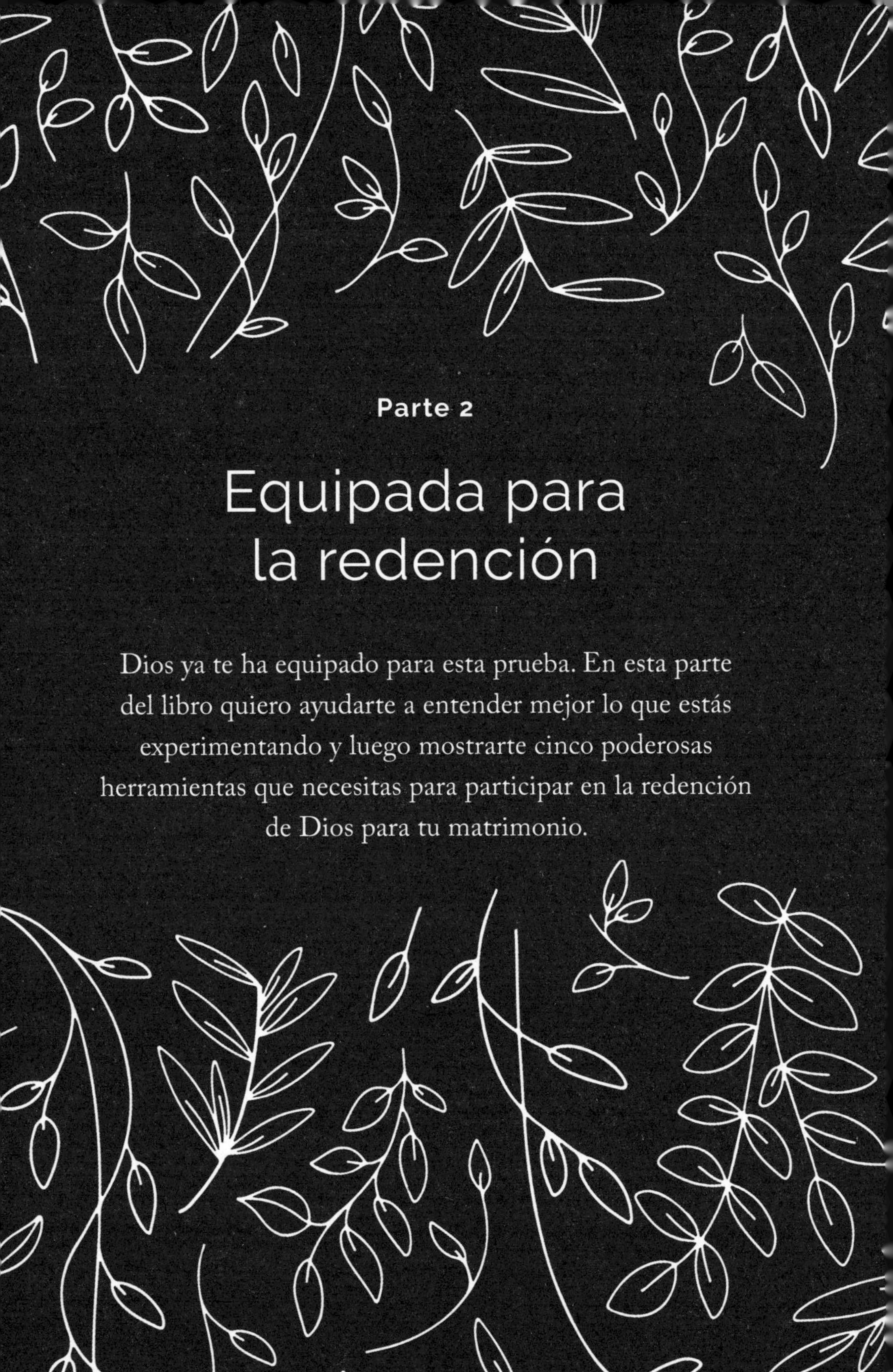

Equipada para la redención

Dios ya te ha equipado para esta prueba. En esta parte del libro quiero ayudarte a entender mejor lo que estás experimentando y luego mostrarte cinco poderosas herramientas que necesitas para participar en la redención de Dios para tu matrimonio.

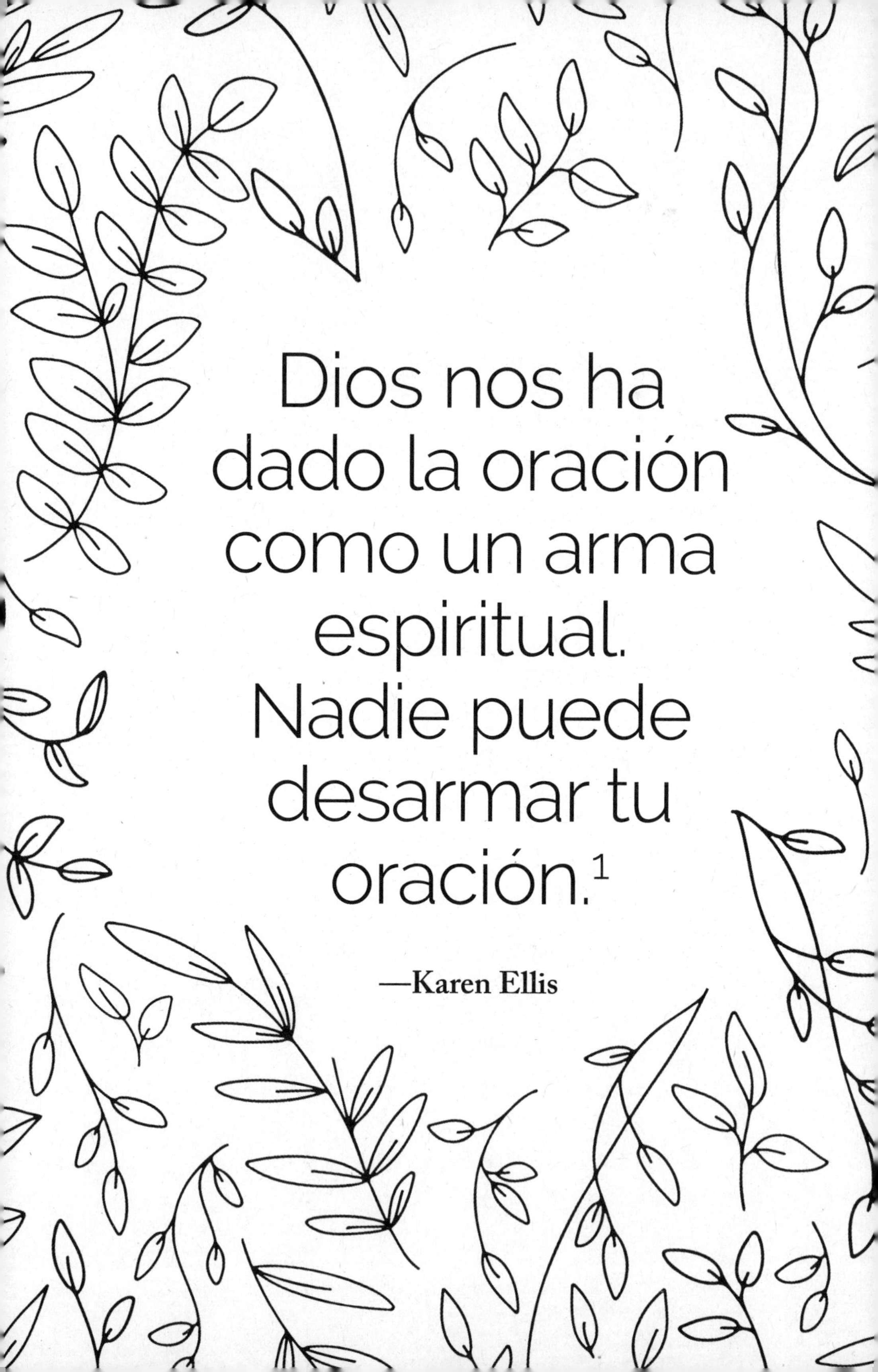

Dios nos ha dado la oración como un arma espiritual. Nadie puede desarmar tu oración.[1]

—Karen Ellis

Tu cuerpo siente los golpes. . . pero tienes el arma de la oración

Abrí yo a mi amado;
Pero mi amado se había ido, había ya pasado;
Y tras su hablar salió mi alma.
Lo busqué, y no lo hallé;
Lo llamé, y no me respondió.

—CANTARES 5:6

Antes que me lo dijera. . .

Sentía un constante dolor en mi cuerpo.

Sin embargo, según varios médicos, nada estaba mal.

Me habían hecho radiografías de los huesos. Me habían examinado cuidadosamente los músculos y tejidos de mi cuerpo. Me habían hecho pruebas de todo, desde la enfermedad de Lyme hasta de lupus.

Y nada.

Debe de estar en mi cabeza, razoné.

Así que llamé a Tippy Duncan, mi consejera cristiana y mentora durante más de dos décadas. Le expliqué mis problemas físicos y le dije que también estaba ansiosa y deprimida.

—¿Sigue Bob caminando en libertad? —me preguntó.

—Por lo que yo sé, creo que sí —respondí, y luego le confié que estaba hosco y enfadado muchas veces. Temí que tal vez hubiera recaído.

Por lo general, Bob había sido sincero sobre su lucha con la pornografía y me había confesado su pecado por propia voluntad. Antes de proponerme matrimonio, me había hablado de su tentación y de lo difícil que era luchar contra ella, pero luchó, incluso mantuvo su virginidad hasta nuestra noche de bodas. Los dos teníamos la ingenua esperanza de que tener sexo real resolvería el problema.

No fue así, porque la verdadera intimidad conyugal y la lujuria son dos cosas muy distintas.

A los pocos meses de nuestra boda, estábamos decididos a luchar *juntos* contra este problema. Buscamos insistentemente un consejero. Después de tres o cuatro malas experiencias, encontramos a Tippy. Durante tres años se había reunido con nosotros, nos había asignado tareas, había salido a caminar con nosotros y nos había brindado amor. Y lo más importante, había orado por nosotros y nos había enseñado a orar juntos. Dios la había usado para ayudarnos a experimentar una maravillosa libertad en Cristo y a conectarnos el uno con el otro.

Con su ayuda, Bob había experimentado una mayor libertad, pero últimamente, tenía que admitirlo, sentía terriblemente lejos a mi mejor amigo. Lo echaba de menos a pesar de que vivía conmigo.

"Tenemos que orar —dijo Tippy—. No podemos apoyarnos en nuestro propio entendimiento porque no tenemos toda la información, pero Dios sí la tiene".

Muchas mujeres me dicen: "Lo *supe* antes de enterarme".

O sus emociones se lo susurraban o su intuición se lo gritaba. Y muchas me confiesan que su cuerpo también se lo dijo.

El cuerpo procesa el estrés y el dolor al nivel celular. A veces percibe que algo está mal incluso antes que el cerebro.

Verás signos sutiles que delatan que su vida ha dado lugar al pecado de la infidelidad. Por la pornografía. Por el trabajo. Por otra mujer. Por el juego o por la bebida. Puede que se quede "a trabajar hasta tarde en la oficina" muchas noches. O quizás ha estado físicamente en la habitación contigo, pero no emocionalmente presente. Puede que sea incapaz de establecer contacto visual contigo. Tu espíritu capta esas señales y tu cuerpo las procesa como rechazo.

He aquí la buena noticia: el mero hecho de que sientas dolor y estés enojada con tu esposo es una prueba de que tu corazón no se ha vuelto demasiado duro para volver a tener esperanza.

Y si resulta que sientes dolor corporal (dolores de cabeza, enfermedades crónicas, lo que sea), tengo algo que decirte:

¡No estás loca!

El rechazo produce graves efectos físicos en las mujeres. La ciencia me avala.

En el extremo más triste del espectro, las mujeres que se divorcian tienen "un 24% más de probabilidades de sufrir un infarto de miocardio que las mujeres que permanecen casadas, y las que se divorcian dos o más veces ven cómo el riesgo se dispara hasta el 77%".[2] ¿Qué ocurre en sus cuerpos? Las investigaciones revelan que el estrés del rechazo provoca una respuesta inflamatoria en el organismo. Y esa es la raíz de muchos de nuestros males,[3] entre ellos:

- cardiopatías e hipertensión arterial
- dolor crónico

- crisis asmáticas
- problemas digestivos
- dolores de cabeza frecuentes
- **dolores articulares y musculares**
- signos acelerados de envejecimiento
- aumento rápido de peso
- **inmunidad reducida/resfriados y virus frecuentes**
- ansiedad y depresión
- algunos casos de diabetes[4] y distintos tipos de cáncer[5] que pueden estar relacionados con el estrés y la inflamación

Y no hace falta ser médico para darse cuenta de que los síntomas mentales y emocionales pueden formar parte del cóctel de confusión que puedes estar sintiendo. (Veremos más de ellos en el próximo capítulo).

La presencia de estos síntomas *no* constituye una prueba innegable de que tu marido tenga un pecado secreto en su vida. Hay numerosas razones por las que podemos luchar con estos males, pero solo estoy sugiriendo que *podrían* estar relacionados. Un número creciente de investigaciones sugiere que el dolor físico y los problemas que se experimentan cuando una relación clave no es saludable podrían estar relacionados.

De hecho, estoy convencida de que muchas mujeres que experimentan continuas batallas con dolores corporales inexplicables, debilidad crónica en su sistema inmunológico y problemas de salud mental están experimentando los síntomas de un *trauma por traición*. Solo que no lo saben.

El *trauma por traición* es la experiencia y las secuelas persistentes de la violación de la confianza. Cuando alguien en quien se suponía que podías confiar (como un padre o, en este caso, tu esposo) no te protege ni actúa de forma segura contigo, sentirás el efecto de múltiples formas de dolor.[6] Y tu cuerpo puede manifestarlo incluso cuando tu mente no puede comprender del todo lo que ha ocurrido.

No obstante, hay buenas noticias. A medida que te animes a contar la historia y descubras tu poder para influir positivamente en cómo se desarrolla el resto de la historia, empezarás a sentir alivio en tu cuerpo.

Cuéntame tu historia

Lee los primeros párrafos de este capítulo, incluida la lista de síntomas, y rodea con un círculo los signos *y* síntomas físicos que pueden haberte indicado que algo está mal en tu matrimonio. (He utilizado letra en negrita para revelar los síntomas que yo personalmente experimenté cuando nuestro matrimonio atravesaba dificultades).

Mientras tanto, necesito que sepas algo importante y que lo tomes en serio. Tus actuales sufrimientos emocionales *y* físicos forman parte de la gran historia de redención que Dios está escribiendo para la humanidad. Son el resultado del pecado y el sufrimiento de nuestro mundo y la razón por la que Él ha puesto en marcha una historia de rescate.

Depresión y ansiedad.

Dolor crónico e inflamación.

Apostar el dinero o el amor.

Estas cosas no existían en el huerto del Edén.

Entonces Adán y Eva se rebelaron.

Desde entonces ha existido el pecado y el sufrimiento en nuestro mundo roto. Satanás tiene un falso reclamo sobre la magnífica creación de Dios, y lo sentimos profundamente.

Sin embargo, incluso antes que la Tierra fuera creada, Dios sabía que esto sucedería e hizo un plan para volver a adquirir lo que originalmente era de Él. Dios ya hizo el pago con la vida de su Hijo en la cruz del Calvario, pero todavía está trabajando para ejecutar por completo el plan de redención. Hasta el "día de la redención", seguiremos luchando contra el pecado y el dolor (Efesios 4:30; Lucas 21:28; Romanos 8:23). Por ahora, no tenemos más que una *muestra* (un mero depósito) de la redención completa que aún está por llegar (2 Corintios 1:22).

No hay que preocuparse. Un día llegará nuestra "redención de la posesión adquirida" (Efesios 1:13-14).

Hasta entonces, tú y yo tenemos el privilegio de participar en la misión redentora de Dios: recuperar el terreno que nos roba el enemigo. Y me cuesta encontrar victorias más importantes que ganar, que reclamar nuestros matrimonios para su reino. Después de todo, Dios diseñó el matrimonio para que sea una imagen de su amor.

¿Crees que Satanás está motivado por ver esa imagen destruida?

¡El diablo también tiene una misión!

Tal vez por eso Jesús dijo que tendríamos aflicción en este mundo (Juan 16:33). El apóstol Pablo añadió a esa advertencia que "los [que se casan] tendrán aflicción de la carne" (1 Corintios 7:28).

¿Sabes qué? Jesús no está tan sorprendido como tú de que tu matrimonio se encuentre en problemas.

Todo esto se puso muy teológico, ¿verdad? Pues bien, te dije que quiero que tu matrimonio salga adelante. Eso significa que necesitas trabajar en comprender bien las cosas para poder fortalecer tu mente.

Cuando un matrimonio está roto, necesitas trabajar en lo que estás atravesando.

También quiero ofrecerte una visión práctica, así que volvamos a entender el cóctel de emociones que puedes estar sintiendo en relación con tu marido en este momento, ¡para que sepas qué hacer con ellas!

¡Loca por él!

Permíteme intentar explicarte por qué puedes sentirte confundida, loca o incluso físicamente enferma en este momento, sobre todo si aún no te has enterado por completo de las luchas secretas de tu marido. Imagina que vuelves a estar en la escuela secundaria y considera conmigo algunos escenarios.

En el primer escenario, estás jugando a fútbol durante una tormenta de verano y pisas un cristal. Te duele el pie y te sangra. Parece que la herida es peor de lo que puedes manejar con la ayuda del entrenador. Así que te diriges a una sala de urgencias para que te cosan la herida.

Sencillo, ¿verdad?

En el segundo caso, te cruzas por casualidad con tu exnovio en un pasillo de la secundaria. ¡Duele! Pero se supone que ya lo has superado, ¿no es cierto? Han cortado la relación y no hay nada que puedas hacer. No hay salas de urgencias para tu corazón, pero quizá debería haberlas.

Resulta que el dolor emocional de una ruptura y el dolor físico de una lesión funcionan de forma muy parecida en el cerebro. Comparten una "representación somatosensorial" común. Esto significa que lo que ocurre en el cerebro durante un escáner de resonancia magnética funcional (IRMf) es muy parecido ya sea que se trate del dolor físico de un pie sangrante como del dolor emocional de un corazón roto.

¿Cómo lo sabemos? Los investigadores realizaron un estudio en la Universidad de Columbia, en la ciudad de los corazones rotos: Nueva York. Allí no hubo problemas para encontrar amantes despechados. Se introdujo a las almas tristes en un escáner de resonancia magnética y se les administraron dos estímulos: una buena dosis de dolor térmico en las manos y, a continuación, una foto de su ex. El cerebro respondió básicamente igual a ambos tipos de dolor.[7]

Esta investigación, publicada por primera vez allá por 2011, fue el comienzo de un creciente conjunto de datos científicos, que sugieren que el rechazo romántico sí crea confusión en el cerebro. Y esa incertidumbre podría estar contribuyendo a trastornos de dolor físico a largo plazo, como la fibromialgia y el trastorno somatosensorial. (Cosas para nada agradables).

Sin embargo, eso sigue sin explicar por qué sientes que te estás volviendo loca, ¿verdad?

Pues bien, es hora de nuestro tercer y último escenario: imaginemos que eres esa adolescente que jugaba bajo la lluvia con sus amigos y pisó un cristal, pero en este caso la herida parece superficial: no sangra, solo es una pequeña raspadura. Así que no haces nada al respecto, pero horas más tarde empiezas a sentirte débil. Alguien te dice que estás sudando un poco y sientes escalofríos.

¿Te tomas la temperatura? No. No eres madre. Eres una adolescente. Lo ignoras y te vas a dormir, pero a la mañana siguiente te despiertas desorientada y confusa. Aún no lo sabes, pero tienes bacterias en el cuerpo procedentes de esa herida superficial. Tienes horas para reaccionar antes de entrar en una sepsis, pero, de nuevo, no sabes que eso es lo que está mal y no relacionas lo que sientes ahora con lo que pasó ayer porque tu herida parecía superficial.

Así que los síntomas que experimentas son confusos. Puede que incluso creas que te has vuelto loca.

Podrías experimentar una confusión similar si no tienes el cuadro completo de tu matrimonio, es decir, si tu esposo está implicado en algún tipo de pecado secreto. Cuando no tienes todas las piezas del rompecabezas, la imagen de la relación amorosa más importante de tu vida se vuelve difícil de descifrar. La duda se apodera de ti cuando no puedes ver con claridad, lo que dificulta la comprensión de lo que experimenta tu cuerpo. Sin embargo, hay algo vital que debes saber:

¡No tienes que permanecer en la confusión si eres una creyente en Jesucristo!

En los próximos capítulos quiero ayudarte a ver que Dios ya te ha equipado para esta prueba. Necesitas utilizar las cinco herramientas poderosas de las que te hablaré para participar en la historia de redención de Dios para tu matrimonio. Aquí está la primera que necesitas emplear.

La verdad que necesitas *La oración es un arma que no te pueden quitar.*

Lo que estás experimentando no es solo una batalla física. Es una batalla espiritual. Incluso aunque no estés segura de lo que está pasando, no tienes que dejar tu matrimonio (o tu cordura) librado a la suerte. Dios te ha dado un arma para luchar contra el enemigo de tu alma: la oración. Leemos al respecto en Efesios 6, donde se nos anima a ponernos la armadura de Dios:

> **Vestíos de toda la armadura de Dios, para que podáis estar firmes contra las asechanzas del diablo. Porque no tenemos lucha contra sangre y carne, sino contra principados, contra potestades, contra los gobernadores de las tinieblas de este siglo, contra huestes espirituales de maldad en las regiones celestes… orando en todo tiempo con toda oración y súplica en el Espíritu.**
> **—EFESIOS 6:11-12, 18**

¡Qué invitación del Señor para cuando te sientas débil o confundida! ¡Puedes elegir levantarte con fuerza para orar en todo momento *en el Espíritu*!

¿Sabes lo que eso significa? Significa que tienes ayuda divina. No tienes que orar en tu propia fuerza o tu propio entendimiento porque la fuerza del Espíritu del Dios Todopoderoso estará presente en tus oraciones.

Karen Ellis sirve como defensora de la iglesia perseguida en todo el mundo. (¡Eso significa que intercede mucho!). Hace esta notable observación sobre la oración:

> Dios nos ha dado [la oración]… como un arma espiritual. No es solo algo agradable de hacer. Y lo interesante de tratarla como un arma es que, si piensas en todas las armas del mundo, cualquiera puede desarmarte. Puedo hacer una bomba nuclear más grande. Puedo desarmarte con tu pistola. Puedo quitarte una espada o un cuchillo de la mano. Sin embargo, nadie puede quitarte la oración. Nadie puede impedir que ores. Nadie puede desarmar tu oración. ¿No es un pensamiento de locos? Es un arma increíble.[8]

Puede que no tengas control sobre el corazón de tu esposo o que no entiendas completamente lo que le está pasando a tu matrimonio, pero tienes autoridad "sobre toda fuerza del enemigo" (Lucas 10:19). El plan de Satanás es utilizar cualquier cosa que esté sucediendo para destruirte a ti, a tu esposo, a tus hijos o incluso a tus nietos (si los tienes), pero puedes estar firme "contra las asechanzas del diablo" (Efesios 6:11) con el arma de la oración.

¡Y nadie ni nada te podrá desarmar!

Amiga, ¡la oración es tu arma!

¡Es tiempo de orar!

A partir de este capítulo, voy a invitarte a interceder por ti, por tu esposo y por tu matrimonio. He escrito estas oraciones usando versículos de la Palabra de Dios. Utiliza algunas de ellas o todas y añade tus propios pensamientos como mejor te parezca.

> Padre Dios, mi esposo y yo nos hemos unido en tu nombre y nos hemos convertido en una sola carne. Creo que el matrimonio es una imagen profunda de tu amor por tu esposa, la Iglesia (Efesios 5:31-32). En este momento estamos experimentando aflicción, tal como tú dijiste que tendríamos (1 Corintios 7:28). Ayúdame a aprender lo que significa "tener paz" y creer que Tú has vencido incluso estas dificultades (Juan 16:33).
>
> Señor, estoy invocando tu nombre desde un profundo pozo de desesperación. No cierres tus oídos mientras clamo a ti por alivio en mi matrimonio. Acércate a mí mientras clamo. Ayúdame a no tener miedo. Señor, abogaste la causa de mi alma; redimiste mi vida. Tú me ves y me ayudarás (Lamentaciones 3:55-58).
>
> Señor, sé mi fortaleza. Ayúdame cada día a ponerme la armadura que tú me has dado para que pueda enfrentar las asechanzas del diablo contra mi matrimonio. Reconozco que mi lucha no es contra sangre y carne, así que esta batalla no es contra mi esposo. En cambio, él y yo debemos aprender a luchar el uno por el otro contra las huestes espirituales de maldad (Efesios 6:10-12). Ayúdame a orar con plena confianza en tu Espíritu y a presentarte todo con súplicas fervientes porque es mi arma poderosa. En el nombre de Jesucristo.
>
> Amén.

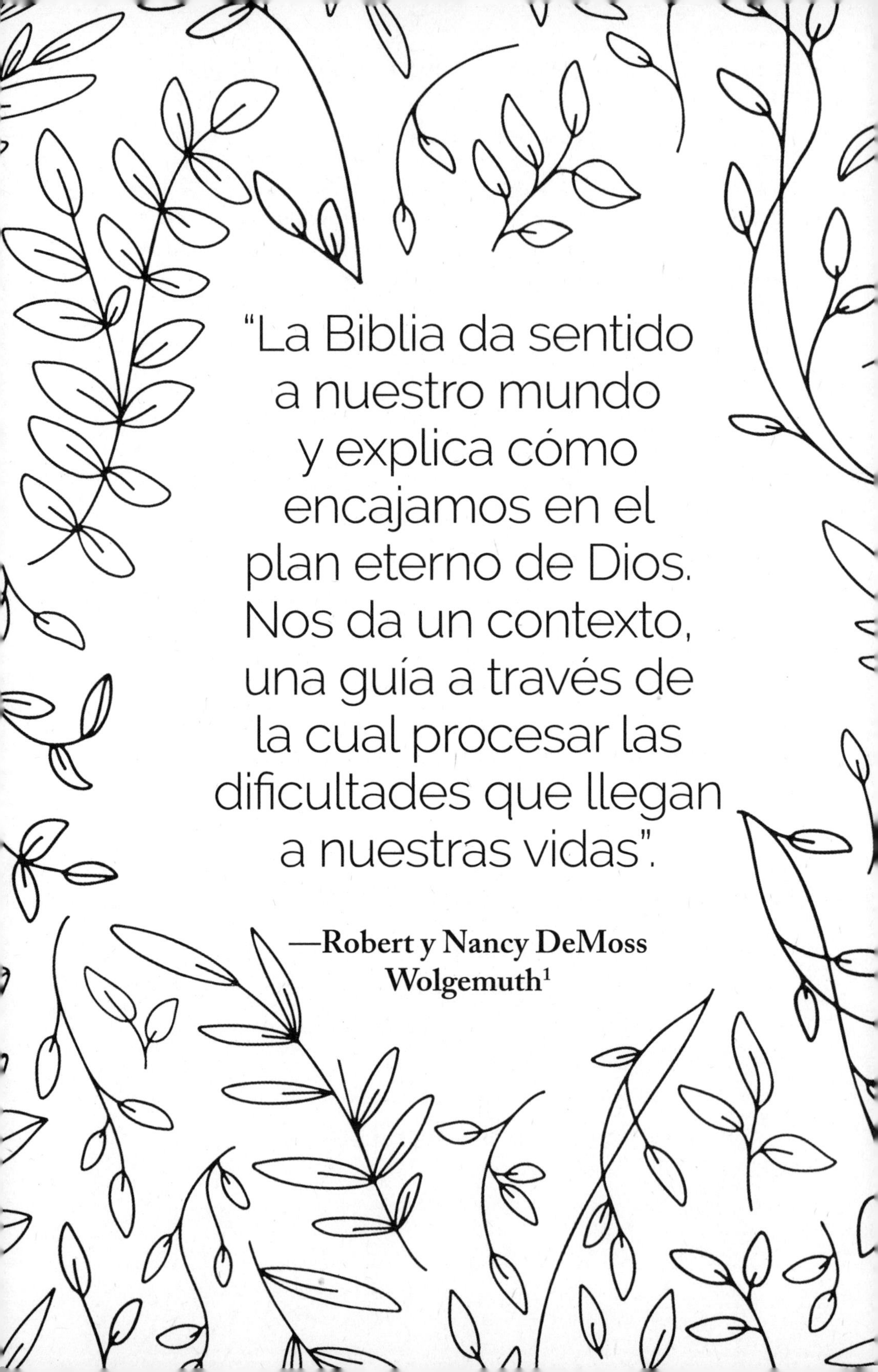

"La Biblia da sentido a nuestro mundo y explica cómo encajamos en el plan eterno de Dios. Nos da un contexto, una guía a través de la cual procesar las dificultades que llegan a nuestras vidas".

—Robert y Nancy DeMoss Wolgemuth[1]

Capítulo 5

La oscuridad es real. . . pero la Biblia es tu luz

Afligido estoy en gran manera;
Vivifícame, oh Jehová, conforme a tu palabra.
—SALMOS 119:107

El día que Bob me rompió el corazón, me sentí aturdida y vacía.

No tuve que decirlo ni él tampoco. La noche de cita se había cancelado. Mi interés por la feria del condado se había apagado por mi estado de entumecimiento.

"Es mucho para procesar", le dije con calma. Casi con demasiada calma. Luego me levanté y lo dejé sentado solo en su silla roja.

Tenía que salir de casa.

Cuando llegué al porche, me pregunté adónde me dirigía. Me toqué instintivamente el bolsillo trasero de mis pantalones. *Sí, el teléfono está ahí.* Y me dirigí hacia el bosque.

Cuando nos mudamos a esta magnífica finca de cuatro hectáreas años antes, Bob me había pedido que nunca montara a caballo ni caminara por el bosque sin él. "Quiero poder ir por ti si te haces daño", me había dicho.

Irónico.

Cuando entré en el sendero cubierto de maleza, saqué el teléfono y llamé a una de mis amigas más antiguas y queridas, Donna VanLiere.

Musité algunas cosas mientras intentaba contarle lo que acababa de ocurrir. Las palabras no salían con facilidad.

Mi querida amiga sacó un versículo del Salmo 119 que había guardado en su corazón y lo utilizó para orar por mí: "Señor, Dannah no sabe qué hacer. Tú prometiste que tu Palabra sería una lámpara a sus pies y una luz en su camino. Por favor, ¿podrías alumbrarla para que ella vea su siguiente paso?".

Finalmente, brotaron las lágrimas.

—Dannah —preguntó Donna—, ¿cuánta luz da una lámpara a tus pies?

Me quedé en silencio.

Ella respondió por mí: "Lo justo para dar algunos pasos".

Siento mucho que sufras tanto. Esperabas que tu marido fuera alguien en quien pudieras confiar, pero en este momento lo sientes como un enemigo. Te entiendo perfectamente. El impacto emocional y físico de la traición es real, medible y devastador.

He llorado, orado y aconsejado a numerosas mujeres que están en tu misma situación. Mujeres cuyos matrimonios pendían de un hilo a causa del pecado secreto de sus esposos…

- mujeres cuyos maridos ocultaban una creciente montaña de deudas relacionadas con su pecado secreto.
- mujeres abrumadas por la adicción de sus maridos.
- mujeres cuyos maridos no querían o no podían mantener un trabajo.

- mujeres cuyos maridos vivían con otra mujer.
- mujeres cuyos maridos tenían obsesiones sexuales tan viles, que no puedo describirlas aquí.
- mujeres cuyos maridos les enviaban mensajes de texto para confesar que tenían "otra mujer".

Eran creyentes preciosas cuya fe estaba siendo sacudida por el tipo de dolor que aturde la mente cuando el hombre que amas confiesa un pecado secreto de cualquier tipo. No obstante, he aprendido que no hay nada tan desgarrador como oír que tu marido ha abusado de la maravillosa dádiva divina de la intimidad. Aunque el pecado sexual no es una transgresión mayor en términos de separarnos de Dios, sí tiende a afectarnos más en cuanto al daño que nos causa a nosotros y a aquellos que amamos (1 Corintios 6:18). No importa lo fuertes que seamos, nos pone de rodillas.

Las mujeres con las que he hablado no eran débiles ni frágiles, aunque estaban en una época de extrema fragilidad. Eran líderes empresariales, florecientes escritoras, enérgicas líderes comunitarias, esposas de pastores, directoras de ministerios infantiles, madres espirituales, recién casadas llenas de esperanza o jóvenes madres vibrantes, que acababan de experimentar una destrucción explosiva que las llevó a la zona cero emocional. Por muy fuertes que fueran sus vidas espirituales antes de la detonación, ahora experimentaban lo que algunos consideran síntomas clásicos de un trauma:

- **insomnio**
- nuevos miedos como la **claustrofobia**, miedo a la muerte o al abandono
- pesadillas o sueños perturbadores
- **olvidarse de comer o comer en exceso; drástica pérdida** o aumento de peso
- **incapacidad para concentrarse y rendir en el trabajo o en la casa; incapacidad para leer (incluida la Biblia)**

- problemas de salud aparentemente no relacionados, como dolores musculares, de espalda, hipertensión, dolores de cabeza e incluso cáncer.
- ansiedad extrema o nueva
- **alejamiento de las relaciones sociales**
- **hormigueo o entumecimiento en la cara**
- enojo con Dios
- intentar controlar a la pareja ofensora o, simplemente, estar en un estado constante de **"esperar que pase otra cosa mala"**.
- ataques de pánico
- apatía o disociación sexual (no estar realmente allí) durante las relaciones sexuales con el marido
- ser asaltada por imágenes mentales de la pareja ofensora cometiendo actos pecaminosos; imaginar los peores escenarios posibles
- quedarse paralizada e inmóvil o incapaz de responder
- revivir la confesión u otros sucesos perturbadores
- sentirse extremadamente indefensa o impotente
- idea suicida o deseo de no estar viva

Cuéntame tu historia

En la lista de síntomas del trauma de las páginas 75-76, rodea con un círculo los que experimentas actualmente o has experimentado en el último tiempo. (He utilizado letra en negritas para señalar los que sufrí en las semanas y meses siguientes a mi "zona cero").

¿Qué hace una mujer fuerte cuando el lugar más seguro de su vida se convierte en criptonita? Orar. Debería habértelo dicho en el último capítulo, pero no me atrevía: orar me resultaba *sumamente* difícil. Era como caminar sumergida en lodo hasta el pecho. Mi cerebro luchaba por encontrar las palabras.

Cuando llamé a Donna, ella utilizó el conocido pasaje de Salmos 119:105 para orar por mí. Y realmente me dio la energía y sabiduría que necesitaba para dar los siguientes pasos. Ese día experimenté la Palabra como una luz en mi camino de una manera muy real.

Una luz en el camino no te muestra el principio y el final de tu travesía. Y no encontrarás un solo versículo de la Biblia que remedie *inmediatamente* todo lo que está mal. Esa no es la promesa del Salmo 119:105. La promesa es que tendrás la luz que necesitas para dar el siguiente paso.

¡Qué consuelo conocer esta verdad!... ¡Y vivir en esa verdad en los días por venir!

Después de eso, mientras Bob y yo avanzábamos a tropezones mientras dábamos los siguientes pasos de nuestra travesía, las Escrituras empezaron a parecerme especialmente vivas. Una y otra vez, Dios le daba "el versículo adecuado" a una amiga, que lo escribía en una tarjeta para mí o me lo enviaba en un mensaje de texto. Y una y otra vez, ese versículo me infundía valor para dar el paso siguiente.

Sin embargo, seguía teniendo dificultades para orar, pero no tardé en darme cuenta de que necesitaba unir el arma de la oración con la "espada del Espíritu, que es la palabra de Dios" (Efesios 6:17).

Cuando lo hice, descubrí que las Escrituras despejaban mi mente para orar y me ayudaban a descubrir qué pasos siguientes debía dar.

Tu tutor de oración personal

Como niños, no podemos aprender a hablar a menos que estemos inmersos en el lenguaje. Lo mismo ocurre con la oración. La aprendemos mejor si estamos expuestos a ella. E incluso en momentos cuando no sabemos cómo orar, se nos dice que oremos *"sin cesar"* (1 Tesalonicenses 5:17). Esto significa insistir y no dejar de orar, aunque sea difícil.

No obstante, ayuda mucho tener un tutor. Y ahí es donde entran las Escrituras.

Los Salmos son un tutor de oración especialmente bueno. Como dijo uno de los padres de la Iglesia y teólogo:

> El resto de las Escrituras nos habla,
> pero los Salmos hablan por nosotros.[2]
> —Atanasio

De modo que, si no sabes cómo orar en un momento determinado de tu vida, los Salmos son un buen lugar para empezar. Además, son un gran consuelo cuando estamos, como señala el Salmo 119:107, "afligidos".

Por lo general, estamos *afligidas* por una de dos razones: o estamos profundamente heridas por nuestro propio pecado o nuestro corazón está sangrando por el pecado de otra persona. Una vez más, esto explica exactamente por qué las herramientas de recuperación que no están basadas en el poder redentor de Jesucristo tendrán una eficacia limitada. Con nuestro Salvador, siempre hay esperanza para cuando nosotras o alguien que amamos estamos perdidos en el pecado.

Perdidos es la palabra clave. Cuando estamos perdidos, necesitamos dirección. Y cuando estamos perdidos en el pecado, necesitamos una guía.

En el Salmo 16 encontramos a David que, abatido por su pecado, declara:

> Me mostrarás la senda de la vida;
>   En tu presencia hay plenitud de gozo;
>   Delicias a tu diestra para siempre.
> —Salmos 16:11

David declara su confianza en que Dios le mostrará la dirección que debe tomar para salir de la oscuridad.

En Juan 8:12, Jesús dijo: "Yo soy la luz del mundo; el que me sigue, no andará en tinieblas, sino que tendrá la luz de la vida". ¡Qué maravillosa promesa! Esa es *tu* confianza.

Y escucha esto: Jesús es el Verbo hecho carne (Juan 1:14). De modo que cuando lees las páginas de tu Biblia, es su voz la que estás permitiendo que te guíe para salir de la oscuridad. Y, ¡qué luz más admirable es Él!

He aquí por qué el Salmo 119:105 derritió mi corazón cuando Donna lo declaró en oración por mí: ¡Jesús estaba conmigo en ese bosque!

En ese momento, mi día triste y difícil se volvió mejor que el día feliz y fácil que lo había precedido. Fue entonces cuando me di cuenta:

Tu día más difícil con Jesús a tu lado siempre es mejor que tu mejor día sin Él.

Espero que utilices el increíble poder de la Palabra de Dios para guiarte en estos momentos difíciles. Une las palabras de la verdad a tus oraciones y tendrás un arma formidable con la que luchar, ¡amiga mía! Es una herramienta decisiva para una mujer que está comprometida a ser parte del plan de redención de Dios en este mundo. Aquí está tu segunda herramienta de redención:

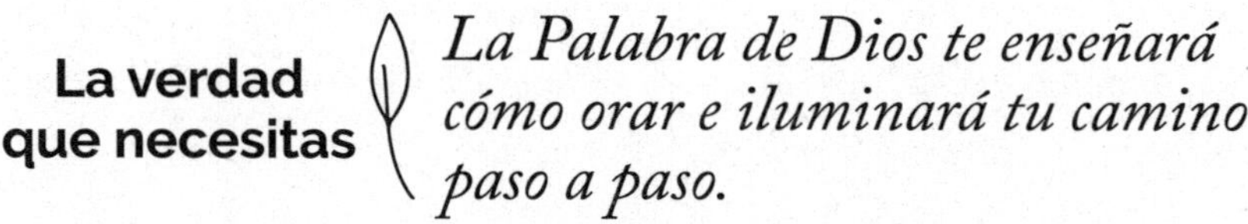

La verdad que necesitas *La Palabra de Dios te enseñará cómo orar e iluminará tu camino paso a paso.*

No tienes que ser una teóloga para experimentar el poder de la Palabra de Dios. El Espíritu Santo, tu dulce consuelo y Ayudador, te enseñará lo que necesitas saber. Él traerá a tu mente, y a la mente de tus amistades que oran, la verdad correcta en el momento correcto (Juan 14:26).

Puedes confiar que la Palabra de Dios guiará tus pasos y te dará perspectiva, esperanza y sabiduría. Y cualquier otra cosa que necesites. ¿Por qué? Porque la Palabra es "viva y eficaz" (Hebreos 4:12). Y forma parte de la armadura de Dios que hemos comenzado a armar para ti en el último capítulo.

Por tanto, tomad toda la armadura de Dios, para que podáis resistir en el día malo, y habiendo acabado todo, estar firmes. Estad, pues, firmes, ceñidos vuestros lomos con la verdad… tomad… la espada del Espíritu, que es la palabra de Dios.
—EFESIOS 6:13-15, 17

La Palabra de Dios se conoce como la espada del Espíritu. Es la única parte de la armadura de Dios que nos permite luchar a la ofensiva. Todas las demás son defensivas, diseñadas para protegernos, pero las Escrituras nos permiten recuperar el territorio perdido.

Amiga, necesitarás tener la Palabra de Dios especialmente cerca durante las próximas semanas o meses. Permíteme mostrarte una manera sencilla de hacerlo.

Cuando enfrenté esta dificultad en mi matrimonio, compré un juego de tarjetas encuadernadas en espiral y comencé a buscar versículos bíblicos para memorizar y orar por mi cuerpo, mi hogar y mi matrimonio. Esto me ayudó a encontrar las palabras para orar. Cada versículo bíblico sería una luz para el siguiente paso de mi travesía. Cuando me enfrentaba a una decisión específica sobre cómo responder a lo que estaba sucediendo, acudía a la Palabra de Dios, buscaba una verdad que guiara mi siguiente paso, la escribía en una de mis tarjetas y me empapaba de ella.

Te animo a que tomes unas tarjetas con espiral o un diario de oración y empieces a recopilar versículos que sean significativos para ti en este momento. Podrías empezar escribiendo Efesios 6:10-18. Son preciosas palabras de aliento y poder para cuando enfrentas una difícil batalla. Que el Espíritu Santo las use para enseñarte de una manera tan hermosa y tierna como lo hizo conmigo durante mi temporada de dolor.

Espero que aumentes tu colección de tarjetas tan a menudo como sea necesario. Si conoces bien la Biblia, puedes profundizar en ella. Si no estás tan familiarizada con ella, no te preocupes. Puedes empezar empapándote de los versículos que encuentres en este libro. Cuanto más uses las poderosas palabras de la verdad de Dios, más querrás usarlas.

Su Palabra realmente es una luz en tu camino.

Amiga, la Biblia es tu luz en la oscuridad.

¡Es tiempo de orar!

Dado que este capítulo trata acerca de la Palabra de Dios como tu luz en los días oscuros, tal vez quieras empaparte de los pasajes que utilicé para escribir las oraciones a continuación. Une la espada del Espíritu con el arma de la oración y, con tus propios ojos, verás a Dios obrar.

Señor, ¡estoy profundamente afligida! Esto quiere decir que tengo un gran dolor causado por el pecado. Siento intensamente la oscuridad del pecado y el sufrimiento. Te ruego que tu Palabra sea una luz que me muestre qué pasos debo dar. Que sea tan esencial para mí como lo es una lámpara cuando estoy en una habitación oscura. Me comprometo a guardar tus preceptos mientras los leo y recibo. Al hacerlo, te pido que me vivifiques como has prometido (Salmos 119:105-107).

Padre, ayúdanos a mí y a _________________ a prestar atención a cada palabra que leemos. Cuando escuchemos leer la Biblia en voz alta, vuelve nuestros oídos a ella. No permitas que tu Palabra se aparte de nuestros ojos y nuestro corazón. Creo que las palabras de la Biblia son vida e incluso medicina para mi cuerpo (Proverbios 4:20-22).

Dios Todopoderoso, tu Palabra está viva y activa y es relevante para mis circunstancias. También puede ser un bisturí en tus manos para hacer la cirugía necesaria para mi alma y mi espíritu. Úsala para escudriñar mis pensamientos y las intenciones de mi corazón. Te pido que mi esposo también esté dispuesto a que Tú uses tu Palabra para obrar hasta lo más profundo de su ser (Hebreos 4:12). En el nombre de Jesucristo.

Amén.

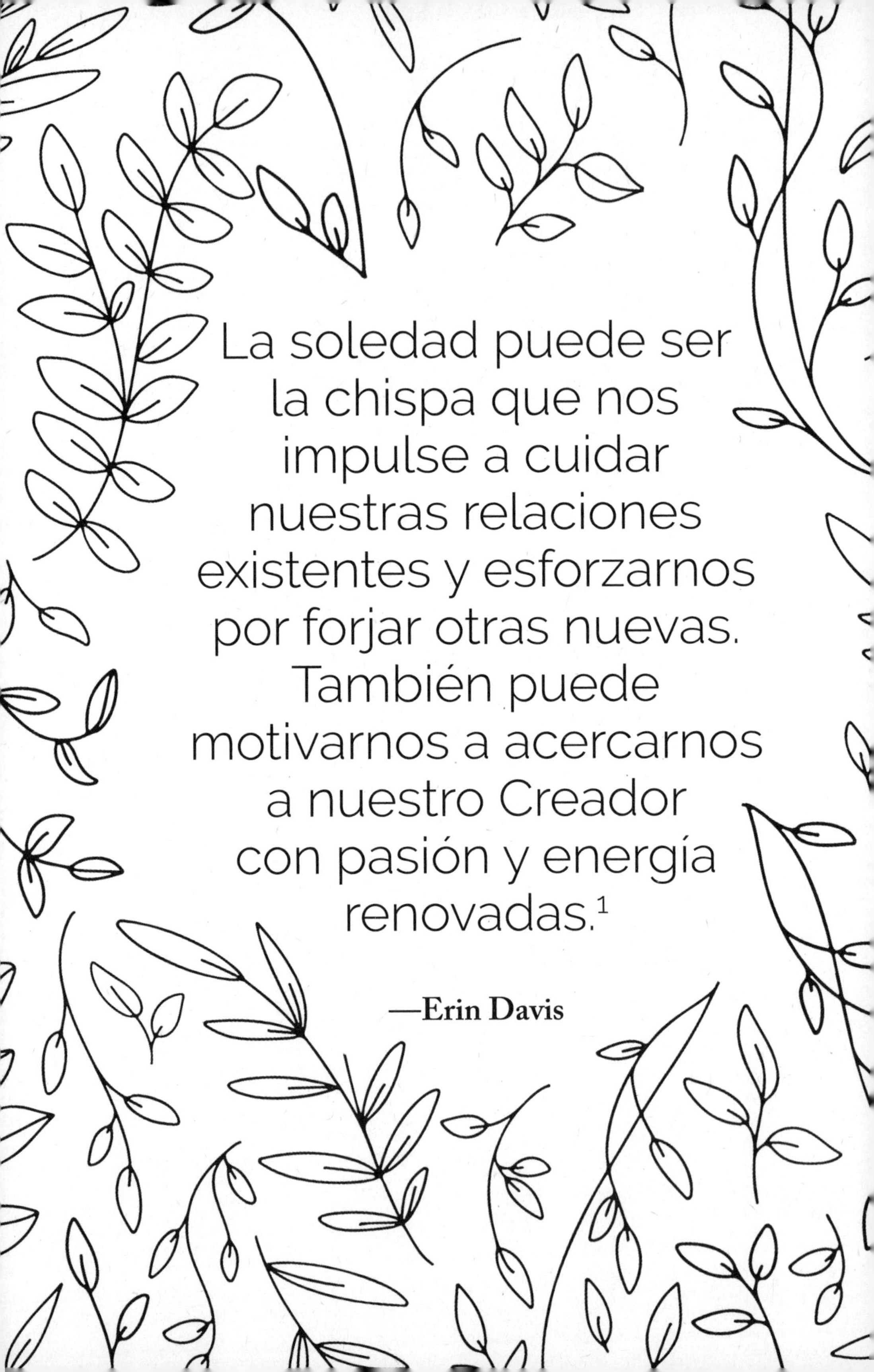

La soledad puede ser la chispa que nos impulse a cuidar nuestras relaciones existentes y esforzarnos por forjar otras nuevas. También puede motivarnos a acercarnos a nuestro Creador con pasión y energía renovadas.[1]

—Erin Davis

Quieres esconderte. . . pero lo que necesitas es una comunidad

Mejores son dos que uno; porque tienen mejor paga de su trabajo. Porque si cayeren, el uno levantará a su compañero; pero ¡ay del solo! que cuando cayere, no habrá segundo que lo levante.
—ECLESIASTÉS 4:9-10

La mañana después de la confesión de mi esposo, me desperté solo para desear poder volver a dormir.

Sin embargo, no podía. Teníamos que asistir a una boda y más tarde llegarían algunos invitados de la República Dominicana.

Me metí en la ducha, me sequé y me peiné. No tenía ganas de ponerme un vestido, así que me puse unos pantalones tipo falda y una blusa blanca sin mangas con ribetes metálicos. Daba la imagen de estar vestida elegantemente, pero a la vez era ropa bastante cómoda y agradable. Me puse un collar de imitación de hojas y unas pulseras en las muñecas.

"Ahora, a maquillarme", dije, tratando de convencerme a mí misma. Busqué entre mis lápices labiales el rojo más intenso y brillante que pude encontrar.

¿De veras voy a pasarme el día fingiendo que todo está bien?

Si le preguntas "¿Cómo estás?" a una mujer cuyo marido acaba de romperle el corazón, hay muchas probabilidades de que responda: "Bien".

No es verdad. Ella no está *bien*.

Para empezar, se siente sola. Y además siente muchas otras emociones terribles, que podrían ir desde la vergüenza hasta el bochorno total.

No son solo emociones. Son estrategias militares del enemigo de nuestras almas, que está usando tu mente para llevarte a un aislamiento físico y emocional.

No cedas.

La soledad es una emoción que, irónicamente, podemos experimentar más agudamente cuando estamos con otras personas. No es el estado externo de estar lejos de los demás. (¡Me encanta estar sola!). La soledad, más bien, es una angustia mental interna.

Yo experimento la soledad de forma más aguda cuando no todo me va bien en la vida, pero me siento socialmente obligada a fingir que estoy bien.

¿Estás en la misma situación ahora? Si sigues tratando de fingir después de descubrir el pecado de tu marido, probablemente lo estés. Déjame ayudarte a entender por qué lo estás haciendo y por qué deberías dejar de hacerlo.

El factor miedo

Voy a hacer una conjetura (muy informada y experimentada) de que una de las razones por las que estás tentada a aislarte en este momento es el miedo.

La gente habla. Es un hecho.

Todas hemos escuchado cuando surgen rumores maliciosos sobre la última aventura amorosa del momento. O cuando el líder de la iglesia que confesó haber consumido pornografía es puesto en la lista negra, permanentemente, sin plan de restauración. O cuando las amigas expresan su opinión y toman partido tras la ruptura de una pareja.

Estas experiencias sociales pueden ser habituales, pero no están bien. Crean una atmósfera de miedo a...

- lo que la gente pensará de nosotras
- **lo que la gente dirá de nosotras**
- perder posiciones de liderazgo
- perder un trabajo
- el rechazo de amigos y/o familiares
- **el dolor y el difícil trabajo de la consejería**
- **cómo afectará la situación a nuestros hijos (o nietos)**
- ser "canceladas"

Cuéntame tu historia

¿De qué tienes miedo? En la lista de miedos comunes rodea con un círculo cualquier miedo que te lleva a fingir que todo está bien. (He utilizado letra en negrita para indicar los que me han afectado a mí).

Estas preocupaciones son válidas. Algunos puntos de la lista te habrán ocurrido o te ocurrirán, pero mi experiencia me dice que hay que afrontar el miedo de la manera adecuada o empeorará mucho las cosas. A menudo, nuestro mayor temor es que los demás conozcan nuestros secretos. Así que nos escondemos, pero, te lo ruego, no lo hagas.

Necesitamos desesperadamente a los demás cuando nos ha ocurrido algo muy doloroso.

Y aquí hay algo más para considerar. Si has marcado alguno de los puntos que sientes que no puedes contar a nadie, probablemente estés experimentando vergüenza.

El origen de la vergüenza

Hubo un día en que los humanos no teníamos la emoción de la vergüenza en nuestro repertorio. Antes que el pecado entrara en el mundo, Adán y Eva no sentían vergüenza en absoluto. Génesis 2:25 relata que "estaban ambos desnudos, Adán y su mujer, y no se avergonzaban".

La vergüenza es una emoción que solo se puede experimentar en un mundo caído y pecaminoso. Y ahí es donde vivimos, ¡así que definitivamente sabemos cómo es!

La primera pareja respondió a esta nueva y aguda emoción escondiéndose de Dios. Y, al parecer, también de la mirada del otro (Génesis 3:7).

Desde entonces no hemos dejado de escondernos. Una forma de hacerlo es fingir cuando nos sentimos avergonzadas.

La vergüenza es un término muy discutido. Así que dediquemos un momento a fundamentarlo bíblicamente. He aquí la definición del diccionario.

Vergüenza: "sentimiento doloroso de humillación o angustia causado por la conciencia de un comportamiento incorrecto o insensato".[2]

La vergüenza es una emoción. Y todas las emociones tienen una función. Son mensajeras. Por ejemplo, sentirme estresada me dice: "¡Estás haciendo demasiadas cosas!". Si respondo a ese sentimiento adecuadamente y reduzco mis obligaciones, la emoción debería desaparecer. De este modo, sentirme estresada es útil si respondo a ello adecuadamente.

¿La vergüenza también puede ser útil?

A veces, pero no siempre.

La vergüenza útil dice la verdad

La **vergüenza útil** es la que sentimos cuando somos plenamente conscientes de que hemos pecado. Este tipo de vergüenza nos envía un mensaje certero. Por ejemplo, una mujer puede sentir vergüenza si engaña a su marido y le miente al respecto. *El mensaje de la vergüenza útil le está diciendo que tiene una relación rota con Dios y con su marido. Es una invitación a restaurar su comunión, lo cual es posible si ella responde apropiadamente.*

Un sociólogo prominente ha definido la vergüenza como una emoción que nos hace sentir "atrapados, impotentes y aislados".[3] Pero ese sentimiento, por horrible que sea, no siempre es malo para nosotras. Cuando peco habitualmente me siento atrapada, como vimos en el Capítulo 3, porque soy esclava "del pecado" (Juan 8:34). Los esclavos del pecado viven separados de Dios (Isaías 59:2). De modo que, sí, nos sentiremos "atrapadas, impotentes y aisladas" si seguimos siendo esclavas del pecado.

No obstante, el énfasis central del evangelio es que no tenemos que permanecer así. Podemos permitir que ese sentimiento de trampa, impotencia y aislamiento nos dirija hacia la solución de Dios para el pecado: hacia la libertad, la fortaleza y las relaciones sanas.

Sin embargo, con demasiada frecuencia, en lugar de permitir que nuestra vergüenza nos conduzca a la libertad, nuestra respuesta es escondernos, tal como Adán y Eva se escondieron detrás de sus hojas de higuera. Yo sé algo de esto. Cuando era adolescente, tuve una relación de noviazgo que se tornó sexual. Me sentía avergonzada, así que no se lo comenté a nadie. Estaba envuelta en un persistente sentimiento de alejamiento de Dios y de los demás. Me sentía atrapada, impotente y aislada, esclava de mi pecado.

Felizmente, con el tiempo, eso cambió. La vergüenza me llevó a romper una relación que era terriblemente malsana para mí, y a ir a Dios, confesarle mi pecado y pedirle perdón. La dolorosa emoción acompañó mi restauración con Dios y me reorientó para llevar una vida mejor. Fue una herramienta que Dios utilizó para ayudarme a experimentar la libertad.

Y ese es siempre el objetivo de Dios cuando nos permite experimentar vergüenza. Quiere que respondamos con una tristeza piadosa y un arrepentimiento genuino. Si lo hacemos, "ninguna condenación hay para los que están en Cristo Jesús" (Romanos 8:1).

No obstante, si no lo hacemos, lo que una vez fue una herramienta útil puede transformarse en algo tóxico.

La vergüenza tóxica te miente

La **vergüenza tóxica** no está relacionada con la presencia de pecado en nuestra propia vida. Puede manifestarse cuando no ha habido pecado alguno. Por ejemplo, una mujer puede sentir vergüenza cuando se mira en el espejo y piensa que se ve demasiado gorda (o demasiado delgada). *El mensaje de la vergüenza tóxica le está diciendo que **ella** está rota. Eso la aleja de Dios y de los demás y la sume en una soledad abrumadora.*

En Lucas 8 leemos acerca de una mujer que sufría de una hemorragia crónica hacía doce largos y solitarios años. Esta mujer había visto a Jesús sanar a otros y anhelaba recibir su toque, pero estaba demasiado sofocada por la vergüenza tóxica como para pedirle ayuda. *¿Qué pasaría si alguien la oyera hablar de su vergonzoso problema?* Buscó esconderse en el anonimato y decidió tocar solo los flecos del manto de nuestro Salvador, con la esperanza de que eso fuera suficiente para sanarla.

Sin embargo, cuando esta mujer solitaria tocó el manto de Jesús, Él preguntó inmediatamente: "¿Quién es el que me ha tocado?". Es una pregunta que nos pide que nos detengamos y nos preguntemos por qué el Hijo de Dios necesitaría hacer esa pregunta. Jesús sabía quién lo había tocado. ¿Quería Él que ella experimentara la sanidad emocional que viene de no pasar desapercibida?

A menudo, cuando aconsejo a una mujer cuyo marido está atrapado en el pecado, veo rápidamente que ella está sufriendo una vergüenza tóxica. Puede pensar cosas como: "Mi marido no me habría engañado si yo fuera más atractiva". O podría llegar a creer: "La batalla de mi marido con la pornografía anula mi llamado al ministerio". Para mí, estas son mentiras obvias, pero la vergüenza tóxica es un convincente engañador.

Muy a menudo, estas mujeres retrasan su sanidad porque pasan preciosas semanas, meses o años fingiendo y diciendo a los demás: "¡Estoy bien!".

No estás bien.

No te escondas. Necesitas ayuda.

He aquí la ironía de esconderse: el miedo más común asociado con la vergüenza (ya sea útil o tóxica) es alejarse de los demás. Imaginamos que "si se enteraran", nos rechazarían y nos abandonarían. De modo que nos ponemos nuestras hojas de higuera o nuestro pintalabios rojo. Para evitar que nos rechacen, nos aislamos y nos escondemos y actuamos como si todo estuviera bien. Y acabamos aisladas y solas, como temíamos.

Piénsalo.

El acto de esconderse es ilógico y contrario a nuestro miedo al aislamiento. Cuando no contamos a los demás lo que estamos atravesando, *garantizamos* el aislamiento. Es entonces cuando se instala la soledad y hay que empezar a utilizar inmediatamente la tercera herramienta de redención.

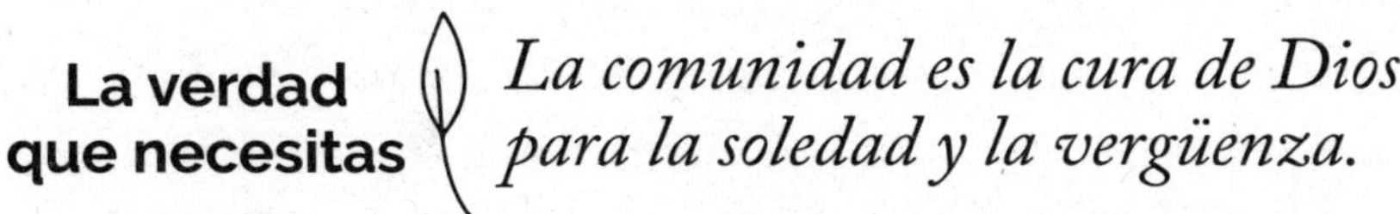

La verdad que necesitas *La comunidad es la cura de Dios para la soledad y la vergüenza.*

En el huerto del Edén, Dios vio la soledad de Adán y declaró que no era buena. Entonces creó a Eva. Y la comunidad resultante de los dos alivió la soledad de Adán.

La comunidad es una parte importante de lo que te sanará a ti también. Permite que te explique por qué es tan importante que te aferres a la medicina que necesitas.

Te ha ocurrido algo horrible, algo que te ha creado un *trauma*. Antes mencioné el *trauma por traición*, pero vamos a aprender más sobre él en un esfuerzo por equiparte para ganar esta batalla contra la vergüenza y la soledad.

Hablemos de nuestros traumas

Una definición de trauma es "cualquier experiencia perturbadora que provoque miedo significativo, impotencia, disociación, confusión u otros sentimientos perturbadores lo suficientemente intensos como para tener un efecto negativo duradero en las actitudes, el comportamiento y otros aspectos del funcionamiento de una persona".[4] Técnicamente, la palabra *trauma* se refiere a una experiencia o acontecimiento perturbador, pero la forma en que la utilizamos en nuestro lenguaje cotidiano expresa la conciencia de las secuelas emocionales. De modo que me gustaría utilizar esta definición práctica:

Trauma: "respuesta emocional intensa a un acontecimiento angustiante".[5]

Si el suceso angustiante ocurre cuando alguien a quien amamos viola nuestra confianza, eso es un *trauma por traición*.

Justo anoche estaba escuchando un pódcast de mi amiga Juli Slattery. Juli es psicóloga cristiana y fundadora de *Authentic Intimacy*, un ministerio dedicado al discipulado sexual basado en la Biblia. En el pódcast hablaba con una terapeuta de traumas muy solicitada, llamada Victoria Gutbrod.

Su conversación me fascinó. Lo que decían respondía a muchas preguntas que explica el *por qué* no podemos procesar nuestro dolor solas.

Según Juli y Victoria, las investigaciones sobre el trauma demuestran que las personas que "procesan" (hablan de) su acontecimiento angustioso en las primeras veinticuatro o cuarenta y ocho horas tienden a recuperarse con éxito. Sin embargo, las que no pueden hablar libremente de lo sucedido tienen más probabilidades de desarrollar una respuesta traumática continua: seguir trauma*tizadas*.[6]

¿Por qué?

Porque estamos diseñados para necesitar ayuda a la hora de procesar los acontecimientos difíciles de la vida.

Mientras escuchaba a Juli y Victoria, descubrí que todos necesitamos ayuda para interpretar lo que nos pasa en la vida, especialmente los acontecimientos dolorosos. (Esto es especialmente cierto para los niños, pero también para los adultos). Hablar de una experiencia con otras personas ayuda a nuestro cerebro a asignarle valor, desarrollar la comprensión de lo sucedido y, después (aquí está la clave), liberar la emoción asociada a ese acontecimiento. Traducción: ¡nuestros corazones se desprenden del trauma!

Fue como si se encendiera una bombilla en mi cerebro cuando oí eso. Llevo años diciendo a la gente que las emociones son mensajeras. Si respondemos a ellas adecuadamente, desaparecen. El trauma *es* la respuesta emocional a un acontecimiento angustioso. De modo que, por supuesto, el mensajero se irá una vez que respondamos a este, que ya ha hecho su trabajo. Es probable que aún nos quede trabajo por hacer a nosotras, y eso a menudo lleva tiempo, pero podemos hacerlo en un estado de ánimo más tranquilo y menos tenso.

Mientras escuchaba el pódcast de *Authentic Intimacy*, Victoria dijo algo muy esperanzador. Escucha:

> No todas las personas que sufren
> un trauma están traumatizadas.[7]
> —Victoria Gutbrod

De hecho, para muchas personas el trauma se convierte en un catalizador para desarrollar fortaleza. Un estudio sugiere que "casi la mitad" de los sobrevivientes de traumas experimentan un crecimiento postraumático, definido como "cambios psicológicos positivos tras enfrentarse a acontecimientos difíciles".[8]

No tienes por qué vivir como una víctima por el mero hecho de haber sufrido un acontecimiento terrible. Puedes vencer el dolor y la vergüenza. El mal recuerdo puede convertirse en un hecho del pasado, no en una herida para siempre. Los que hablan de lo que les ha ocurrido con sinceridad y franqueza en una comunidad de personas confiables son los que tienden a experimentar una recuperación emocional más rápida.

Busca la comunidad que necesitas

¿Cómo se aplica todo esto a tu situación?

Pues bien, primero: ¡espero que tu esposo esté experimentando una vergüenza útil y piadosa! Espero que esto lo lleve a confesar su pecado a Dios, a ti y a algunos hombres piadosos de su vida. Un componente clave para restaurar tu matrimonio es el arrepentimiento humilde y auténtico de tu esposo. Puede ser difícil para ti ver a tu esposo en esta situación. Te animo a que no lo interrumpas con palabras de consuelo que minimicen su victoria.

Deja que el Espíritu de Dios use sus emociones para llevarlo a un arrepentimiento real.

La Biblia apoya este comportamiento. Está llena de versículos que comunican nuestra necesidad de ayudarnos unos a otros cuando estamos luchando contra el pecado y la vergüenza. No obstante, también nos exhorta a "desechar la mentira" y "hablar verdad" (Efesios 4:25).

Busca a tus amigas

Te animo a que aproveches el contenido adicional que encontrarás al final del libro.

La Pregunta #3 aborda la pregunta, **"¿Dónde puedo encontrar grupos de apoyo gratuitos o asequibles?"**. Te muestra algunas opciones útiles de terapia de grupo en línea y en persona.

Hay un proverbio que nos enseña que ocultar el pecado es perjudicial, pero que "alcanzamos misericordia" cuando lo confesamos y nos apartamos de él (Proverbios 28:13).

Tu esposo quedó "atrapado" por sus deseos. Ahora el cuerpo de Cristo tiene una obra de restauración que hacer en él. Y eso requiere de una comunidad: un equipo de hombres piadosos que hagan el trabajo de restaurarlo con amor.

Ahora bien, esta es la segunda cosa que espero que te quede de este capítulo: *tú* también necesitas una comunidad.

Es muy posible que te esté asaltando una vergüenza tóxica inmerecida. El pecado de tu marido no es culpa tuya, y no tienes nada de qué avergonzarte, pero la realidad es que su pecado y su vergüenza probablemente te han afectado profundamente.

Entonces, ¿qué debes hacer con *tu* sufrimiento?

Contarlo a alguien. Resiste el impulso de esconderte, de fingir que todo está bien.

Hazlo, aunque tu esposo no quiera.

Necesitas una comunidad de mujeres piadosas que te ayuden a restaurar tu corazón: mujeres como Rosie Makinney.

Solo ocho días después de casarse con su marido, Rosie se enfrentó a su problema con la pornografía. ¿Te imaginas? Antes de convertirse al cristianismo, había mantenido una relación "duradera" con un hombre al que califica de "adicto impenitente a la pornografía". Así que ella estaba "bien familiarizada con la devoradora mujerzuela de la pornografía, [que] tenía bien atrapado entre sus garras" al reciente marido cristiano de Rosie.[9] Ella confrontó a su marido y le exigió que buscara ayuda. Y él lo hizo, pero Rosie sabía que ella también necesitaba ayuda.

Al principio, Rosie no tenía a nadie, pero es una mujer de recursos. Su marido, Mark, sí *tenía* un grupo de apoyo para recuperarse de su adicción a la pornografía. De modo que escribió una nota, la imprimió y se la dio para que la repartiera en su reunión semanal:

> Hola, me llamo Rosie y soy la esposa de un hombre que asiste al mismo grupo que tu marido. Es estupendo que nuestros maridos reciban apoyo, pero a veces me gustaría recibirlo yo también. Me encantaría poder charlar con alguien más que "entienda de qué se trata" y me preguntaba si tú sentías lo mismo. Estaba pensando en organizar una pequeña reunión informal en mi casa el mes que viene. ¿Te interesaría asistir?[10]

Ese fue el comienzo de toda una red de apoyo a las mujeres en su estado. Se ha convertido en un grupo de Facebook que atiende a mujeres de más de cien países. Hoy, el marido de Rosie vive en libertad, y ella dirige un nuevo ministerio floreciente, llamado *Fight for Love*. Ayuda a las mujeres, cuyos maridos consumen pornografía, a informarse, conectarse y recibir ayuda.

Espero que busques a tus amigas. Y lo serán de verdad para ti, aunque al principio las sientas extrañas.

Cuando buscaba mujeres que me apoyaran, descubrí que había dos tipos de comunidad que una esposa herida necesita.

- **Necesitas amigas que hayan pasado o estén pasando por lo mismo que tú**. Es sumamente sanador y útil poder comunicarse con mujeres que han pasado por lo mismo que tú. Ellas entenderán tu proceso único. Ya existen muchos grupos de apoyo (en persona o en línea) o puedes crear el tuyo propio, como hizo Rosie.

- **También necesitas hablar de lo que estás experimentando con tus amigas más cercanas y confiables**. En mi opinión, la mejor forma de romper con la vergüenza tóxica es contar lo que te pasa a mujeres que ya te conocen y te aman. Una cosa es contárselo a una escritora o conferenciante o a otra mujer de un grupo de apoyo que apenas te conoce. Eso es útil, pero no siempre rompe la esclavitud de la vergüenza tóxica e inmerecida. A veces necesitas a una amiga que te conozca de verdad para que te mire a los ojos y simplemente te diga: "Lo veo todo, y estoy aquí para ti".

Tal vez no haga falta decir que debes orar y discernir para saber a quién dejar entrar a tu círculo íntimo de confianza. Hay una gran diferencia entre expresar tu dolor a una amiga de confianza, o a un grupo de apoyo confidencial, y exponer tus problemas (y el pecado de tu marido) en las redes sociales. También hay muchas zonas grises entre esas opciones, por lo que puede ser difícil saber qué decir y cuándo decirlo. No obstante, el Espíritu te guiará si se lo permites. En realidad, necesitarás el Espíritu de Dios en todas estas conversaciones, ¡porque requieren mucho valor! Si no estás segura de cuáles son los límites o si te encuentras en una situación en la que alguien cercano a ti tiende a chismear, busca *primero* una consejera o un grupo de apoyo confidencial.

Una cosa más: tu comunidad de apoyo debe estar formada principalmente por mujeres *que compartan tu fe*. Procura rodearte de personas que hayan experimentado el amor redentor de Jesús.

Las conversaciones serán diferentes. Más ricas. Más profundas. Más útiles.

Y lo que es más importante, tu propia fe se fortalecerá.

El escudo de la fe

Veamos ahora una pieza importante de la "armadura de Dios": el escudo de la fe.

> **Sobre todo, tomad el escudo de la fe, con que podáis apagar todos los dardos de fuego del maligno.**
> **—EFESIOS 6:16**

Hace años estudié la armadura militar romana que Pablo tendría en mente cuando escribió este pasaje. Aprendí cosas fascinantes sobre el escudo que llevaban los soldados romanos. Era grande, de unos 60 cm por 60 cm. Se fabricaba con madera curvada y a menudo se recubría con una capa de cuero que se podía empapar en agua. Este era el secreto para apagar los dardos o las flechas encendidas.

Imagina sostener un escudo tan grande para protegerte. Se volvería pesado rápidamente.

A menos que tuvieras ayuda. El tipo de ayuda que proviene de una comunidad de fe.

Otra observación interesante es que los dardos encendidos tienden a venir de arriba. Para protegerse, los soldados romanos solían agruparse en una especie de formación "tortuga". Los del centro sostenían sus escudos por encima de sus cabezas para crear un techo sobre ellos. Los soldados situados al extremo del grupo levantaban sus escudos para formar un muro. Cuando trabajaban juntos, estaban mejor protegidos.

¿Tenía Pablo esto en mente cuando se refirió a nuestra fe como un escudo?

Sin duda, es una bella imagen de cómo la comunidad ayuda a protegernos.

Ve a buscar a tus amigas.

Amiga, la comunidad es tu cura para la soledad.

¡Es tiempo de orar!

¿Puedo animarte a orar *con* alguien? Este es el momento perfecto para invitar a una amiga piadosa a orar por tu situación. Simplemente, envíale un mensaje de texto y dile: "Tomemos un café. Necesito una compañera de oración". Entonces hazlo y lleva las oraciones que siguen a continuación cuando se reúnan.

> Señor, estoy sola y afligida. El pecado de mi esposo me ha herido profundamente. Acércate a mí y a mi necesidad con tu inmensa gracia. Trae alivio a mi corazón angustiado y líbrame de esta aflicción. Perdona mi propio pecado. Guarda mi vida y rescátame. No permitas que sea avergonzada. Corro hacia ti en busca de seguridad (Salmos 25:16-20).

> Jesús, mi marido ha sido sorprendido en pecado. Solo tú puedes sanar a un hombre (Hechos 4:14), pero tu Palabra dice que aquellos que son espirituales pueden y deben restaurarlo con espíritu de mansedumbre. Por favor, envía hombres piadosos para hacer esta obra en su vida. Lléname de tu Espíritu para poder ser amable con él cuando mi lengua quiera responderle con dureza. Ayúdame a controlarme para no responder a su pecado con el mío (Gálatas 6:1).

> Señor, tu Palabra nos enseña que orar por el cuerpo enfermo de alguien es fructífero. ¿Y si el corazón de alguien está enfermo por la consecuencia del pecado? Guíame a las personas adecuadas para que oren por mis emociones y sea sanada. Ayúdame a confesar mi propio pecado ya que es un paso importante en la oración del justo. Creo que las oraciones de mi comunidad son poderosas y eficaces. Ayúdame a no esconderme de mi comunidad (Santiago 5:13-16). En el nombre de Jesucristo.

> Amén.

El sufrimiento es el gimnasio en el que se ejercita mi fe.[1]

—Joni Eareckson Tada

Capítulo 7

Tu esposo no puede estar a tu lado... pero el Señor es tu fortaleza

Venid y volvamos a Jehová; porque él arrebató,
y nos curará; hirió, y nos vendará.
—OSEAS 6:1

Exactamente una semana después del día en que Bob me confesó su pecado, estábamos en el aeropuerto de University Park, esperando su vuelo hacia una clínica de recuperación. Ciertamente era una decisión drástica para nosotros, pero nos sentíamos bien con nuestra decisión, especialmente con el prometido curso especial para creyentes.

Entonces, ¿por qué no quería que se fuera?

"Adiós", dijo Bob con frialdad, como si estuviera hablando con un conductor de Uber.

Se inclinó para recoger su maleta y pude ver que luchaba por no llorar y me esquivaba la mirada.

Se dio la vuelta para irse.

Miró hacia atrás, caminó hacia mí y me rozó la mejilla con un beso a medias.

Lo sentí como una obligación. Como un rechazo.

Bob dice que no lo recuerda así.

Para él, fui *yo* quien le rozó la mejilla con un beso un poco frío. Recuerda que aquel día sintió que yo estaba terriblemente avergonzada de él.

La vergüenza tergiversa las experiencias para que *cada uno* se sienta rechazado por el otro.

Ya hemos descubierto que la vergüenza es una emoción profundamente privada. También aprendimos que Dios puede usarla como una herramienta para convencernos de pecado y llevarnos de vuelta a su corazón y al corazón de los demás. En las manos de Dios, la vergüenza útil puede ser una especie de cayado de pastor que nos hace retroceder para luego volvernos a guiar hacia la verdad.

Sin embargo, la vergüenza también es un arma favorita del maligno, que la utiliza de manera tóxica y retorcida para destruir nuestra relación con Dios y con los demás. En las manos de Satanás, la vergüenza tóxica es una bayoneta usada para forzarte a correr y esconderte. De Dios. Y el uno del otro.

Tu esposo es el único que puede decidir si su vergüenza lo alejará de los demás y de Dios o si será la herramienta que permita a Dios usar para reencaminar su corazón. A veces puede que vaya de la vergüenza útil a la vergüenza tóxica una y otra vez. Su lucha con la vergüenza le impedirá hacer cosas que necesita hacer por el bien de su matrimonio, aunque él *quiera* hacerlas.

C. S. Lewis observó con perspicacia esta dinámica:

A veces pienso que la vergüenza, la mera vergüenza torpe e insensata, atenta contra las buenas acciones y la felicidad plena tanto como cualquiera de nuestros vicios.[2]

Y eso es lo que estaba ocurriendo aquel día en el aeropuerto. La vergüenza útil fue la herramienta que Dios usó para que Bob viajara en busca de ayuda. Sin embargo, la vergüenza tóxica es la razón por la que Bob no podía mirarme a los ojos y manifestarme su amor cuando lo llevé al aeropuerto. Satanás estaba apuntando con el dedo a mi dulce esposo y le decía que huyera porque no era amado ni digno.

Tan pronto como un hombre comienza a expresar piadosamente su dolor por el pecado, Satanás saca su herramienta favorita para detener el proceso: la confusión.

El enemigo de nuestras almas tiene una doble cara. Nos convence de que el pecado no es tan malo antes de cometerlo, pero después nos tortura con nuestra indignidad por la maldad de nuestro pecado.

Es confuso y destructivo para la estabilidad emocional de una persona. Eso es con lo que Bob estaba luchando ese día. Estaba esforzándose por escuchar a Dios y no al diablo en medio de toda esa vergüenza tóxica.

Yo no me di cuenta. Lo que sentí fue rechazo. Y la dura realidad de que mi esposo no estaba a mi lado en el momento en que más lo necesitaba.

Su camisa de fuerza emocional

Esta es la conclusión. En este momento tu esposo es incapaz de ayudarte con tu dolor. Sé cuánto deseas que lo haga. He pasado por eso, pero simplemente no puede.

Una vez describí el dolor que sentí en el aeropuerto con una palabra. Sentía como si Bob hubiera estrellado intencionadamente nuestro auto contra un árbol a gran velocidad. Felizmente, no estábamos muertos, pero los dos estábamos sangrando. Solo que el lado del auto de Bob había chocado de frente contra el árbol, por lo que sus heridas eran más graves. Al llegar el equipo de emergencias, evaluó quien necesitaba atención más inmediata y entró en acción. Entonces sacaron a mi marido, lo pusieron en una camilla y lo llevaron a la ambulancia. Yo me quedé atrás, atrapada entre los escombros mientras las luces y la sirena de la ambulancia se desvanecían en la distancia.

¿Quién iba a cuidar de *mí*?

Bob no.

Se había disculpado y estaba profundamente arrepentido de cómo me había afectado su pecado. Sin embargo, mi marido no estaba en condiciones de ayudar, por mucho que yo quisiera que fuera mi héroe.

Lo aprendí muy lentamente. Y fue nuestro amigo Peter Kuiper quien me ayudó a darme cuenta de lo que estaba pasando. Me dijo:

> "El que te rompió el corazón
> no puede enmendarlo".[3]
> —Peter Kuiper

¡Qué lástima!

¡Una verdadera lástima!

Y no solo ocurre cuando el esposo está a punto de tomar un avión para ir a un centro de rehabilitación. Muchas esposas me dicen que cuando la vergüenza se hace presente, él se aísla. Aunque esté a tu lado, probablemente no esté en condiciones de ayudarte.

Ahora bien, amiga mía, hay Alguien que sí tiene la capacidad de enmendar tu corazón. Él quiere ayudarte. Y sabe exactamente cómo se siente el rechazo (Hechos 4:11; Mateo 8:34; Lucas 17:25). Él se identifica contigo de una manera que nadie en el planeta puede. Y, a diferencia de tu esposo, tiene la capacidad de cuidar de ti en este momento.

¿Permitirás que Jesús use incluso el rechazo (o aparente rechazo) de tu esposo para convertirte en lo que sabe que eres capaz de ser?

Pon la obra de tu sanidad en sus manos.

El papel del rechazo en tu historia

El rechazo, al igual que la vergüenza, puede ser una de las buenas herramientas de Dios.

Lo vemos claramente en la vida del rey David.

Recuerda que él no ascendió inmediatamente al trono de Israel después que el profeta Samuel lo ungiera cuando era un jovencito. Por el contrario, tuvo que soportar muchos años de pruebas y formación a fin de prepararse para servir como rey. Y uno de sus cursos de formación más difíciles puede haber sido: *Introducción al rechazo.*

Saúl, el rey en el poder, consumido por los celos, persiguió tanto a David que lo llevó a esconderse durante más de una década. El rechazo de Saúl fue una prueba divina para ver si David creería a Dios y caminaría en la verdad de su Palabra.

David no solo fue rechazado. *Era* un rechazado. Y vivió con los rechazados. La Biblia relata que "se juntaron con él todos los afligidos, y todo el que estaba endeudado, y todos los que se hallaban en amargura de espíritu" (1 Samuel 22:2). David los acogió y los formó, y poco a poco formó un ejército y una comunidad de familias.

Y, al final, también lo rechazaron.

Sucedió así: tras una feroz batalla contra el pueblo de Amalec, David y sus hombres regresaron a su campamento en la ciudad de Siclag, y descubrieron que había sido incendiado y saqueado por el enemigo. Se habían llevado vivos a todos sus hijos y sus esposas. Fue entonces cuando el hombre que había sido rechazado por su rey, por su pueblo e incluso por sus enemigos (1 Samuel 27–29) fue rechazado por los rechazados. Los hombres, amargados por su dolor, culparon a David de lo que había sucedido. Incluso hablaron de apedrearlo (1 Samuel 30:1-6).

¿Cómo respondió David a esta prueba durante su curso de rechazo? ¿Les dijo a los hombres enojados: "¡Oigan, yo también estoy dolido"? ¿Les rogó que sanaran su corazón roto? ¿Discutió con ellos y los culpó también? ¿Salió corriendo en busca de otros que pudieran compadecerse de él?

No.

> David se fortaleció en Jehová
> su Dios.
> **—1 Samuel 30:6**

En ese momento de debilidad, David acudió a Dios en busca de fortaleza. Se quedó solo con el Dios del universo para fortalecerse. Algunas versiones de la Biblia, como la Nueva Versión Internacional, señalan que "cobró ánimo y puso su confianza" en el Señor. Cuando muchos se rendirían a la tristeza, él decidió ser fuerte. Y mientras muchos trataban de recibir fuerzas y aliento de otras personas, David acudió directamente a Dios en oración.

Tú también puedes hacerlo. El rechazo es una invitación a acudir a Dios en busca de fortaleza.

¿Lo harás?

Busca tu fortaleza en Dios

Incluso Jesús se retiraba a lugares solitarios para orar (Lucas 5:16; 6:12). Y eso es lo que te pido que hagas. Que pases tiempo a solas con tu principal Fuente de fortaleza. Es hora de revelar tu cuarta herramienta de redención.

La verdad que necesitas 〉 *La fortaleza del Señor te ayudará a recuperar a tu familia.*

Si has entregado tu corazón y tu vida a Jesucristo, eres su amada. Él desea fortalecer a los que ama. Lee estas palabras que fueron inspiradas por Dios para su pueblo:

> Porque te tomé de los confines de la tierra, y de tierras lejanas te llamé, y te dije: Mi siervo eres tú; te escogí, y no te deseché. No temas, porque yo estoy contigo; no desmayes, porque yo soy tu Dios que te esfuerzo; siempre te ayudaré, siempre te sustentaré con la diestra de mi justicia.
> —Isaías 41:9-10

Este es el sentir de Dios. Él quiere fortalecerte y ayudarte. Apóyate en Él en oración. Busca orientación en las Escrituras. Rodéate de la comunidad cristiana, pero aléjate del bullicio de las opiniones (incluida la de tu marido) y fortalécete *en el Señor*. He aquí algunas ideas que pueden servirte:

- **Aprovecha el tiempo en casa para estar con el Señor mientras tu marido está fuera.** Mientras Bob no estaba, cancelé muchas de mis responsabilidades profesionales y despejé mi vida social para poder pasar extensos periodos de tiempo en oración con mis tarjetas llenas de versículos bíblicos. También utilicé ese tiempo para leer y aprender sobre la batalla que Bob estaba librando. Si los problemas en tu matrimonio han redundado en tiempo lejos el uno del otro por alguna u otra razón, no gastes ese tiempo en múltiples ocupaciones. La tentación será medicar tu dolor con cosas que hacer. Resístete. Fortalécete en el Señor.

- **Pasa unos días a solas con el Señor**. Tal vez tu esposo aún esté en casa y las dificultades que estás enfrentando no requieran que él se vaya para recibir consejería o tratamiento. O tal vez solo estés tratando de diagnosticar el problema y averiguar qué paso dar después. ¿No podrías irte un fin de semana para estar a solas con el Señor? Si es posible, haz una pausa en tu relación con tu esposo para que puedas concentrarte en tu relación con Dios, aunque sea por unos días. Fortalécete en el Señor.

- **Levántate temprano o quédate despierta hasta tarde para estar con el Señor**. Tal vez tus circunstancias no son del tipo que requieran atención inmediata. Solo estás leyendo este libro para mejorar algunas cosas que necesitan atención en tu matrimonio. O puede ser que tus hijos o tu cuenta bancaria no permitan que ninguno de los dos se haga una escapada en este momento. Entonces puede que necesites levantarte temprano o quedarte despierta hasta tarde cada noche. Cuando mis hijos eran muy pequeños, tenía que levantarme antes que ellos para tener tiempo con Jesús. Ahora tengo que levantarme temprano para tener ese tiempo antes que Bob se despierte. ¡Vale la pena perder horas de sueño! Fortalécete en el Señor.

- **Usa tus horas de almuerzo para estar con el Señor**. Puede ser que tu trabajo te impida ausentarte por un periodo largo de tiempo. No te preocupes. Tus horas de almuerzo todavía pueden proporcionarte tiempo suficiente para recibir fuerzas. Cuando empecé a pasar un tiempo a solas con el Señor cada día, tenía veintitantos años y trabajaba a tiempo completo. Así que me reunía con Jesús durante mi hora de almuerzo todos los días en un parque local. A mí me funcionó de maravilla y podría ser justo lo que tú necesitas. Fortalécete en el Señor.

En algunas circunstancias puede ser importante tomar una medida más drástica. Debido a que algunas mujeres necesitan escuchar esto, voy a incluirlo, pero por favor busca el consejo de tu pastor y de un consejero cristiano antes de ejecutar esta opción:

- **Bajo la guía del liderazgo espiritual, considera una separación terapéutica.** Para tu beneficio mental y espiritual y el rescate final del matrimonio, puede ser aconsejable que los dos vivan separados por un período específico de tiempo. Esto podría ser tan corto como un par de semanas, pero podría ser mucho más largo. El objetivo de una separación terapéutica no es avanzar hacia el divorcio, sino ayudar a ambos a sanar individualmente para que el trabajo que hagan juntos sea más fructífero.

Hagas lo que hagas, te insto a que busques una manera de concentrarte realmente en fortalecerte en el Señor antes de comenzar con la siguiente sección de este libro y a medida que lo vayas completando.

Cuéntame tu historia

En la lista de opciones para buscar tiempo para estar con Dios, pon una estrella al lado de la opción que creas que funcionará mejor en tu vida. Si ninguna de ellas te parece una opción viable, escribe tu propia idea creativa en el margen. Anota cualquier pensamiento o compromiso que no quieras olvidar mientras buscas fortalecerte en el Señor.

¡Recupera a tu familia!

En caso de que te lo estés preguntando, fortalecerte en el Señor no es volverte tan celestial que estés incapacitada en la tierra. Después que David se volvió al Señor en su angustia, fue capaz de responder a lo que estaba sucediendo a su alrededor en *el poder del Espíritu*. ¿Y sabes lo que hizo?

En lugar de huir de los que lo habían rechazado o arremeter contra ellos, David los invitó a recordar quiénes eran. Básicamente, les dijo: "Ustedes son esposos. Son padres. Son guerreros". Y luego los invitó a actuar como tales.

Fueron tras los amalecitas y recuperaron a todas sus mujeres e hijos. ¡Recuperaron a sus familias!

Y ese, por supuesto, es tu objetivo final. Después que te hayas empapado de la fuerza del Señor, Él te impulsará a ponerte a trabajar para salvar tu matrimonio. Esperemos que sea con la ayuda de tu esposo después que él mismo haya sido fortalecido en el Señor. Por ahora te animo a que resistas el impulso de acudir a tu esposo en busca de consuelo o para responder a su necesidad.

Deja que tu marido esté a solas con Dios y reciba ayuda de hombres piadosos.

En cuanto a ti, tómate este tiempo para descansar en Jesús. Empápate de su amor. Estabiliza tu propio corazón mientras recibes ayuda de la oración, las Escrituras y el apoyo de mujeres piadosas.

He descubierto que muchas mujeres se saltan este importante paso para restaurar sus matrimonios. En lugar de atender a su propio corazón atribulado, a menudo se ven arrastradas a la tarea de cuidar de su esposo o matrimonio. Me temo que se han creído la mentira de que el futuro de su matrimonio y su familia depende de ellas.

Solo Jesús puede redimir a una familia rota por el pecado, amiga mía. Sigue el ejemplo de David. No se dirigió a los amigos que lo habían rechazado, ni atacó a los amalecitas, ni fue a recuperar a su familia hasta que *primero* se fortaleció en el Señor.

¿Te fortalecerás tú en el Señor?

Veamos Efesios 6 por última vez. Cuando Pablo se acerca al final de su carta a la iglesia de Éfeso, recuerda que los invita a vestirse con la armadura de Dios. Al principio de la lista con la descripción de la armadura dice lo siguiente:

> **Por lo demás, hermanos míos, fortaleceos en el Señor, y en el poder de su fuerza.**
> **—EFESIOS 6:10**

La armadura de Dios es necesaria para la guerra espiritual y el sufrimiento, pero esas herramientas significan poco sin la fortaleza del Señor.

Así que cálmate. Siéntate con Él. Fortalécete en el Señor.

Amiga, el Señor es tu fortaleza.

¡Es tiempo de orar!

Cuando necesito la fortaleza del Señor de una manera especial, me gusta ponerme de rodillas al orar para demostrar la postura que espero que haya en mi corazón. Tal vez te gustaría intentarlo hoy.

Oh Señor, Dios mío, me siento profundamente rechazada. Ayúdame a no recurrir a soluciones mundanas para esta emoción. En lugar de eso, acudo a ti para fortalecerme en ti (1 Samuel 30:6). Tú no me has rechazado. Al contrario, me has elegido. ¡Qué maravilloso pensamiento! Ayúdame a no tener miedo, sino a saber que "Yo Soy" está conmigo. Tú eres mi Dios. Tú has prometido en tu Palabra que me fortalecerás y me ayudarás. Incluso me sostendrás con tu diestra de justicia. Te ruego que hagas eso por mí hoy (Isaías 41:10).

Escucha mi voz cuando te invoco, Señor. Sé misericordioso y respóndeme cuando clamo a ti. Tu rostro buscaré. No escondas tu rostro de mí. Aunque mi madre y mi padre me abandonen o me hayan abandonado, Tú me recibes. Gracias, Señor. Enséñame a andar en tus caminos a través de este valle oscuro. Guíame por el camino más recto y corto a través de este dolor. Voy a confiar en que veré tu bondad. Hasta que lo haga, dame paciencia para esperar en ti. Ayúdame a ser fuerte, y alienta mi corazón mientras espero en ti (Salmos 27:7-14). En el nombre de Jesucristo.

Amén.

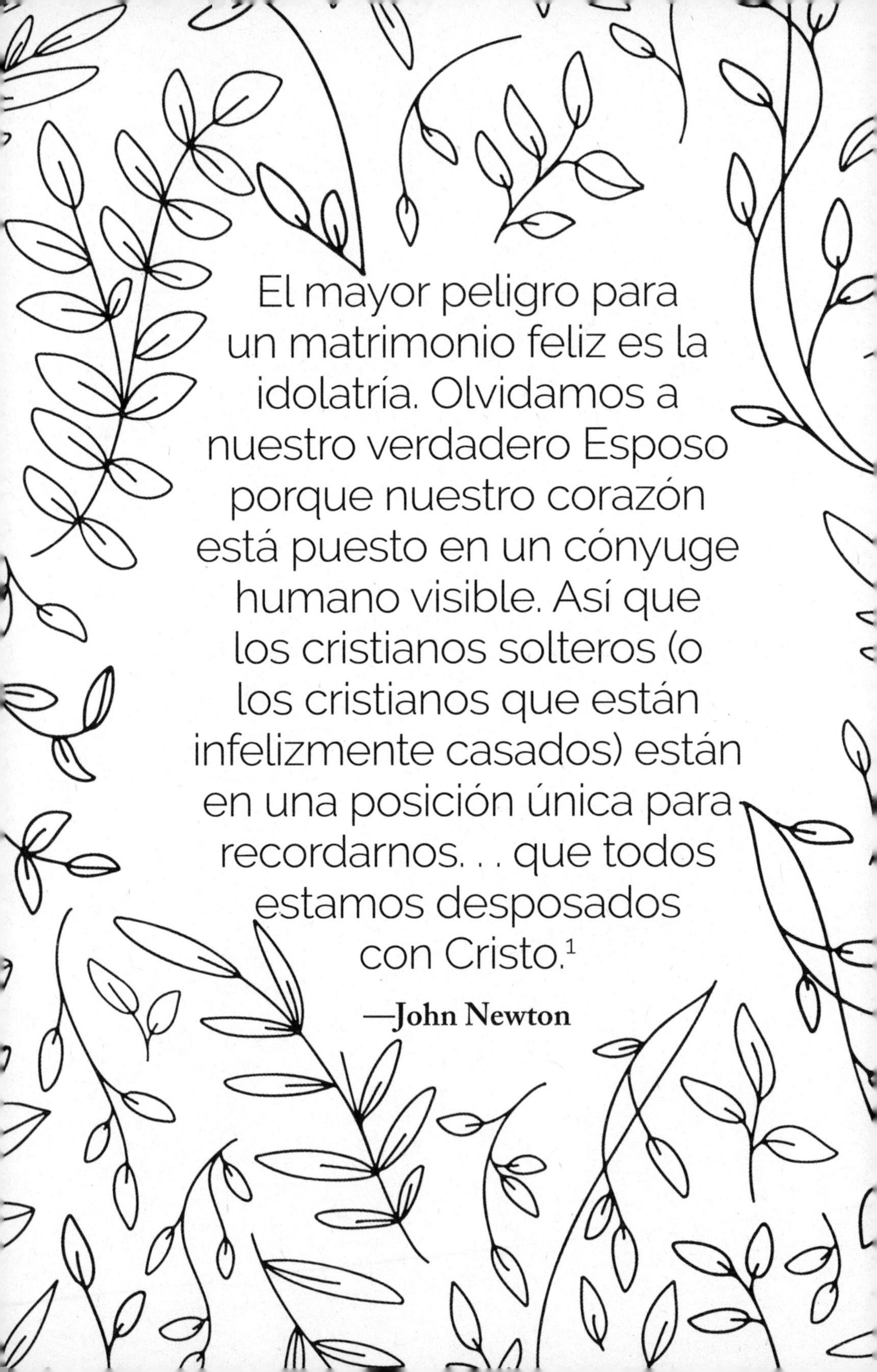

El mayor peligro para un matrimonio feliz es la idolatría. Olvidamos a nuestro verdadero Esposo porque nuestro corazón está puesto en un cónyuge humano visible. Así que los cristianos solteros (o los cristianos que están infelizmente casados) están en una posición única para recordarnos. . . que todos estamos desposados con Cristo.[1]

—John Newton

Capítulo 8

No lo sientes. . . pero el amor es el remedio para su pecado

¡La voz de mi amado! He aquí él viene
Saltando sobre los montes,
Brincando sobre los collados.

—CANTARES 2:8

Yo estaba en casa, en Pennsylvania, haciendo terapia telefónica con Tippy. Bob estaba en otro estado para recibir tratamiento. Sin embargo, él y yo estábamos separados por algo más que kilómetros. Había un muro de dolor y vergüenza entre nosotros. Me quedé mirando la lista de preguntas que Tippy me había dado para responder.

- ¿Qué pasó?
- ¿Por qué estoy aquí?
- ¿Cómo puede esta situación poner de manifiesto el propósito de Dios en mi vida?

La última pregunta me dolió mucho. No podía hablar de propósito sin que mi mente volviera a las calles de Chicago. Bob y yo íbamos de camino a disfrutar de una pizza cuando me vinieron a la mente estas palabras:

> Tu misión es animar a hombres y mujeres de todas las edades a vivir en pureza, ayudarlos a sanar de la impureza pasada si existe en sus vidas, y experimentar un matrimonio vibrante y apasionado que retrate el amor de Cristo por su esposa, la Iglesia.

Corrimos a un centro comercial para poder escribirlas, ¡como si alguna vez pudiera olvidarlas! Estaban arraigadas en mi corazón como el llamado para mi vida. Pero ahora me daba cuenta de que el propósito que había significado tanto para mí a lo largo de los años parecía no concordar con la lucha de Bob.

¿Cómo puedo cumplir la misión de ayudar a otros a reflejar el amor de Cristo por su esposa en sus matrimonios cuando el mío está así?

—Dannah —me desafió a pensar Tippy—, ¿y si esa misión que Dios te dio en Chicago no era para que ayudaras *a otros*?

Hizo una pausa para invitarme a asimilar lo que iba a decir a continuación:

—¿Y si Dios habló tan profundamente a tu corazón para que vivas ese tipo de amor *en tu propio matrimonio*?

—No quiero esa misión —respondí rotundamente.

Sé que probablemente no te sientes "enamorada" de tu marido en este momento. Y tal vez, como yo, no quieras hacer el duro trabajo de amarlo a través de esta situación devastadora. Te entiendo, pero eso es exactamente lo que te voy a pedir que hagas a continuación.

Vayamos directamente a la verdad que necesitas.

A decir verdad, este capítulo va a requerir un poco de razonamiento crítico. No obstante, si sigues el rastro de esta verdad conmigo, descubrirás una de las riquezas más profundas de la redención de Dios.

La verdad que necesitas *El amor de pacto es el único remedio para su pecado y proporciona el camino hacia la redención.*

La revelación del amor de Dios

Creo que Dios es nuestro Creador. Él nos creó (y no al revés). Cuando nos creó, planeó que toda la naturaleza revelara su poder y carácter (Romanos 1:20).

Por supuesto, una de las cualidades más importantes de Dios es su amor. Por eso puso una revelación visible de su amor en el mundo.

¿Y qué eligió Dios para que reflejara la imagen sagrada de su amor? El matrimonio.

Solo pensar en eso te atormenta cuando tu matrimonio es un desastre. Es fácil creer esta mentira: *mi matrimonio no es una imagen del evangelio...*

Cuéntame tu historia

¿Crees que tu matrimonio no puede ser una imagen del evangelio? ¿Por qué sí o por qué no? Anota algunos pensamientos al margen antes de seguir leyendo.

Amiga mía, permíteme presentarte algo que espero aporte mucha claridad a la forma en que respondes a las dificultades en tu matrimonio e intentas averiguar el lugar que ocupa el amor en esa situación. Me refiero al concepto de *amor de pacto*. Tal vez recuerdes que mencioné este tipo de amor en el primer capítulo. Es una herramienta muy importante para el matrimonio. Es una herramienta muy importante para todos los matrimonios, especialmente para los que enfrentan dificultades.

Empecé a estudiar el amor de pacto hace más de veinticinco años, cuando leí un libro de Kay Arthur titulado *Our Covenant God: Living in the Security of His Unfailing Love* [El Dios del pacto: Cómo vivir en la seguridad de su amor infalible]. Ese libro y otros sobre el tema me llevaron a una comprensión más profunda del amor fiel de Jesucristo.

Kay afirmaba que aprender sobre el *pacto* nos ayuda a "comprender verdaderamente la intimidad y los intrincados detalles del plan y el propósito de Dios… Nos hace libres para disfrutar de su amor y atravesar todas las circunstancias de la vida con la seguridad de sus promesas".[2]

¿No te vendría bien algo de esa seguridad mientras atraviesas lo que puede parecer un tiempo de increíble inseguridad?

Lenguaje de pacto

Pacto es una palabra difícil de entender para muchas de nosotras, ya que nuestra cultura moderna no tiene una categoría para ella. Sin embargo, es un concepto importante en el Antiguo Testamento porque describe la relación entre el Dios de Israel y su pueblo a lo largo de los siglos.

Cuando encuentres el lenguaje del *amor de pacto* en la Biblia, verás dos cosas.

Primero, notarás una increíble y posesiva intimidad y pertenencia que caracteriza la relación entre Dios y su pueblo. *Pueblo mío*, dice Dios. *Ustedes son míos*, declara Él. Mi parte favorita de la Biblia es donde dice rotundamente: *Te amo* (Isaías 43:4).

El pacto tiene que ver con **el amor.**

En segundo lugar, verás un aspecto legal vinculante en una relación de pacto. Requiere que ambas partes manifiesten una fidelidad inquebrantable, y hay consecuencias nefastas por romper un acuerdo de pacto.

El pacto también tiene que ver con **la ley.**

Exploremos las ramificaciones legales de la ruptura de un pacto al ver la primera vez que aparece la idea de pacto en la Biblia.

Consecuencia del pacto

Dios había prometido a Abram que su árbol genealógico sería tan abundante que cada estrella del cielo representaría un descendiente. Sin embargo, cuanto más envejecía Abram, sin hijos a la vista, más difícil le resultaba creer esa promesa. De modo que Abram pregunta: "Señor Jehová, ¿en qué conoceré que la he de heredar?".

En respuesta, Dios ordenó a Abram que fuera a buscar algunos animales para sacrificar.

Ahora bien, eso habría sido una noticia emocionante para Abram. El Dios del universo lo estaba invitando a practicar el antiguo y conocido ritual del pacto. La siguiente reflexión de un devocional de Ligonier Ministries podrían ayudarnos a entender:

> Cuando se hacían pactos en el antiguo Cercano Oriente, el acuerdo iba acompañado de ciertos ritos para representar lo que sucedería si una o ambas partes no cumplían con su parte. Uno de los ritos más comunes consistía en descuartizar animales y colocar los trozos en dos filas, una al lado de la otra, con un camino entre ellas. Los individuos que hacían el pacto pasaban entonces entre los animales e invocaban una maldición sobre sí mismos si

rompían el acuerdo. Al realizar este rito, ambas partes declaraban: "Si no cumplo los términos de este pacto, que la destrucción que ha caído sobre estos animales caiga también sobre mi cabeza".[3]

¡Ay!

No se podía jugar con la naturaleza legalmente vinculante de un pacto.

Ahora bien, esto es lo asombroso de lo que sucedió a continuación: *solo Dios atravesó la hilera de animales sacrificados. Abram no lo hizo.*

Para alguien en el mundo antiguo, habría sido inaudito que solo el más fuerte de las dos partes caminara a través de las piezas del sacrificio animal, pero eso fue exactamente lo que ocurrió.

Una vez dispuestas las piezas ensangrentadas, Dios hizo que Abram se durmiera. Entonces la presencia de Dios se movió entre las piezas de carne sacrificada.

Eso fue significativo.

Dios estaba declarando lo obvio: *Abram no es capaz de mantener su parte del trato.* Sin embargo, el Dios del universo estaba declarando: "Si este pacto se rompe (y se romperá), que yo sea como estos animales sacrificados y ensangrentados".

Y finalmente lo fue.

Jesucristo sería sacrificado y ensangrentado por nosotros. Cuando murió por ti y por mí, estaba cumpliendo el pacto abrahámico y estableciendo uno nuevo (Hebreos 9:15). Su muerte fue su acto fiel para redimirnos, a pesar de que ningún ser humano había estado a la altura de los acuerdos del pacto del Antiguo Testamento.

La muerte de Jesús en la cruz satisfizo la ley y protegió el amor.

Amor de pacto

Mientras estudiaba acerca del pacto, aprendí que la palabra hebrea *hesed* es un aspecto importante del lenguaje del pacto. A menudo aparece en nuestras traducciones del Antiguo Testamento como "amor". No obstante, también se puede encontrar traducida como "bondad", "benevolencia", "fidelidad", "misericordia", "devoción", "favor" y "constancia".

¿Por qué tantas palabras? Porque no hay una palabra castellana o griega que exprese adecuadamente el amor de pacto de Dios por nosotros.

Pues bien, aquí es donde el razonamiento crítico comienza a dilucidarse: la intención de Dios es que el matrimonio represente *ese* tipo de amor. Íntimo. Inquebrantable. Sacrificial. Redentor.

Esta intención está presente en toda la Biblia, pero la definición más concisa del propósito sagrado del matrimonio se encuentra en el Nuevo Testamento.

> **Por esto dejará el hombre a su padre y a su madre, y se unirá a su mujer, y los dos serán una sola carne. Grande es este misterio; mas yo digo esto respecto de Cristo y de la iglesia.**
> **—EFESIOS 5:31-32**

El matrimonio debe caracterizarse por un amor inquebrantable, porque fue concebido para representar el amor inquebrantable del pacto. Y ese tipo de amor posee un poder de permanencia único. ¿Por qué? Porque está centrado en las necesidades de la otra persona, no en la felicidad personal.

¿Estoy diciendo que no se puede ser feliz en un matrimonio de pacto? Por supuesto que no estoy diciendo eso. A menudo he experimentado una gran alegría y felicidad en mi matrimonio, pero, sinceramente, la felicidad no viene al caso aquí. El amor de pacto tiene que ver con algo más rico, profundo, gratificante y redentor que lo que sentimos. Y a veces hace falta un tiempo de quebranto para que comprendamos la verdad y el poder de ese tipo de amor.

El primer amor que experimentaste con tu marido fue maravilloso (espero). Y fue importante para establecer la base de la relación entre ustedes. La emoción y la ternura que tan a menudo sentiste durante el noviazgo, compromiso e incluso los primeros años de tu matrimonio fue un maravilloso regalo de amor de Dios.

Esa es la parte fácil de representar la imagen del evangelio, amiga mía.

Sin embargo, ¿qué sucede cuando el matrimonio llega a un punto de ruptura?

Mientras trataba de encontrar una respuesta para mi propio corazón, descubrí una enseñanza presentada por Tim y Kathy Keller. Una sola frase me llenó de nueva esperanza:

> En un matrimonio cristiano, cada cónyuge desempeña el rol de Jesús.[4]
> —Kathy Keller

Kathy continuó diciendo: "Juntos, un marido y una mujer que desempeñan sus roles de liderazgo y sumisión pueden mostrar la plenitud de la gloria de Cristo y del evangelio de una forma poderosa".[5] Su intención era explicar que las mujeres tienen el honor de representar la sumisión de Cristo al plan del Padre (Filipenses 2). Y los hombres tienen la responsabilidad de representar el liderazgo de Cristo (Efesios 5). Cuando hacemos esto bien, tanto el esposo como la esposa "desempeñan el rol de Jesús".

Permíteme enfatizar que hacer esto bien es esencial para que un matrimonio sea una representación exacta del amor de Cristo. Si solo uno de los cónyuges decide vivir según el amor de pacto, corre un gran riesgo de ser explotado por el otro.[6] Por eso, el consejo sabio y una profunda reflexión son fundamentales tanto antes del matrimonio como cuando la pareja se encuentra en un punto de ruptura.

No obstante, cuando tanto el marido como la mujer están a la altura de las expectativas del amor de pacto, ambos "desempeñan el rol de Jesús".

¿Qué significa eso para ti cuando el pecado de tu esposo ha puesto fin a sus votos de pacto?

Ahí es donde entra en juego lo que yo llamo "después del amor".

"Después del amor"

El *después del amor* está impulsado por el compromiso de pacto y anula nuestras emociones cuando el pecado las pone a prueba. Considera este sorprendente pensamiento sobre la fidelidad del amor de pacto:

> En un pacto, dos personas se miran y dicen. . .
> "Yo seré lo que debo ser independientemente
> de que tú seas lo que debes ser".[7]
> —Tim Keller

El después del amor es súper fácil para mí cuando Bob se levanta (como lo hace tan a menudo) para ser la parte de Jesús de nuestro amor de pacto. Estoy muy agradecida por su fidelidad y perdón cuando yo…

…confieso pecados de mi pasado, o

…lucho con mis altibajos hormonales, o

…caigo en un patrón de adicción al trabajo

e ignoro su deseo de jugar.

Una y otra vez, Bob Gresh ha sido lo que prometió ser cuando yo no estaba siendo lo que prometí que sería. Esta es una parte muy importante de la historia de nuestro matrimonio.

Verás, yo tenía un secreto cuando nos casamos. Como mencioné brevemente en un capítulo anterior, yo no era virgen en nuestra noche de bodas. Y la vergüenza que tenía de mi previo pecado sexual afectó significativamente la intimidad de mi relación con Bob.

Varios años después de casarnos, esta carga se volvió demasiado pesada para llevarla yo sola. Tardé tres horas emocionalmente desgarradoras para hacer una confesión de una sola frase, pero finalmente murmuré una torpe frase de mi verdad, y me atreví a creer que el perdón de Dios (y el amor de pacto de Bob) era lo suficientemente grande para la vergüenza y el pecado que había cargado durante tanto tiempo.

Y así fue.

Por la noche empecé a experimentar la profundidad del amor redentor de Dios porque mi esposo fue lo que había prometido que sería, incluso cuando yo no lo era.

Ahora bien, por supuesto, también me ha tocado interpretar la parte de Jesús en la imagen de pacto. He elegido deliberadamente lo que prometí que sería en aquellos momentos en los que Bob no ha sido lo que prometió ser. Cuando su corazón estuvo cargado de vergüenza y pecado, hice todo lo posible por ir más allá de mi dolor para proteger el pacto que hicimos el día de nuestra boda.

Y mientras luchaba con mis dudas sobre si mi relación matrimonial era una imagen del amor de Cristo, llegué a una importante conclusión.

La verdad que necesitas

El amor de pacto nos llama y nos equipa para ser una imagen del amor infalible de Dios, no a pesar del pecado y el quebranto, sino a causa de ellos.

Jesús sufrió y murió por amor cuando fuimos incapaces de cumplir nuestra parte de la ley del pacto. El matrimonio se parece a nuestra relación con Cristo cuando nos levantamos para proteger el pacto cada vez que nuestro cónyuge no puede hacerlo. Y el amor que se requiere de nosotras cuando eso sucede es poderoso y redentor. No es el cuento de hadas de dos amantes enamorados, sino la unión entre dos grandes perdonadores. Y créeme, puede darte mucha felicidad. Es solo otro tipo de felicidad.

Solo tienes que tener en cuenta de dónde viene el amor en primer lugar.

Jesús primero

El amor de pacto en el matrimonio es muy arriesgado.

Y difícil.

Solo hay una cosa que te proporcionará la fuerza que necesitas a largo plazo, y es estar completamente cautivada por el amor inagotable de Jesucristo. El amor de pacto en el matrimonio solo funciona si primero has recibido el amor de la relación que Dios inicia contigo (1 Juan 4:19). Y luego lo amas con todo tu corazón, con toda tu alma y con todas tus fuerzas (Marcos 12:28-30).

Ante todo, debes experimentar el amor fiel de Jesucristo.

¿Lo has experimentado?

Confieso que todo este asunto se enturbió para mí cuando Bob y yo comenzamos nuestro trabajo matrimonial. Mi corazón deseaba con desesperación que mi esposo me rescatara de mi dolor, ¡pero solo Jesús podía hacerlo! Necesitaba ante todo experimentar una comprensión más profunda del amor de mi Salvador.

Amiga, asegúrate de no estar idolatrando tu matrimonio. Muchos cristianos lo hacen. El resultado es la codependencia, las distorsiones abusivas de la sumisión y una visión dominante del papel del esposo. Estas cosas se nutren de la falsedad como las bacterias en una placa Petri de laboratorio cuando valoramos el matrimonio más que nuestra relación con Jesucristo.

Considera el hecho de que en el cielo no estarás casada, porque estar casado en el cielo no tiene sentido. El matrimonio, recuerda, es una *imagen* de nuestra intimidad con Cristo. No necesitarás ninguna representación de esa intimidad cuando la experimentes cara a cara.

Si te llevo de viaje a Alaska, puede que te enseñe fotografías de magníficos glaciares, fuertes osos pardos y montañas nevadas para inspirarte. Sin embargo, una vez allí, no necesitas las fotos.

El matrimonio es importante aquí en la tierra porque nos da una idea del tipo de relación que tendremos con Jesucristo cuando lo veamos cara a cara, pero ten cuidado de que no se convierta en algo tan preeminente en tu corazón que olvides lo que está tratando de enseñarte: buscar el amor de Dios con todo tu corazón, con toda tu alma y con toda tu mente, porque para eso has sido hecha. Por eso anhelas el amor en primer lugar. Porque fuiste creada para una relación con un Dios de amor.

Amiga, ¡Dios te está invitando a una comprensión más profunda de su amor!

¡Es tiempo de orar!

Pasa un tiempo en silencio con Jesús y empápate de su amor. Después de hacerlo un rato, ora estos versículos en voz alta:

Amado mío, ayúdame a ser como una esposa que adora a su amado en mi relación contigo. Permíteme escuchar tu voz. Ven a mí. Salta sobre los montes del dolor y los problemas. Brinca sobre los collados de la larga espera y la impaciencia. Ven a mí (Cantares 2:8).

Jesús, gracias por ser el mediador de un nuevo pacto con Dios Padre para nosotros. He aceptado tu invitación a formar parte de tu relación de amor y ley. Dame una comprensión de la increíble herencia que nos has prometido a los que te seguimos. Oh Jesús, gracias por morir para librarme de la culpa de las transgresiones cometidas bajo el antiguo pacto. Tú sabes que soy incapaz de ser fiel a este acuerdo del pacto, pero tú prometes ser fiel pase lo que pase. Estoy cautivada por tu amor que nunca cambia (Hebreos 9:15; 1 Timoteo 2:13).

Padre Dios, te confieso que deseo profundamente ser amada. En este momento siento una carencia de amor. Ayúdame a estar totalmente satisfecha con tu amor inagotable y a amar compasivamente a mi esposo con tu amor (Proverbios 19:22). En el nombre de Jesucristo.

Amén.

El cual nos ha librado de la potestad de las tinieblas,
y trasladado al reino de su amado Hijo, en quien tenemos
redención por su sangre, el perdón de pecados.

—COLOSENSES 1:13-14

Parte 3

Invita a Dios a redimir tu matrimonio

Es hora de hacer el trabajo de comprometerte con tu esposo y fortalecer juntos su matrimonio. En esta última parte del libro me gustaría enseñarles siete verdades que los ayudarán a recibir el poder redentor de Dios en su amor de pacto.

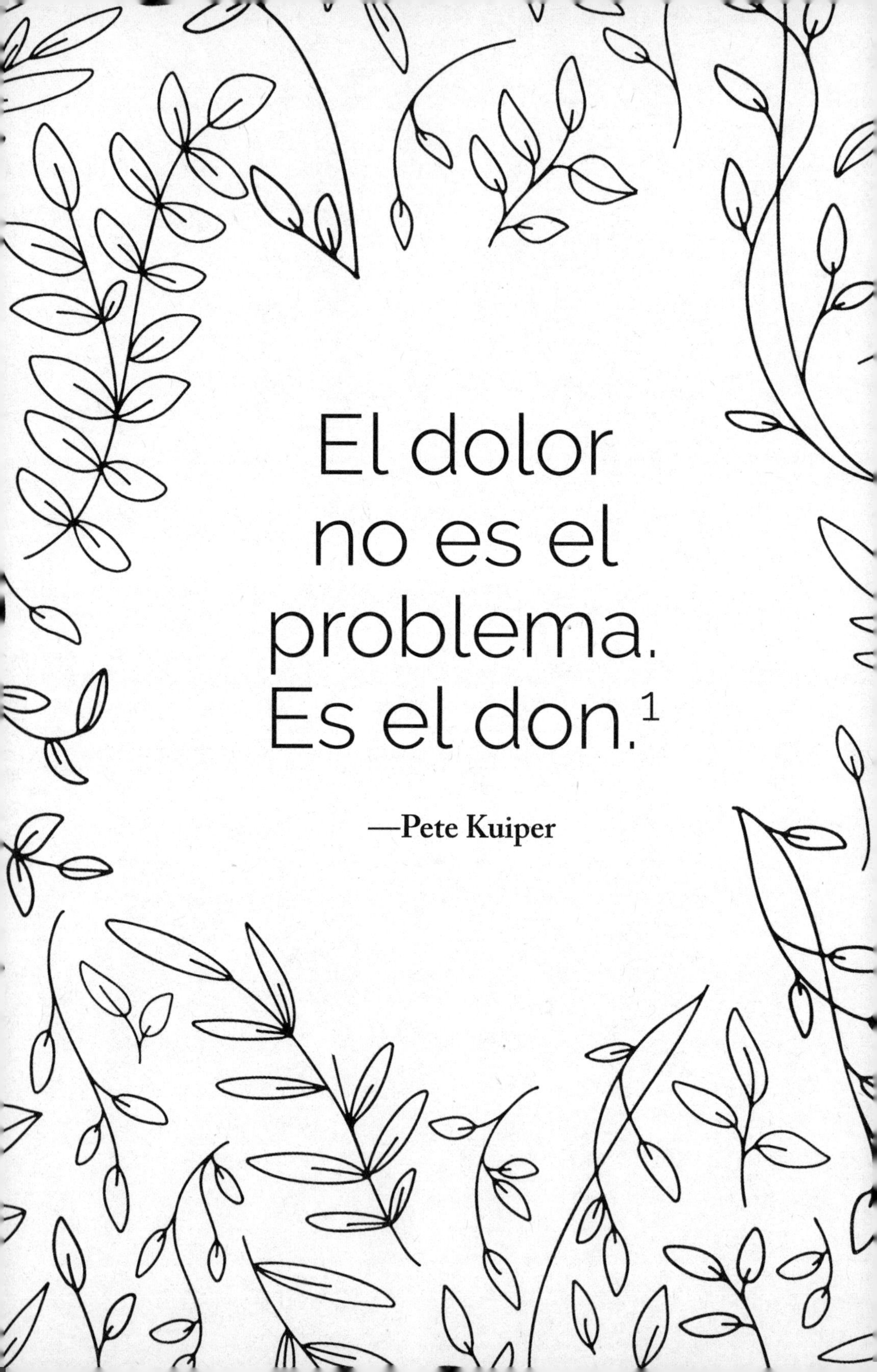

El dolor
no es el
problema.
Es el don.[1]

—Pete Kuiper

Verdad #1: Las emociones son ingredientes esenciales para la intimidad

Sobre toda cosa guardada, guarda tu corazón;
porque de él mana la vida.
—PROVERBIOS 4:23

Después de estar separados durante la terapia individual, Bob y yo finalmente volvíamos a estar juntos. El programa de tratamiento en el que habíamos depositado nuestra confianza al principio resultó ser una decepción, pero no teníamos intención de abandonarlo. Desesperadamente, comencé a llamar a otros centros de recuperación, y juntos nos decidimos por Crossroads Counseling of the Rockies.

Nos esperaba un programa de terapia de dos semanas totalmente centrado en Cristo. Incluía un curso impartido por nuestro consejero matrimonial, a quien acababa de conocer. Pete Kuiper estaba de pie al frente de nuestra pequeña aula, un hombre particular, muy alto y delgado, de pelo blanco. Tenía unos ojos azules llenos de bondad y una presencia que infundía confianza.

Ya sentía a Pete como un amigo.

"Todos desarrollamos nuestras propias habilidades para controlar el dolor", dijo para empezar.

Oh —pensé—, *por primera vez en mucho tiempo, no siento dolor*. Mi corazón estaba cerrado, sano y salvo. En cuanto llegué aquí con Bob, parecía haberse entumecido.

Es irónico que toda esta conferencia fuera una invitación a *sentir*.

"El dolor es el sistema de alarma de Dios —explicó Pete—. Te comunica que algo está mal. El dolor no es el problema. Es el don".[2]

Ninguna de nosotras quiere sentir el dolor emocional cuando nuestros maridos nos hacen daño, pero hay dos cosas que debes saber:

- Tu dolor emocional es un don.
- Tu presencia emocional es la medicina que el corazón de tu marido necesita en este momento.

En otras palabras, no te cierres.

Aunque permanecer abierta puede ser muy, muy difícil.

Consciente o inconscientemente, a lo largo de los años, has desarrollado estrategias para hacer frente a tu dolor emocional. Tus "analgésicos" favoritos son tan únicos como tú, pero pueden incluir opciones poco saludables como las siguientes:

- **compras impulsivas**
- **comer en exceso o no comer**
- abuso de alcohol
- drogas ilegales o consumo excesivo de medicamentos con receta
- **dormir en exceso, a veces con la ayuda de somníferos**
- **exigencia excesiva o exceso de trabajo**

- **aislarse de la comunidad**
- **desplazarse de forma rutinaria y sin sentido por las redes sociales**
- rutinas o rituales religiosos superficiales
- felicidad superficial ("finge hasta que lo consigas")
- autocompasión
- ira excesiva
- cuidado de la imagen corporal
- comportamiento sexual cuestionable
- ser la que "salva" al otro (a propósito, eso es codependencia)
- control excesivo de nuestro entorno o nuestras relaciones
- **entumecimiento emocional**
- **amargura**

Cuéntame tu historia

Encierra en un círculo cualquiera de las estrategias perjudiciales de alivio del dolor enumeradas anteriormente, que hayas utilizado en el pasado o que puedas estar utilizando incluso ahora. (He marcado en negrita las estrategias que yo he utilizado).

Todo lo que hay en esa lista puede caer en una de dos categorías: (1) comportamiento pecaminoso descontrolado *o* (2) síntomas de malestar emocional. Sean de la categoría que sea, revelan algo importante:

Estás siendo engañada.

La mentira es la herramienta principal de Satanás para mantenerte a ti y a tu esposo en la esclavitud del pecado y el dolor (Juan 8:44). Y él utiliza muchas estrategias distintas para comunicar su engaño. Puede utilizar la Internet, los servicios de *streaming*, las canciones populares, la información social e incluso nuestras amistades para alejarnos de la verdad de Dios. Sin embargo, a veces el diablo utiliza fuentes mucho más cercanas a nuestro hogar, como la disfunción familiar, el dolor relacional y los recuerdos distorsionados de la infancia.

Por su propia naturaleza, las mentiras son astutas y difíciles de detectar. Se filtran fácilmente en nuestro sistema de creencias, a veces sin que nos demos cuenta. Y a medida que las aceptamos una a una, la destrucción empieza a hacer mella.

¿Podría ser esto lo que tú y tu marido están experimentado en este momento? Están sepultados bajo escombros de pecado, confusión emocional y dolor: la evidencia forense de que Satanás ha estado trabajando.

Cuando esto sucede, a menudo confundimos el dolor con el problema. De hecho, es una gran parte de la solución.

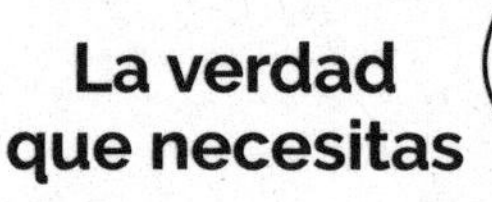

La verdad que necesitas *Verdad #1: Las emociones son ingredientes esenciales para la intimidad.*

Redime tus emociones

Los humanos somos seres complejos. Dios nos hizo con cuerpo (incluido el cerebro), alma y espíritu, todos íntimamente entrelazados. Como hemos visto en capítulos anteriores, lo que ocurre en uno influye en los otros. Por ejemplo, la química de nuestro cerebro puede influir en nuestros sentimientos y comportamiento, y nuestros sentimientos y comportamiento, a su vez, influyen en la química de nuestro cerebro. Lo mismo ocurre con nuestras creencias, nuestras emociones y nuestro comportamiento.

Piensa en tu vida como un árbol. De hecho, la Biblia utiliza imágenes de árboles para hablar del potencial que tienes para ser un ser humano fructífero que da vida (Salmos 1:3, Isaías 61:3). Lo que la gente ve en la superficie (tu comportamiento) es el resultado de lo que sucede bajo la superficie. Y una parte importante de lo que está bajo la superficie es tu *sistema de creencias.*

Cuando tienes creencias santas, tus emociones son sanas y tu comportamiento es santo. Esta es la meta de Dios para ti.

Sin embargo, cuando hay mentiras que crecen en tu corazón, tus emociones son insanas y tu comportamiento es pecaminoso. Este es el objetivo de Satanás contigo.

Pete Kuiper me ayudó a reconocer la importante terminología que la Biblia utiliza a menudo para referirse a nuestro sistema de creencias. En su libro *At the Crossroads* [En la encrucijada], Pete escribe:

La palabra que la Biblia emplea más a menudo cuando se refiere al sistema de creencias es el corazón. Rara vez se refiere al órgano que bombea sangre, sino más bien a la parte más profunda de lo que eres como ser humano. Jesús señala: "El hombre bueno, del buen tesoro del corazón saca buenas cosas; y el hombre malo, del mal tesoro saca malas cosas" [Mateo 12:35].[3]

Entonces, ¿cómo sabemos lo que ocurre bajo la superficie, en lo más profundo de nuestro corazón? Dios nos dio las emociones con este propósito.

Las emociones comunican lo que sucede en tu corazón.

Me gusta pensar en las emociones como la piel de tu alma. Al igual que la epidermis de tu cuerpo comunica mensajes de advertencia cuando tocas una olla caliente, tus emociones te avisan cuando tu alma está en peligro. Y eso es algo muy bueno.

El hecho de que las emociones contengan mensajes es muy importante. Por eso ya lo he mencionado alguna que otra vez, pero también es importante reconocer que a veces las mentiras en las que creemos y que albergamos en nuestro corazón tienen que ver *con* las emociones. Satanás quiere que creamos estas falsedades porque cuando lo hacemos, el don que Dios ha dado de recibir mensajes importantes de nuestra alma no puede funcionar.

¿Cuáles son estas mentiras acerca de las emociones? Considera si tú o tu esposo tienen alguna de ellas en su corazón:

- **Mentira #1: Las emociones no importan. Ignóralas y desaparecerán**. (No lo harán. A menos que respondas a su mensaje, resurgirán una y otra vez o se esconderán y desencadenarán todo tipo de comportamientos disfuncionales).

- **Mentira #2: Las emociones son peligrosas y problemáticas y hay que reprimirlas u ocultarlas.** (Es más probable que las emociones invisibles o reprimidas impulsen un comportamiento pecaminoso y saboteen la intimidad, que las emociones sinceramente reconocidas y expresadas).

- **Mentira #3: Las emociones no se pueden controlar**. (Como mi amiga Nancy DeMoss Wolgemuth señala: "El enemigo usa esta mentira para hacernos creer que no tenemos otra opción que dejarnos controlar por nuestras emociones. Aunque en cierto sentido no podemos evitar sentir lo que sentimos, la verdad es que no tenemos que dejar que nuestros sentimientos dirijan nuestras vidas"[4]).

No es difícil saber de dónde vienen estas mentiras. Muchas las aprendemos en la infancia. Otras se desarrollan como reacción a experiencias duras o dolorosas. Algunas son ideas que mantenemos conscientemente, mientras que otras pueden enconarse bajo la superficie de la conciencia. No obstante, todas ellas pueden crear problemas en el matrimonio, porque pueden hacer que nos cerremos o insensibilicemos a las emociones.

Mantén tu corazón blando

Vamos a profundizar en este concepto ahora porque, cuando estás trabajando en tu matrimonio, no debes insensibilizarte a tus emociones. La Biblia se refiere a esto como el que "endurece su corazón", y deja claro que nada bueno viene de eso.

El que endurece su corazón caerá en el mal.
—PROVERBIOS 28:14

Tú y tu esposo ya han caído en suficientes males. Es hora de dejar que la verdad de Dios los lleve por un camino diferente. Y para ello debes mantener un corazón blando a fin de que puedas leer el mensaje que tu dolor emocional te está comunicando.

Mantener un corazón blando también te permite escuchar la verdad de la Palabra de Dios. Mira lo que les sucedió a los israelitas cuando endurecieron sus corazones.

Pusieron su corazón como diamante, para no oír la ley ni las palabras que Jehová de los ejércitos enviaba por su Espíritu.
—Zacarías 7:12

Desarrollar un corazón duro conduce a una incapacidad para recibir la verdad de la Palabra de Dios. Apaga tu sensibilidad al Espíritu Santo. También invalida tu capacidad de conectarte íntimamente con otras personas, incluso con las más cercanas a ti (como tu cónyuge).

Así que te lo ruego, permítete *sentir*. Incluso cuando te duela de verdad. Si estás entumecida y, en un momento dado, pierdes la capacidad de sentir, pide a Dios que te ayude a reconocer y escuchar tus emociones.

Y no, no siempre he practicado lo que predico aquí. Cuando Bob y yo estábamos trabajando en nuestro matrimonio, mis emociones se apagaron casi por completo. Con el tiempo, eso resultó en un pecado producido por mi corazón duro: la *amargura*.

Arranca la raíz de la amargura

El diccionario define la amargura de esta manera:

Amargura: "enfado y decepción por haber sido tratado injustamente; resentimiento".[5]

Está bien que te enojes por el pecado de tu esposo. De hecho, probablemente sea inevitable. Sin embargo, la amargura se produce cuando invitas a esos sentimientos de enojo a establecerse en tu corazón y convertirse en raíces de tu sistema de creencias.

La amargura conduce a un comportamiento destructivo y pecaminoso. Muchos de los casos de divorcio de alto perfil que van a juicio están saturados de esta emoción. Es fácil ver la amargura en la raíz de los comportamientos desagradables que afloran en tales procedimientos. No obstante, la mayoría de los matrimonios la experimentan en las formas más comunes de ira no resuelta, incapacidad para hacer el duelo y falta de autocontrol. En mi caso, no le dirigía la palabra a mi esposo, me retraía emocionalmente y estallaba de ira en ocasiones cuando el volcán de mi ira se acumulaba.

Necesitaba una transformación de mi corazón. Explicaré cómo sucedió en el próximo capítulo. Por ahora, quiero que sepas cómo empezó.

Un día estaba escuchando un pódcast (no recuerdo cuál) cuando el Espíritu de Dios sacó una pizarra celestial para enseñarme una importante lección. El presentador dijo que la amargura incluye la incapacidad de ser compasivo con la persona que es objeto de tu resentimiento.

¡Ajá! Inmediatamente reconocí lo que me estaba sucediendo.

Me había quedado sin compasión por Bob.

Compasión: "una respuesta emocional a la empatía o simpatía [que] genera el deseo de ayudar".[6]

Estaba cansada de la batalla que mi esposo libraba contra el enemigo de su alma. Ya no me sentía inclinada a comprender su experiencia (simpatía) ni a compartir su dolor (empatía). Y, definitivamente, no estaba predispuesta a ayudarlo.

Puede que tú también te encuentres así. Tu esposo te ha causado dolor. El instinto de alejarte es una prueba de tu inteligente diseño. Dios programó tus emociones para mantener tu alma a salvo. Si no te alejas un poco de él cuando te hace daño, es que *no estás bien.*

No obstante, tampoco estás bien si (después que tu esposo comienza a expresar estar arrepentido y quebrantado) permaneces controlada por una emoción que ya ha hecho su trabajo de brindar seguridad a tu corazón. Dios también te ha programado para tener compasión por alguien que está en esclavitud espiritual.

No permitas que la amargura, el entumecimiento y la dureza de corazón te hagan desentenderte de esta batalla espiritual. Confiesa esas cosas a Dios y pídele que te ayude a recuperar tu compasión y deseo de ayudar.

Podrías estar pensando, "Dannah, ¿por qué me dices esto? No quiero hablar de mi pecado. Quiero hablar del pecado de mi marido".

Lo sé. Precisamente *por eso* te lo estoy diciendo.

Porque las mentiras que has creído acerca de tus emociones y tus comportamientos resultantes (especialmente apagar esas emociones) están completamente en contra del trabajo de redimir el corazón de tu esposo, sanar tu propio corazón herido y reconstruir tu matrimonio.

Y tu presencia emocional es una de las medicinas que el alma enferma de pecado de tu esposo más necesita para remediar las mentiras de *su* corazón.

La medicina que tu esposo necesita

Los comportamientos caracterizados por el consumo de pornografía, interés por el sexo, masturbación obsesiva, visitas a salas de chat y otras progresiones pecaminosas son remedios para calmar el dolor de numerosos hombres. Y también tienen sus raíces en la mentira. Tu esposo no puede caminar en libertad (y tu matrimonio no puede prosperar) hasta que las mentiras que han llevado a su esclavitud espiritual se arranquen y se reemplacen con la verdad, particularmente la verdad acerca de las emociones.

El psicólogo Douglas Weiss expone este punto vívidamente en su innovador libro, *Anorexia de la intimidad*. Acuñó el término "anorexia de la intimidad" para describir "la retención activa de la intimidad emocional, espiritual y sexual".[7] (¿Te suena familiar?) Y relacionó específicamente la adicción al sexo con este trastorno de la intimidad:

> Un anoréxico de la intimidad que es adicto al sexo…
> no puede curarse de la anorexia de la intimidad
> a menos que se trate la adicción al sexo.[8]
> —Douglas Weiss

En otras palabras, tu esposo también ha tenido o tiene duro el corazón, lo que lo ha llevado a cerrarse emocionalmente y tener problemas para experimentar la verdadera intimidad. Y esta dureza de su corazón está directamente relacionada con su pecado.

En Efesios, Pablo habla de los gentiles que están atrapados "en la vanidad de su mente". ¿Y qué comportamientos resultan de ello?

> Teniendo el entendimiento entenebrecido, ajenos de la vida de Dios por la ignorancia que en ellos hay, por **la dureza de su corazón**; los cuales, después que perdieron toda sensibilidad, **se entregaron a la lascivia** para cometer con avidez toda clase de impureza.
>
> **—Efesios 4:18-19**

La dureza de corazón es un camino hacia el pecado sexual.

¿Qué causó la dureza de corazón de tu esposo? Según Jay Stringer, numerosos hombres (no todos) que luchan con la adicción han experimentado uno de cinco traumas cuando eran niños:

- abuso sexual, ya sea de forma abierta o sutil, como ver pornografía con una persona mayor o una figura de autoridad
- sistemas familiares rígidos y/o desvinculación emocional
- padres que esperaban que su hijo cumpliera el papel emocional de una pareja (lo que se denomina atadura emocional)
- abandono o negligencia
- una historia traumática (como la muerte de un hermano, una madre o un padre)[9]

Sin alguien que le ayudara a resolver las emociones de una tragedia compleja, el corazón de tu esposo puede haberse endurecido cuando solo era un niño.

Por supuesto, no todos los que consumen pornografía experimentaron un trauma significativo cuando eran niños. El catalizador del pecado en nuestras vidas es tan único como cada pecador. A veces son solo las normas culturales o la curiosidad que conducen a la pornografía y otros pecados sexuales. No obstante, después de veinte años de aconsejar a corazones heridos, he observado que aquellos que tienen un trauma en su historia, por lo general, tienen más dificultades para vencer su comportamiento pecaminoso. Sin embargo, no importa cómo comenzó el problema, hay lugar para la compasión.

De modo que vamos a sembrar un poco de compasión en las raíces de tus creencias.

Siembra compasión

Una cosa que ayuda a mi compasión es darme cuenta de lo jóvenes que eran muchos hombres cuando *se toparon por primera vez con la pornografía*.

Es difícil determinar exactamente cuándo es eso para la mayoría de los niños, pero estudios recientes indican que muchos niños la descubren antes de cumplir los trece años, y que algunos tienen solo siete.[10] Recientemente, hablaba con una psicóloga que me dijo que había estado trabajando con dos hombres que empezaron con la pornografía cuando tenían cinco y seis años. (Siento una gran tristeza mientras escribo).

Muchos de estos encuentros iniciales están motivados por la simple curiosidad, por supuesto, pero incluso entonces, la exposición a la pornografía en la infancia puede, fácilmente, dar lugar a una adicción de por vida, especialmente si se suma a un trauma. He aquí un ejemplo de cómo puede ocurrir.

Un niño sufre un trauma (una madre distante, un padre adicto al trabajo, maltratos, abandono, acoso escolar) y su corazón empieza a endurecerse, desesperado por no sentir dolor. Un día, tropieza con el póster de una famosa en traje de baño. Le despierta una abrumadora mezcla de placer. Compra el póster y lo cuelga en su habitación.

En los días siguientes, cuando el chico cierra la puerta y mira el póster, se olvida del dolor. Esto se debe a que su cerebro produce una sustancia química llamada *dopamina*. Tal vez recuerdes haber leído sobre ella antes en el libro. Es un neurotransmisor conocido como la hormona del "bienestar".

Es agradable sentirse bien en vez de triste, pero esa buena sensación bien puede marcar el camino hacia la destrucción.

Debido al trauma en su familia, nadie se da cuenta del póster ni de por qué el chico lo tiene en su habitación. En otras palabras, no tiene a nadie que tenga intimidad con él. Al poco tiempo, empieza a preguntarse cómo es esa famosa debajo de su traje de baño. Solo tiene que teclear una palabra en un buscador para encontrar la respuesta a su curiosidad. Y entonces, zas, el resplandor de la seducción ilumina su carita.

La semilla de la adicción ha empezado a echar raíces. Y, si nada cambia, es probable que empeore.

Rompe el ciclo de la tristeza

La mayoría de las adicciones implican fuentes externas como el alcohol, la nicotina, la metadona o incluso el pastel (si tu adicción es el azúcar). A medida que estas *adicciones químicas* progresan, el consumidor necesita más sustancia para mantener el nivel de producción de dopamina. Y como "a la dopamina le encanta la novedad",[11] el consumidor también busca nuevas fuentes de estimulación.

Esto se aplica en gran medida a las *adicciones conductuales*, como el juego, las compras y, sí, la adicción sexual, incluida la adicción a la pornografía. Esto significa que existe un riesgo significativo de que la conducta vaya en aumento, hasta llegar a formas más gráficas de pornografía o comportamientos sexuales cuestionables en encuentros ocasionales con distintas parejas en hoteles o con prostitutas.[12] (Vuelve a leer esta última frase si piensas que el problema de tu esposo desaparecerá).

Mientras tanto, a pesar de esas infusiones periódicas de dopamina, es probable que tu marido se sienta cada vez peor consigo mismo y con su adicción. He aquí algunos pensamientos que pueden rondar por su cabeza: *Nadie me ama. No soy digno de recibir amor. No soy digno de mi mujer. No soy suficientemente bueno para ser padre. No merezco esta familia. Merezco perderlos. Sería mejor si estuviera muerto.*

En el fondo, un esposo que utiliza el sexo como medicina se siente separado de Dios (Isaías 59:2) y de su mujer. Su soledad es un dolor profundo que no puede remediar por sí mismo, pero en lugar de afrontar su necesidad de sentirse más cerca de Dios y de los demás, se automedica el malestar con más conductas pecaminosas. Eso le hace sentir más vergüenza y aumenta su necesidad de más tratamiento para el dolor. Así continúa el triste ciclo.

Le aterroriza la intimidad, la misma medicina que necesita para vencer su comportamiento pecaminoso. Y ningún esfuerzo por comportarse de manera diferente funcionará.

¡Deben arrancarse las raíces letales de su corazón!

El cantante cristiano Jimmy Needham tenía apenas nueve años cuando un amigo le dijo: "Oye, hay una revista enterrada bajo las piedras en el parque infantil de la otra calle. Vamos a verla".[13] Ese fue el comienzo de una década de esclavitud espiritual a la pornografía.

Durante la mayor parte de los diez años siguientes, Jimmy consumió pornografía casi todos los días.[14]

No pudo empezar a dominar sus deseos pecaminosos hasta que inició la búsqueda de la intimidad emocional. Esto requirió de humildad frente a otros hombres.

"Fui bendecido con un gran grupo de hombres —dice Jimmy—. Todos éramos creyentes y luchábamos con lo mismo. El cien por ciento de nosotros luchaba con eso… **Tener individuos que lucharan a mi lado y que oraran por mí, y yo por ellos, fue magnífico**. No creo que fuera posible para mí encontrar una libertad duradera sin hacerlo en el contexto de la comunidad".[15]

¿Qué ocurre en grupos así? Los hombres se sinceran. Cuentan sus historias, lloran de dolor, utilizan un lenguaje conmovedor y se aman como hermanos.

La expresión desnuda de las emociones ayuda a los hombres a descubrir la verdadera medicina para su dolor: la intimidad.

Jimmy también da crédito a su esposa, mi amiga y colega autora Kelly Needham, por abrir su corazón a la gracia de Dios. Estoy convencida de que un hombre no puede recuperarse por completo de la pornografía sin una amistad íntima con hombres. Y si está casado, necesita un vínculo emocional con su esposa.

Aprende a sentir otra vez

Cuando me di cuenta de que mi amargura era un obstáculo para la redención de nuestro matrimonio, comencé a pedir a Dios que ablandara mi corazón hacia Bob y me diera compasión por él. Sabía que necesitaría mucha gracia de Dios para traer este cambio a mi corazón enojado. También sabía que el proceso probablemente sería insoportable, pero le di permiso al Señor para doblegarme con las emociones que necesitaba sentir para poder caminar con Bob en intimidad.

Más o menos en ese tiempo, encontré una fotografía de mi esposo. Tendría tal vez tres años cuando se la tomaron, pero lo reconocí fácilmente porque llevaba una camisa roja. A mi marido le encanta usar camisas rojas y casi todos los días se pone una. Coloqué la foto junto a mi cama.

Durante muchos meses, miré esa foto y oré: "Señor, úsame como instrumento de tu redención. Dame compasión por el dolor del corazón de ese niño".

Dios respondió esa oración. No de inmediato, pero con el tiempo empecé a derramar lágrimas diferentes. No eran expresiones de mi corazón roto, sino peticiones intercesoras por el suyo.

Invitar a Dios a que ablande tu corazón y te permita sentir tanto dolor como compasión es un ingrediente esencial de la intimidad.

Puedes incluso buscar una vieja foto: la del niño que libró una batalla solo. Guárdala junto a tu cama y pídele al Señor que siembre compasión en las raíces de tu corazón. Es una medicina que el corazón de tu marido necesita.

¡Y tú también la necesitas!

Crecer en intimidad:
Habla con tu esposo sobre **las emociones**

¡Ja! Ya lo sé. Esto le va a encantar, ¿verdad? Pues bien, en realidad es una conversación esencial. Las emociones, recuerda, son la piel de nuestra alma. Nos protegen, pero solo si respondemos a sus mensajes con la verdad de la Palabra de Dios. Esto requiere hacer un inventario sincero de cómo nos sentimos, y hablarlo de manera transparente con otras personas que puedan ayudarnos a comprender el mensaje y responder adecuadamente. No hay persona más importante con quien explorar las emociones que tu cónyuge.

Como hemos visto, la mayoría de los hombres que sufren una adicción sexual padecen un trastorno de la intimidad. Les aterroriza el vínculo emocional, pero eso es precisamente lo que necesitan.

Tómense un tiempo para reflexionar juntos en la Verdad #1:

Las emociones son ingredientes esenciales para la intimidad.

1. Cuando eras pequeña, ¿te animaban a reprimir tus emociones o a expresarlas como una persona madura? Cuenta una historia que ilustre tu respuesta.

2. Una forma de mejorar tu capacidad de estar emocionalmente sana es practicar la revisión emocional. Tómate un tiempo para dejar de hacer lo que estás haciendo y evaluar cómo te sientes. Exprésaselo a tu cónyuge. Una parte importante de este ejercicio es no interrumpir a la otra persona ni tratar de cambiar cómo se siente. Limítate a escuchar. Inténtalo ahora. Selecciona una emoción de las seis emociones básicas que aparecen a continuación, que exprese mejor cómo te sientes en este momento. Explica por qué te sientes así.

tristeza	**felicidad**
miedo	**ira**
sorpresa	**hastío**

3. ¿Qué mensaje crees que esta emoción está tratando de comunicarte sobre lo que ocurre en las raíces de tu sistema de creencias?

4. ¿Cómo crees que Dios quiere que respondas a ella? ¿Y qué puede hacer tu cónyuge para ayudarte?

5. Oren juntos. Pidan a Dios que mantenga sus corazones sensibles el uno para con el otro mientras trabajan en sus emociones acerca de su lucha actual.

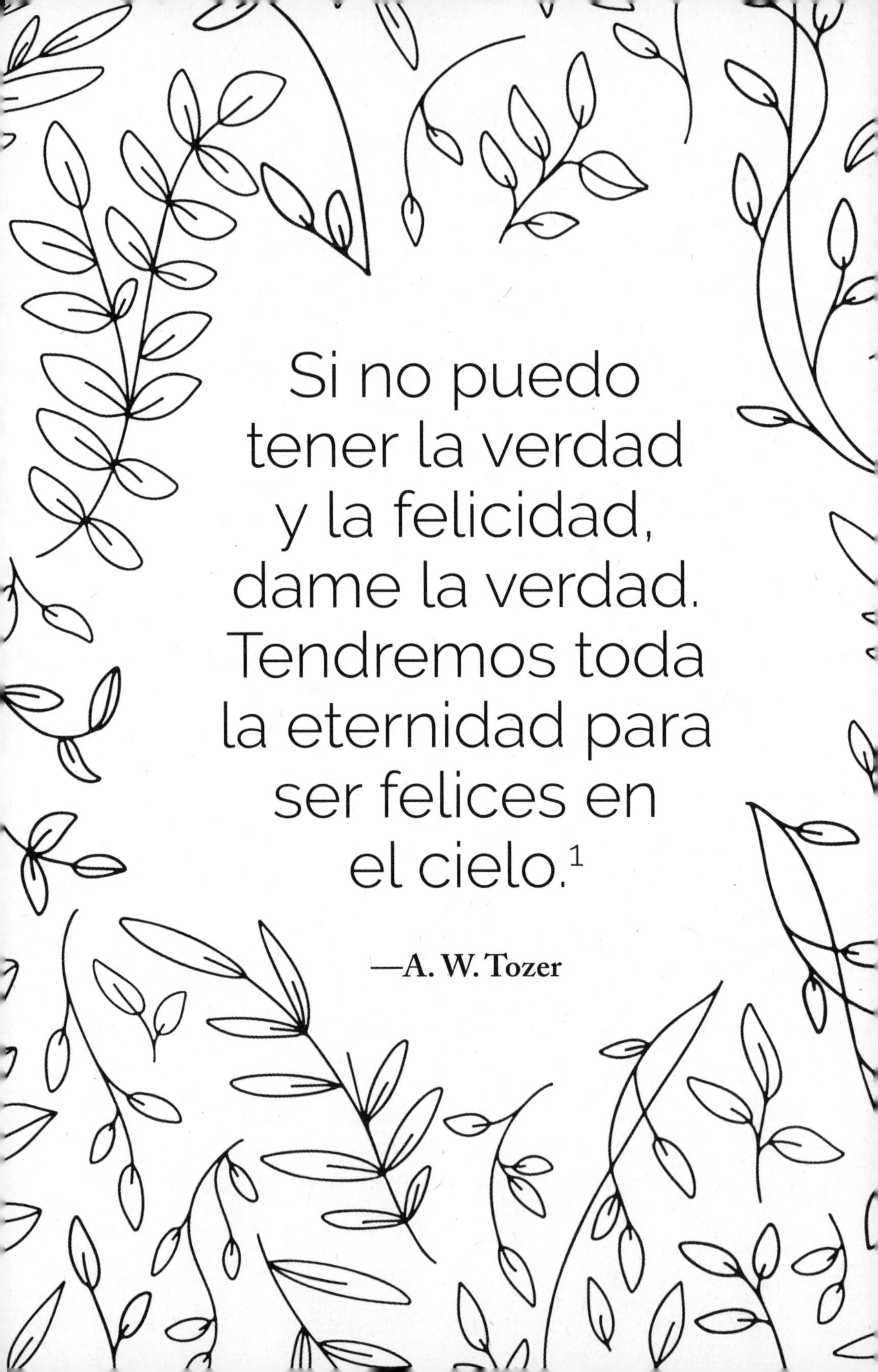
Si no puedo
tener la verdad
y la felicidad,
dame la verdad.
Tendremos toda
la eternidad para
ser felices en
el cielo.[1]

—A. W. Tozer

Verdad #2: La confesión sincera es el comienzo de la sanidad

Confesaos vuestras ofensas unos a otros, y orad unos por otros, para que seáis sanados. La oración eficaz del justo puede mucho.
—SANTIAGO 5:16

"Dannah, estás divorciada emocionalmente", me planteó Pete Kuiper, mi sabio consejero que se había convertido en un querido amigo.

Bob y yo habíamos asistido a varias sesiones intensivas en Colorado, y luego Pete había empezado a aconsejarnos por teléfono. Hoy estaba en una sesión privada.

Divorcio era una palabra que Bob y yo nunca utilizábamos. Y yo estaba orgullosa de ello. Mi mente trataba esforzadamente de encontrar una defensa, pero no la tenía. Mi corazón estaba apagado, y lo sabía.

Durante casi dos meses, había estado durmiendo en otra habitación. Empecé a dormir allí porque la lesión de mi espalda se había agravado. El médico me había recetado dormir en el suelo, pero un colchón extra firme (aunque pareciera de hormigón) me daba suficiente apoyo a los huesos.

Hacía tiempo que mi espalda estaba mejor, pero mi corazón no se sentía muy bien. Y a una parte de mí le gustaba. Me gustaba no sufrir. El dolor físico se había convertido en una excusa para mantenerme alejada de Bob y así poder evitar el dolor emocional.

Volví a automedicarme con el entumecimiento.

Bajo la supervisión de Pete, Bob había confesado todos los secretos y pecados de su corazón. Pete había sido compasivo cuando les dije a ambos: "No estoy lista para perdonar".

Nuestra primera sesión intensiva había terminado en un punto muerto emocional. Bob y yo nos habíamos alejado en silenciosa tristeza.

Sin embargo, ahora Pete me acercaba los pies al fuego con plena conciencia de lo caliente que estaba.

"Estás en una encrucijada", me dijo.

Luego Pete añadió algo que me dejó muda: "Dannah, tienes que decidir si vas a dejar que Jesús te practique una 'reanimación cardiopulmonar'. Porque si no se lo permites, tu historia matrimonial habrá terminado. Aunque no haya un certificado que lo demuestre".

Fue un dramático momento de la verdad.

La completa sinceridad es una parte integral de la redención de un matrimonio, pero no voy a mentir. Decir toda la verdad va a doler.

Y mucho.

De hecho, una de las razones por las que había llegado a ese punto de divorcio emocional era que nuestro trabajo con Pete incluía escuchar la confesión completa de los pecados de Bob. Eso es algo que probablemente ya has experimentado o lo harás en el futuro. El mundo de la consejería lo llama *confesión*.

Confesión: "un acto mutuo, planeado y organizado donde tu esposo te lee un documento que él ha preparado que contiene toda la verdad acerca de su pecado sexual".[2]

Por muy útil que sea este paso de sanidad a largo plazo, es una de las experiencias más dolorosas que tendrás en toda tu vida. Numerosas mujeres me comentan que no quieren oír esos detalles. Creen la mentira: *escuchar la verdad me destruirá.*

Eso no es cierto.

La verdad no nos destruye. Nos hace libres (Juan 8:31-32). La confesión sincera es el medio que nos posiciona para que Dios nos redima. Y es apropiado que la confesión incluya a aquellos contra los que se ha pecado. Primera de Juan señala lo siguiente:

> Si decimos que tenemos comunión con él, y andamos en tinieblas, mentimos, y no practicamos la verdad; pero si andamos en luz, como él está en luz, tenemos comunión unos con otros, y la sangre de Jesucristo su Hijo nos limpia de todo pecado. Si decimos que no tenemos pecado, nos engañamos a nosotros mismos, y la verdad no está en nosotros. Si confesamos nuestros pecados, él es fiel y justo para perdonar nuestros pecados, y limpiarnos de toda maldad.
>
> **—1 Juan 1:6-9**

Cuando confiesas el pecado a otro creyente y escuchas la confesión de otro, estás invitando al Salvador a tu circunstancia, y le permites usar la verdad para hacerte libre de tu esclavitud espiritual. Este es el antídoto para el aguijón de las mentiras de Satanás. Sientes que es destructivo, pero te animo a administrar esta medicina con valentía, confiando en la habilidad de Dios para sanarlos a ambos.

La verdad que necesitas

Verdad #2: La confesión sincera es el comienzo de la sanidad.

Debido a que la confesión puede ser tan dolorosa, te recomiendo encarecidamente que abordes esta dura tarea con la ayuda de tu equipo de apoyo clínicamente informado y bíblicamente fundamentado. No obstante, veamos si puedo ayudarte a preparar tu mente y tu corazón.

En plena confesión

Durante la confesión se le pedirá a tu marido que responda a preguntas como estas:

- ¿Cuál es tu historia sexual antes del matrimonio?
- ¿Qué tipo de pornografía has consumido? ¿Dónde? ¿En qué dispositivos? ¿Con qué frecuencia?
- ¿Tu pecado sexual ha ido más allá de la pornografía?
- ¿Has tenido alguna forma de comportamiento sexual cuestionable con otras personas? ¿De qué forma? ¿Cuándo ocurrió? ¿Con qué frecuencia?
- Si hay parejas sexuales, ¿cuántas? ¿Quiénes (si son personas que conoces)? ¿Cuándo tuviste el último contacto con alguna de estas parejas?
- ¿Tienes alguna enfermedad de transmisión sexual? ¿Te has hecho los exámenes?

Te dije que sería doloroso.

Gracias a Dios, mi marido pudo responder "no" a muchas de estas preguntas, pero algunas de sus respuestas me crucificaron emocionalmente.

¿Realmente necesitas pasar por *eso*? Sí y no. Hablemos de cómo es una confesión saludable.

Necesitas escuchar categóricamente *todo lo que él ha hecho, porque es la puerta de entrada a la intimidad emocional.*

Tu marido ha pasado meses, años o décadas viviendo una doble vida. Ha invertido tiempo y energía en crear una imagen de sí mismo que no es veraz, porque su dolor personal implica mentiras que le dicen que no es amado ni digno de ser amado. Si puede revelar sus secretos más profundos y aun así ser amado y aceptado, tiene más posibilidades de experimentar una victoria sostenida sobre su adicción a la pornografía u otras fortalezas sexuales. ¿Por qué? Porque le estás ayudando a arrancar las raíces de las mentiras que ha creído sobre sí mismo.

Algunos hombres tratan de eludir este importante paso en el trabajo de pareja confesando su pecado a otros hombres en lugar de confesarlo a sus esposas. Lamentablemente, estos individuos a menudo continúan escalando en su pecado y, con el tiempo, terminan en un pecado aún más perverso.

Debbie Laaser desearía que su marido le hubiera confesado antes su pecado a *ella*.

Mark, quien luchaba con la masturbación y la pornografía, escaló en su pecado hasta estar totalmente dominado por la carne y sus deseos al principio de su matrimonio. Confesó su pecado a un consejero pastoral, que le dijo que no se lo mencionara a Debbie porque "le haría daño". Y luego su consejero le dijo simplemente: "No vuelvas a hacerlo".[3]

Por desgracia, el consejo inútil del pastor privó a Mark de la oportunidad de vivir en la verdad con Debbie y de que ambos recibieran ayuda. Impidió que Mark llegara a la raíz de su comportamiento y, al hacerlo, permitió que la adicción de Mark creciera y empeorara. Y así fue durante diez años más, hasta que lo volvió a descubrir.

Debbie señala: "Los diez años siguientes podrían haber sido muy diferentes si se hubieran conocido los hechos y hubiera podido comenzar el proceso del perdón y la sanidad".[4]

En cambio, había un secreto despiadado que separaba a la pareja. Su matrimonio se vio privado de la oportunidad de realizar el duro trabajo de la intimidad emocional. Y sin eso, quienes luchan con la adicción al sexo y sus cónyuges no pueden recuperarse.

La adicción de tu esposo se intensificará sin una confesión.

Te lo mencioné en el último capítulo cuando expliqué que una adicción a la dopamina a través de estimulaciones sexuales requiere "más" y "nuevas" estimulaciones para mantener la respuesta de "bienestar" a la hormona. He aquí cómo puede ser la progresión en la vida de un hombre:

1. **La exposición temprana**, a menudo resultado de la curiosidad, atrae al niño o al joven. La liberación resultante de dopamina y otras sustancias químicas que "lo hacen sentirse bien" le proporcionan bienestar y excitación, y lo atrae a intentarlo de nuevo.

2. **La adicción** se desarrolla cuando la curiosidad se convierte en una dependencia fisiológica. La pornografía es necesaria para la excitación, y el hombre depende de las sustancias químicas del "bienestar" para su satisfacción física y emocional.

3. **La desensibilización** se produce cuando la "dosis" sexual estándar (ya sea pornografía "normal" o sexo en una relación) ya no proporciona el mismo placer o excitación. Esta gratificación reducida alimenta el deseo de una mayor estimulación.

4. **La escalada** significa que el hombre busca nuevas formas de obtener su dosis de dopamina. Puede buscar pornografía más transgresora y deshumanizante o recurrir a chats, *sexting*, conversaciones inapropiadas en redes sociales o cibersexo. Las relaciones sexuales en el matrimonio son incluso menos

frecuentes y pueden volverse más transaccionales y exigentes en lugar de íntimas y gratificantes.

5. **El comportamiento sexual cuestionable** es el siguiente paso, y puede incluir encuentros ocasionales con distintas parejas en hoteles o con prostitutas o tener aventuras amorosas.[5]

Cuéntame tu historia

¿Hasta dónde ha escalado tu marido en su comportamiento pecaminoso? En la lista de comportamientos progresivos, traza una línea debajo del nivel en el que crees que él se encuentra.

Sé que es una lista muy difícil de considerar. Lo siento, pero necesito que sepas que debes afrontar con valentía cosas a las que otras mujeres (como yo) ¡han sobrevivido! Muchos de nuestros matrimonios son más fuertes gracias a ello. (De hecho, tengo buenas noticias sobre Mark y Debbie Laaser, que comentaré en un próximo capítulo).

Escuchar la confesión de tu marido será doloroso, pero en realidad es un paso muy positivo. Un hombre que está dispuesto a confesarte su pecado es un hombre que está dispuesto a ser sanado.

Eso no significa que Satanás no vaya a utilizar este proceso para desequilibrarte. Su herramienta: tus propias preguntas.

Preguntas dolorosas

Inevitablemente, la confesión empieza a suscitar preguntas en tu mente. ¿Debes hacértelas? Eso depende del pecado de tu marido, de tu personalidad y de otros factores.

Lo sé; querías una respuesta más clara, pero no puedo dártela.

Te diré que es fundamental que un consejero te apoye para averiguar qué es lo más saludable para ti de forma individual y como pareja. He visto numerosos matrimonios dañados por un exceso de información.

Como sabes por un capítulo anterior, le he confesado a Bob que tuve relaciones sexuales con un chico antes de casarnos, pero eso es todo lo que él sabe. Hemos acordado que los detalles no nos ayudarían a ninguno de los dos.

Cuando Bob me confesó su pecado, me dijo que respondería cualquier pregunta que yo tuviera. Mi consejero me aconsejó que me preguntara: "¿La respuesta a esta pregunta va a ayudarme a sanar?". Si intuía que no, tenía que ejercer autocontrol, pero si intuía que la respuesta era una parte importante de nuestro proceso, hacía la pregunta que era dolorosa para mí. Bob nunca dejaba de responder mis preguntas, pero tenía cuidado de no ser demasiado detallista en sus respuestas. Eso nos funcionó.

Algunas mujeres, especialmente aquellas cuyos maridos han tenido una aventura amorosa, descubren que conocer los detalles es más importante para ellas. Una mujer me dijo: "No quiero que la otra mujer sepa algo de él que yo no sé". Su matrimonio, de hecho, sigue adelante hoy.

Necesitarás orientación para determinar lo que funciona para ti y tu matrimonio. Habla con tu consejero sobre las preguntas que te inquietan y permite que él te ayude. Para eso le pagas.

Tu herramienta más poderosa

Puede haber momentos en los que sientas que te estás aferrando a tu última pizca de cordura durante este proceso. No olvides que tú y yo tenemos una herramienta que los programas de recuperación del mundo no podrían comprender. De hecho, les parece ridículo. Solo tienen sus cerebros naturales para trabajar cuando se enfrentan al desalentador trabajo de la confesión y el perdón. Amiga creyente, tú tienes algo más poderoso.

¡Tienes la mente de Cristo que el Espíritu Santo te ha dado!

Cuando las imágenes que tu esposo ha plantado en tu cabeza intentan consumir tus pensamientos, puedes invitar al Espíritu Santo a darte sabiduría divina. Necesitas que tu forma de pensar sobre esas cosas sea renovada (1 Corintios 2:5-16; Romanos 12:2).

Tuve que recordarme esto continuamente: *¡Tengo la mente de Cristo!* Y oraba cosas como estas "Señor, mi mente ha sido devastada por el pecado. Te ruego que la redimas. Alumbra los ojos de mi entendimiento para que conozca la esperanza a la que he sido llamada" (Efesios 1:18).

Hablando de oración, este es un buen momento para recordarte que la oración es tu arma. Si tuviera que volver a hacerlo, enfrentaría el día de la confesión con oración y ayuno. Y esto es lo que oraría, basada en Efesios 1:18-22:

> Señor, que nuestros corazones estén alumbrados por tu luz para que podamos comprender la esperanza segura que tenemos en Jesucristo. Como hijo e hija tuyos, tenemos una rica y gloriosa herencia de amor. Te ruego que nos des una nueva comprensión de la increíble grandeza del poder de Dios para nosotros que creemos en Jesucristo. Ese mismo poder que resucitó a Cristo de entre los muertos y lo sentó en un lugar de honor a la diestra de Dios puede redimir este matrimonio roto, mi corazón roto y la intimidad rota con mi marido. Tú estás muy por encima de cualquier principado, poder, autoridad o cualquier otro nombre en este mundo. Yo puedo hacer muy poco. ¡Ayúdame a recordar que **Tú has sometido todas las cosas bajo tus pies!**

Que puedas hacer esta oración y creer que todo el proceso de confesión está sometido bajo los pies de Jesús, nuestro Salvador redentor. Y, para los momentos en que falles (para esos momentos en que caminas con miedo o amargura), recuerda que la misma gracia que tu esposo necesita sigue siendo vida y aliento para tu propia alma.

Mi confesión

Como sabes, una cita de terapia individual reveló que yo no estaba caminando en el perdón. Pronto trataremos ese tema. Por ahora, te digo que fue un tema pendiente desde hacía mucho tiempo en la casa de los Gresh porque había caído en un pozo de amargura.

Pete me preguntó si sabía lo que Jesús decía sobre el divorcio. Mis pensamientos inmediatamente fueron al adulterio, pero Pete dijo que eso no era exactamente correcto. Jesús dijo: "Por la dureza de vuestro corazón Moisés os permitió repudiar a vuestras mujeres" (Mateo 19:8). La raíz que produce la postura del divorcio es, a fin de cuentas, la dureza de nuestros corazones. Se debe a que los hombres y las mujeres tratan de controlar los comportamientos en lugar de nutrir las raíces de la verdad que finalmente caen presa de la tristeza del divorcio.

Dios quería tratar la raíz de amargura que estaba creciendo en mi corazón. Muchas veces mi corazón era como mármol frío y duro.

¿Y el tuyo?

Después de hablar por teléfono con Pete, fui a mi oficina y me acurruqué con una manta confortable y una taza de té. Y tomé mi Biblia.

"Jesús, ¿nuestra historia ha terminado?", oré.

Entonces, abrí mi Biblia y leí Primera de Pedro. Y, ¡vaya! ¡Qué insistencia! El Espíritu de Dios estaba repitiendo lo que me había dicho mi consejero ese día. Permíteme mostrarte lo que leí. Presta especial atención a las palabras en cursiva.

> *Mas el fin de todas las cosas se acerca; sed, pues, sobrios,*
> *y velad en oración. Y ante todo, tened entre vosotros*
> *ferviente amor; porque el amor cubrirá multitud de*
> *pecados.* **Hospedaos los unos a los otros sin murmuraciones. Cada uno según el don que ha recibido, minístrelo a los otros, como buenos administradores de la multiforme gracia de Dios. Si alguno habla, hable conforme a las palabras de Dios;** *si alguno ministra, ministre conforme al poder que Dios da,* **para que en todo sea Dios glorificado por Jesucristo, a quien pertenecen la gloria y el imperio por los siglos de los siglos. Amén.**
> —1 PEDRO 4:7-11

Este tesoro de la Palabra de Dios me conmovió… profundamente. Fue un punto de inflexión para mí de una manera que es difícil de describir, pero déjame intentarlo porque es algo muy dulce para tu corazón.

Estas palabras son de una carta que Pedro escribió a los cristianos que sufrían. Estaban en el exilio a causa de su fe. Todo este libro de la Biblia trata acerca de cómo vivir y responder al sufrimiento. Los destinatarios de la carta podrían describirse como destruidos, abrumados, devastados, destrozados y rotos.

¿Te describe a ti? Entonces acércate.

Ahora bien, los destinatarios de la carta de Pedro enfrentaban pruebas como resultado directo de la persecución por negarse resueltamente a negar el nombre de Jesucristo. No obstante, al principio del libro, Pedro señala que su carta va dirigida a personas afligidas en diversas pruebas (1 Pedro 1:6), no solo la de la persecución cristiana. Creo que esto incluye sin duda la de los casados.

Ahora bien, algunos eruditos piensan que "el fin de todas las cosas" que se menciona en 1 Pedro 4 se refiere al fin del mundo, lo que las convierte en palabras un tanto sombrías. Otros piensan que se trata de un lenguaje de aliento en la línea de meta, lo que las convierte en palabras del tipo "¡tú puedes!". Sea cual sea el caso, Pedro promete que la aflicción llegará a su fin. (Eso me gusta, ¿a ti no?).

Hasta entonces, nos exhorta a ser sobrias y *"velar en oración"*.

¿Has estado orando

> …para que el corazón de tu marido vuelva al tuyo? ¿Y a Jesús?
> …para que él vaya al frente y sea el líder en la relación?
> … ¿para que su corazón despierte o sane?
> …para que su computadora y su teléfono estallen
> en mil pedazos y no pueda volver a ver
> pornografía nunca más?

Ya lo viví, y lo hice.

Por el bien de *esas* oraciones, ¡tienes que averiguar lo que significa ser sobria y velar! Estoy segura de que una mujer sobria y que vela no automedica su dolor. En cambio, elige llevárselo al Señor en lugar de embriagarse con la droga de su elección, ya sea con trabajo, cuidado de su imagen corporal o vodka.

Sin embargo, no es eso lo que quiero enfatizar hoy. Eso es solo un pensamiento adicional.

Déjame decirte lo que funcionó como un desfibrilador para mi corazón emocionalmente muerto cuando leí este pasaje. Fue lo que sigue en el versículo lo que trajo vida a mi espíritu. Que el amor cubre una "multitud de pecados".

Bob me había confesado multitud de pecados. Era como si estos versículos me dijeran que la respuesta a mis plegarias era simplemente amarlo.

Uf. ¡Eso parecía tan injusto!

Y, no obstante, en mi corazón podía sentir el Espíritu de Dios que me decía: *Dannah, necesito que sientas. Necesito que ames. Esa es tu parte en esta batalla con el pecado que Bob está enfrentando.*

Yo no quería hacer mi parte de la batalla. Quería que Bob tuviera ojos solo para mí. Necesitaba que me persiguiera por el dormitorio y que me deseara con pasión como lo había hecho en el pasado. Ansiaba esas cartas de amor apasionado que solía escribir. Y lo último que quería era *sentir* la horrible realidad en la que se había hundido nuestro matrimonio.

Así que había elegido la insensibilidad. Y la insensibilidad es lo contrario de lo que Dios manda.

> Y ante todo, tened entre vosotros ferviente amor; porque el amor cubrirá multitud de pecados.
> **—1 Pedro 4:8**

Sigue amando.

Ardientemente.

No es justo, pero es verdad.

El amor cubre el pecado. No solo unos pocos pecados, sino una multitud. ¿Ha cometido tu esposo una "multitud" de pecados contra ti? El amor puede cubrirlo.

Cuando me di cuenta de que estaba divorciada emocionalmente, invité a mi Salvador a hacer lo que ha hecho una y otra vez: rescatarme. Y despertó mi corazón con su amor. Estamos a punto de llegar a la parte del pasaje de Primera de Pedro que realmente me resucitó.

Este pasaje contiene algunas buenas noticias sobre amar a alguien que te ha roto el corazón: *no tienes que confiar en tu propia capacidad para amarlo*. Necesitarás el "poder que Dios da". Sin él, tienes pocas esperanzas de lograr este tipo de amor que cubre el pecado. (Supongo que es bueno que te hayas estado fortaleciendo en el Señor).

Francamente, le devolví esa verdad a Jesús en oración: "Señor, necesito que me des tu poder hoy para hacer esto. Tengo pocas fuerzas. Lléname de tu amor". Y Él lo hizo.

Me doy cuenta de que puede sonar simplista, pero no puedo explicarte la diferencia radical entre la Dannah con el corazón roto de antes de 1 Pedro 4:7-11 y la Dannah fortalecida por la verdad en la que me convertí después. Me convertí en una mujer feliz.

No, espera, no era felicidad.

¡Era gozo!

Porque mi matrimonio todavía necesitaba mucho trabajo, y mis circunstancias no habían cambiado, pero mi corazón sí, que se abrió a Bob de una manera que creo que nunca se había abierto antes. Estaba haciendo mi parte. No importa lo que pasara. Y no tenía expectativas de que Bob me rescatara. Reconocí totalmente que solo Jesús podía hacerlo.

Me acerqué a Bob esa noche e hice mi propia confesión.

Le dije que me había rendido. Le dije que lamentaba haber permitido en mí un divorcio emocional y que mi corazón duro era un problema grave y pecaminoso. Le dije que me comprometía a amarlo, aunque él me lo hiciera difícil en ese momento. Incluso le confesé que no sabía cómo amarlo, pero que estaba decidiendo hacerlo y confiando en que el Espíritu de Dios me enseñaría.

Esa noche me acosté pacíficamente en la cama junto a Bob.

No hubo sexo de reconciliación, y no la recordaré como una noche divertida, pero la honro como la noche en que mi corazón cambió de dirección. Decidí mantener un corazón blando. Y realmente, amé a Bob Gresh esa noche mientras me acostaba a dormir *pacíficamente*.

La confesión sincera es el punto de partida para que la sanación y la intimidad crezcan en tu matrimonio. Esto significa que necesitarás escuchar la confesión de tu marido.

Ahora bien, no te sorprendas si él termina escuchando tu confesión también.

Crecer en intimidad:
Habla con tu esposo sobre la confesión

Las preguntas que discutirán hoy son importantes, pero te recomiendo encarecidamente que no hables mucho más allá de ellas sin la ayuda de un terapeuta cristiano con base bíblica e información clínica o de otra persona que guíe el proceso de confesión. Ambos también necesitan a su propia gente (grupo de rendición de cuentas o amigos) que los ayuden a llevar el peso de este duro trabajo en los días posteriores a la confesión. Ahora bien, ya pueden empezar a hablar de cuándo y dónde tendrá lugar. Cuando discutan las preguntas de hoy, recuerda que ambos deben responderlas, no solo tu esposo. Tómense un tiempo para reflexionar juntos en la Verdad #2:

La confesión sincera es el comienzo de la sanidad.

1. ¿Le has contado alguna vez a alguien el pecado más oscuro que has cometido? ¿O tienes secretos que pesan mucho en tu corazón y que nadie más conoce? Si la respuesta es afirmativa, ¿con quién puedes hablar de esta batalla con el pecado de tal manera que puedas tener una auténtica comunión con un amigo o amigos?

2. En el futuro, ¿estarías dispuesto a revelar a tu pareja los secretos que guardas? Utilizando las seis emociones básicas, ¿cómo te hace sentir el hecho de confesar todos tus secretos?

   tristeza   felicidad   miedo   ira   sorpresa   hastío

3. ¿Qué pasos pueden dar para avanzar hacia una sincera confesión entre ustedes? ¿Cuándo lo harán?

4. Oren juntos. Pidan al Señor que proteja el proceso de ser sinceros y confesarse el pecado el uno al otro.

Nota: Si en el curso de esta conversación tu esposo dice que no está dispuesto a proceder con la confesión, es probable que se esté resistiendo a la obra de redención. Habla con tu consejera o consejeros sobre cómo debes responder.

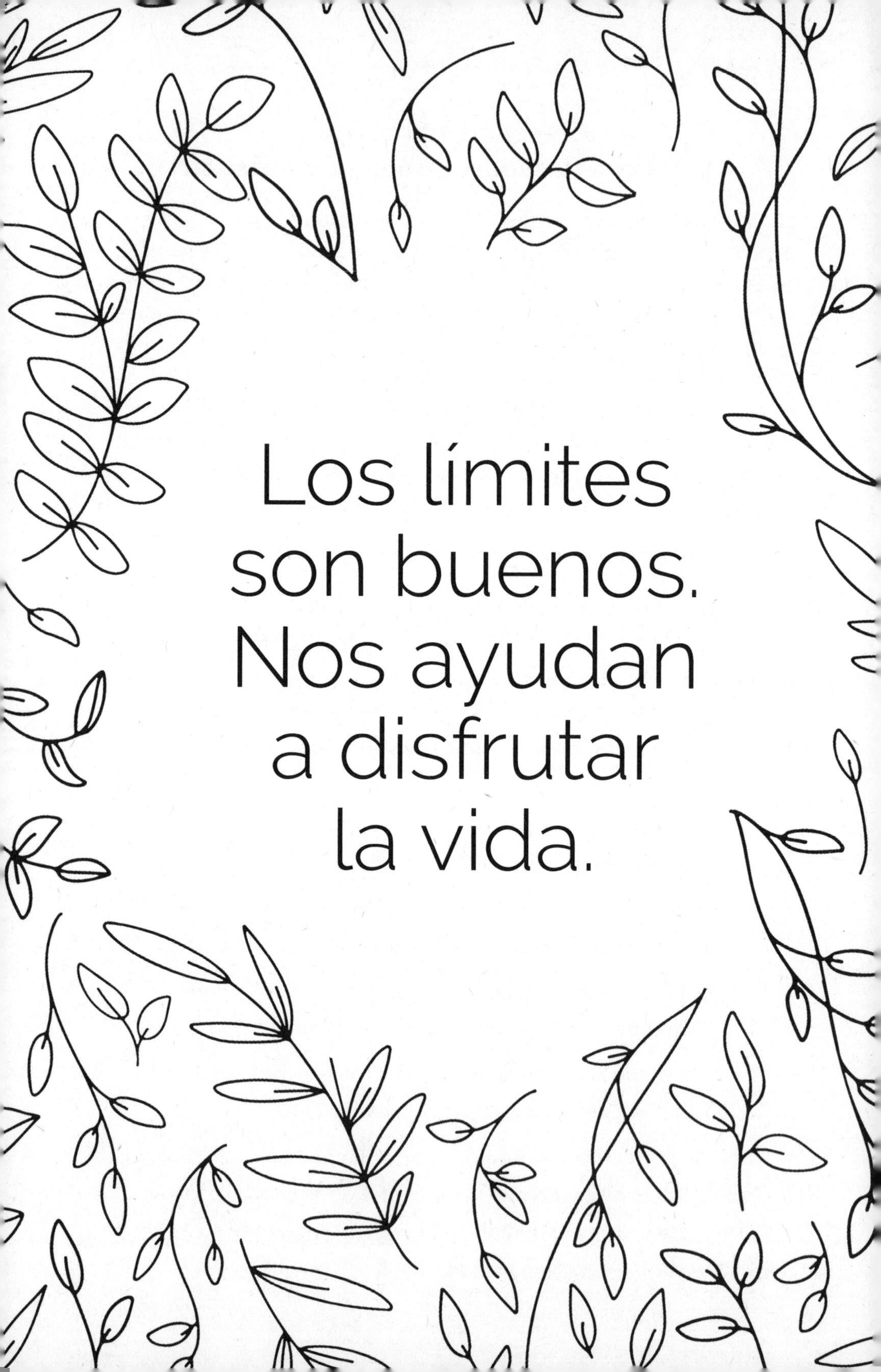

Los límites
son buenos.
Nos ayudan
a disfrutar
la vida.

Verdad #3: Los límites pueden traer santidad y salud a tu vida

*Siguiendo la verdad en amor, crezcamos en todo
en aquel que es la cabeza, esto es, Cristo.*

—EFESIOS 4:15

No me gustó cuando empecé a sentirlo.

Sin saber cómo definirlo, tomé mi diario personal y dibujé lo que sentía.

Los dibujos de palitos de los pequeños Bob y Dannah llenaban lados opuestos de la página. Era curioso, parecía que mantenía el corazón distante.

Se lo enseñé a Tippy y le describí lo que creía que me estaba pasando. Me dijo que parecía el principio de un *sano desapego*.

—Por favor, dime que eso es bueno —le dije.

Su respuesta resonó en mi corazón:

**"El desapego puede dar miedo,
pero puede ser un lugar sagrado".**

¿Cómo podía ser saludable para mí separarme de Bob?

Pues bien, estaba adquiriendo estabilidad emocional y la capacidad de responderle de forma objetiva y sincera, en lugar de perder el control de mis emociones. Estaba llegando a un acuerdo sobre lo que podía aceptar en nuestra vida juntos y lo que no podía tolerar. Y, lo que es más importante, por fin estaba aprendiendo cuál era mi responsabilidad, qué tenía que hacer Bob por sí mismo y lo que solo Dios podía hacer.

Todo formaba parte de aprender a establecer *límites* apropiados.

Hace años se realizó un experimento social con dos grupos de niños. Un grupo fue dirigido a un parque infantil sin valla, el otro a uno con valla. Los investigadores descubrieron que los del grupo sin valla exploraban menos territorio del parque infantil, mientras que los que tenían la seguridad de una valla jugaban libremente en todas las áreas del parque.[1]

Los límites pueden ser algo bueno. Nos protegen y nos ofrecen la libertad de disfrutar la vida. Y esto es tan cierto para los matrimonios rotos como para los niños en un parque infantil.

Desde el principio, Dios se ha preocupado por establecer límites sanos para sus hijos. De hecho, los límites fueron una de las primeras cosas que comunicó a los seres humanos. Dijo a Adán y Eva: "Del árbol de la ciencia del bien y del mal no comerás; porque el día que de él comieres, ciertamente morirás" (Génesis 2:17).

Dios estableció este límite (y otros más tarde) para la salud y la santidad de su amada creación. Las reglas y los preceptos de las Escrituras, como los Diez Mandamientos, son las vallas que Dios ha puesto alrededor de este patio de recreo que llamamos Tierra.

Tu marido ha estado jugando fuera de las vallas.

Y puedes invitarlo con amor a volver a entrar estableciendo y guardando ciertos límites.

Límite en el matrimonio:
"un límite que establecemos para proteger
el carácter sagrado de nuestro matrimonio".[2]

Controversias sobre los límites

El concepto de establecer límites en el matrimonio puede ser controvertido entre los cristianos. Muchas mujeres han creído la mentira de que poner límites es un concepto del mundo. Algunas creen que no deben prohibir nada a sus maridos.

Otras descartan el valor de los límites porque los han visto terriblemente mal utilizados. Por ejemplo, mi amiga y su marido solían salir con una pareja cuyo matrimonio tenía problemas. La mujer siempre utilizaba el sexo como un arma para conseguir lo que quería. Delante de otras personas, amenazaba a su marido con que no iba a "tener nada" si no respetaba sus límites arbitrarios. (Su matrimonio no sobrevivió).

En el extremo opuesto del espectro, he conocido a mujeres que parecen haber perdido completamente la posibilidad de hacerse escuchar en sus matrimonios. La experiencia de ser constantemente engañadas y trastornadas [*gaslit*, en inglés][3] por sus maridos las ha vuelto incapaces de defenderse por sí mismas.

Estas mujeres a menudo mantenían relaciones con hombres que habían sido programados por la pornografía a ser egoístas y transgresores. La investigación ha confirmado que la pornografía cambia la forma en que sus usuarios ven el sexo. En lugar de verlo como un acto amoroso de entrega al otro, empiezan a verlo como un acto de violencia y codicia. Algunos estudios sugieren que hasta el 90% de los videos pornográficos son físicamente transgresores. Y al menos un estudio indica que casi el 50% de las escenas pornográficas analizadas contienen agresiones verbales, principalmente en forma de insultos. Las mujeres se llevan la peor parte de esta tendencia, que se extiende al lecho conyugal.[4]

Numerosas mujeres me han preguntado si pueden decir que no a algo que su marido quiere hacer en el dormitorio: sexo anal, por ejemplo.

Otras experimentan peticiones para satisfacer las inusuales fantasías sexuales de sus maridos que claramente necesitan asesoramiento. Estas mujeres han soportado todo tipo de apetitos sexuales abusivos.

Esta no fue *mi* experiencia en absoluto. Bob siempre ha sido un amante amable y seguro. Por eso me sorprendió que las mujeres acudieran a mí en busca de consejo sobre qué hacer cuando sus maridos empezaban a ser abusivos en el dormitorio.

¿Les dirías a estas mujeres que deberían someterse al abuso que alimenta el apetito de sus maridos por la pornografía y otras transgresiones sexuales?

Yo no.

Les dije que tenían todo el derecho de decirles que no a cualquier cosa que las hiciera sentir incómodas, y les recordé que un marido amoroso respetaría ese límite. A aquellas cuyos maridos estaban indebidamente descontentos con esa negativa, les sugerí que buscaran de inmediato ayuda profesional para su matrimonio.

Mi consejo a estas mujeres se basaba en parte en la lógica y en parte en la compasión, pero también creo que la Biblia establece un modelo de consentimiento mutuo en lo que se refiere al sexo y el matrimonio (más sobre esto más adelante). Una lectura holística de las Escrituras caracteriza el acto del matrimonio como tierno y compasivo: la entrega de todo tu ser.

Así que, a la luz de las distorsiones y los malentendidos, tratemos de redimir nuestra comprensión de los límites saludables en un matrimonio roto por el pecado sexual.

Necesitamos redimir nuestra comprensión de los límites

La Biblia comunica algunos de los fundamentos para establecer límites matrimoniales saludables:

- **Amor de pacto**. Dios creó el matrimonio como un pacto para toda la vida entre un hombre y una mujer (Efesios 5:31-32).
- **Sinceridad**. La confianza y el respeto son ingredientes vitales en las relaciones de pacto. La sinceridad es el límite que los protege (Colosenses 3:9; Proverbios 31:11).
- **Fidelidad**. El lecho matrimonial debe ser puro (Hebreos 13:4). No debe haber ni siquiera un indicio de pecado sexual entre nosotros (Efesios 5:3). La relación debe reflejar una devoción total de vida, mente y alma (Mateo 19:6).
- **Humildad**. Un liderazgo masculino correcto asume una posición humilde: un esposo que entrega su vida y así refleja la naturaleza sacrificial del amor de Cristo. Cuando una esposa responde humilde y apropiadamente al liderazgo de su esposo, refleja la noble sumisión de Cristo a hacer la voluntad de su Padre (Efesios 5:22-33; 1 Corintios 11:3).
- **Autocontrol**. Los esposos y las esposas tienen conflictos, pero aprenden a comunicar sus desacuerdos y preocupaciones con atención el uno al otro con la guía del Espíritu Santo (Gálatas 5:16-26).
- **Seguridad**. El esposo debe proteger y cuidar a su esposa (Efesios 5:25-29). La respuesta de una esposa a esto es ayudar a su marido de tal manera que su corazón confíe plenamente en ella (Proverbios 31:11).
- **Consentimiento mutuo**. El amor de pacto presupone un amor que se preocupa por las necesidades de la otra persona. El resultado es una sumisión mutua a esas necesidades (Efesios 5:21). Esto se aplica a lo que ocurre en el dormitorio. El comportamiento natural de una pareja casada es entregar libremente sus cuerpos el uno al otro, pero las Escrituras establecen la libertad de abstenerse mutuamente durante un periodo de tiempo acordado y dedicado a la oración (1 Corintios 7:5).

- **Perdón.** Nuestra falta de perdón hacia los demás (incluidos nuestros maridos) interrumpe el fluir del perdón de Dios hacia nuestro propio corazón (Colosenses 3:13; Mateo 6:14-15).

Cuéntame tu historia

Encierra en un círculo cualquiera de los límites bíblicos enumerados en las páginas 169-170, que actualmente se están traspasando o ignorando en tu matrimonio.

Si tu esposo está traicionando tus votos matrimoniales y traspasando los límites que caracterizan a un matrimonio bíblico saludable, debes confrontar su pecado. Si guardas silencio, lo más probable es que estés participando en el fin de tu pacto. Te invito a mantenerte firme en cuanto a los límites de Dios y a establecer tus propios límites que se adecúen a tus necesidades.

El propósito de los límites

La razón por la que obedeces los límites bíblicos es para guardar un matrimonio en santidad y asegurar la salud relacional. Sin embargo, el propósito de establecer límites especiales cuando un matrimonio tiene problemas es salvarlo. Lo cual nos lleva a otra verdad:

La verdad que necesitas *Verdad #3: Los límites pueden traer santidad y salud a tu vida.*

Varios meses después que Elaine Daugherty se casara con el hombre de sus sueños, él se acercó a ella con una revista de modelos en la mano. Jonathan le dijo que se había masturbado mientras miraba las fotos de las mujeres de la revista. Elaine estaba destrozada, pero pensó que podría haber sido peor. Se alegró de que él fuera "tan piadoso de haber confesado su pecado sin ser descubierto".

Lo siguiente que pensó fue que tenía que ponerse más atractiva para él. (¿Has pasado por eso? ¿Has pensado lo mismo?).

Por desgracia, la revista era solo la punta del iceberg. El apetito de Jonathan ya había escalado no solo a la pornografía en línea, sino mucho más allá. Empezó a utilizar salas de chat para conocer mujeres por Internet, visitar clubes de *striptease* e incluso contratar prostitutas. Elaine me dijo: "Todas las noches oraba para morirme mientras dormía porque me dolía mucho".

Después de cuatro años así, cuando Elaine se enteró de que Jonathan había quedado en verse con una mujer en un hotel para mantener relaciones sexuales, se le acabó la paciencia. Esa noche hizo las maletas y se marchó. No se dio cuenta en ese momento, pero al marcharse estaba estableciendo un límite (una separación terapéutica) que acabó por hacer entrar en razón a Jonathan.

Ese fue el principio del fin de la batalla de trece años de Jonathan contra la adicción sexual.

Trazar una línea en la arena (un límite especial) salvó el matrimonio de Jonathan y Elaine Daugherty.

A veces, el límite de una separación terapéutica puede ser saludable y santo. Si crees que puedes beneficiarte de ello, te animo a que busques consejo. Necesitarás apoyo para hacer lo que tienes que hacer y sabiduría para saber cuándo es el momento de volver a estar juntos.

No obstante, la separación no es el único tipo de límites especiales que puede salvar un matrimonio. Si tu esposo se ha estado desviando fuera de la valla del matrimonio bíblico, él necesita que el cuerpo de

Cristo, tú incluida, confronte su pecado. La confesión a Jesús nos trae el perdón, pero el modelo bíblico para cortar con los hábitos, los patrones y las fortalezas de pecado, incluidos el pecado sexual y la adicción al sexo, es dar cuenta de nuestros actos a otros y confesarnos unos a otros.

Establecer límites especiales en un matrimonio con problemas puede ser una parte importante de ese proceso.

La práctica lleva. . . al progreso

Cuando oí hablar por primera vez del concepto de límites en el matrimonio, era una escéptica. Quizá tú también lo seas. La razón podría ser que tú, como yo, crees en la *unidad* de un matrimonio cristiano y quieres preservarla. ¿Por qué querría poner límites para mantenernos separados?

Pues bien, empecemos por ahí. Tú y tu marido son uno. Mantén ese pensamiento.

En el Sermón del Monte, Jesús enseñó a sus seguidores cómo vivir en muchas áreas de la vida. Uno de los temas que incluyó fue la lujuria. Jesús llevó las normas de santidad, que sus contemporáneos aceptaban, a un nivel completamente nuevo. Consideraban el adulterio como una zona de tolerancia cero, pero Jesús dijo que el solo hecho de mirar a una mujer y tener pensamientos lujuriosos era cruzar la línea.

Y luego dijo lo siguiente:

> Por tanto, si tu ojo derecho te es ocasión de caer, sácalo, y échalo de ti; pues mejor te es que se pierda uno de tus miembros, y no que todo tu cuerpo sea echado al infierno.
>
> **—Mateo 5:29**

Ahora bien, esta afirmación era claramente una hipérbole. Si fuera posible detener el pecado arrancándose los ojos, habría muchos hombres y mujeres ciegos en la iglesia. Lo que Jesús quiere decir es que debemos estar dispuestos a tomar medidas drásticas para proteger la santidad.

¿Y cuál es el propósito de llegar a tales extremos? *Para salvar a un pecador del infierno*. La fascinación de tu esposo con el sexo profano es nada menos que una distorsión demoníaca del don de Dios de la intimidad proveniente del mismo infierno.

Cuando consideré esto, me pregunté si mi relación de pacto con mi esposo me obligaba a tomar lo que parecían medidas drásticas para eliminar la lujuria de nuestras vidas, de nuestra unidad.

Para mí, la respuesta era "sí". Fue entonces cuando decidí implementar límites para nuestra situación en particular. Leí muchos libros sobre cómo hacerlo, filtré los consejos que me parecían incoherentes y elegí los que me parecían indicados para mí. Entonces escribí un documento de una página, lo imprimí y se lo presenté a Bob.

Bob aceptó.

Y, de repente, la batalla cambió radicalmente.

No estoy segura de que esto sea tan cierto para Bob como lo fue para mí. Mis límites, en realidad, no eran para hacer que cambiara. Solo Dios podía hacerlo, pero nos proporcionaban una herramienta útil para comunicar las expectativas. Y eso me hizo sentir muy bien.

Al principio no practicaba bien el arte de implementar límites, pero a medida que aprendí y Bob se puso firme, finalmente comenzamos a hacer progresos en la batalla para vencer su pecado.

He llegado a pensar que los límites en este tipo de situaciones son más eficaces cuando la esposa cuenta con la ayuda de alguien para decidirlos y ponerlos en práctica. Esto ayuda a evitar la tentación de usar los límites como retribución y da al esposo el apoyo adicional de otra influencia piadosa. (Mi esposo tiene dos hombres piadosos que le hacen preguntas difíciles y hacen cumplir los límites por mí y nuestro pacto matrimonial. ¡Son muy estimados para mí!).

Cómo establecer límites

Para establecer límites con respecto al pecado sexual de tu esposo, debes utilizar información observable para trazar una línea que no se puede cruzar sin tener consecuencias. Luego debes comunicárselo objetivamente a tu esposo, tal vez con la ayuda de tu consejero matrimonial o una influencia piadosa de confianza en la vida de tu esposo.

He aquí un ejemplo de cómo podría funcionar:

1. **Reunir información**. Digamos que has descubierto pornografía en el teléfono de tu esposo. Sabes que la pornografía es peligrosa para tu matrimonio y para el cerebro de él.

2. **Orar y ayunar**. Creo que es vital para una esposa cristiana pasar un tiempo prolongado con el Señor como preparación y para pedirle en oración que lleve a tu esposo al arrepentimiento y te dé poder para influenciar y conducir a tu esposo nuevamente a la verdad.

3. **Decidir los límites**. ¿Qué no se tolerará… bíblicamente y para ti personalmente? Aunque eres plenamente consciente de que también eres pecadora, sabes muy bien que el pecado sexual es distinto en su impacto y no mirarás hacia otro lado.

4. **Determinar una consecuencia**. Por ejemplo, si tu esposo no se une a un grupo de apoyo con base bíblica e información clínica dentro de la próxima semana, tendrá que mudarse a la habitación de huéspedes. (A propósito, durante los años que tuvimos niños en nuestra casa, ¡ese lugar habría sido el sofá del sótano!).

5. **Comunicar a tu marido los límites y las consecuencias de forma clara y objetiva**. "Te quiero demasiado a ti y a nuestro matrimonio como para dejar que nos destruya la pornografía.

Si no te unes a un grupo de apoyo en la próxima semana, me gustaría que te mudaras al dormitorio de huéspedes hasta que veas la manera de vencer tu pecado".

6. **Hacer cumplir los límites**. Tienes que hablar en serio cuando lo hagas, amiga mía. Si tu marido no hace lo que le has pedido, tienes que pedirle que se mude de tu dormitorio o cualesquiera que sean las consecuencias acordadas. Si él no obedece, entonces tendrás que salir *tú* del dormitorio o hacer otra cosa que mantenga las consecuencias. Tu marido tiene que sentir la verdad de que el pecado nos separa de Dios y de los demás. Al establecer el límite, estás ayudando a un hombre, cuyo pensamiento se ha deteriorado, a recordar esa verdad.

Permíteme instarte a comunicar tus límites con compasión. Gálatas 6:1 nos anima a la mansedumbre cuando estamos restaurando a alguien que ha sido atrapado en el pecado porque es muy fácil quedar atrapado en nuestro propio pecado cuando confrontamos.

¿Hasta dónde es ir demasiado lejos?

Muchas mujeres me preguntan hasta dónde pueden llegar las consecuencias. Algunas incluso me han preguntado si el divorcio es una opción.

Personalmente, nunca me he planteado el divorcio. Jesús dijo que "al principio no fue así" (Mateo 19:8), y Dios dice abiertamente que "aborrece el repudio [divorcio]" (Malaquías 2:16). No obstante, Dios también aborrece la violencia y el maltrato. Si temes por tu seguridad o la de tus hijos, el mejor consejo que puedo darte es que busques el consejo piadoso de alguien que pueda guiarte basado en las circunstancias específicas de tu caso.

Sin embargo, si no temes por tu seguridad, es una buena decisión permanecer conscientemente comprometida con los votos de tu pacto.

Adelante, pregúntame si decidir permanecer casada con alguien roto por el pecado sexual es una muestra de *codependencia*.

Para responder, recurriré a los escritos del fallecido Dr. Mark Laaser. (¡Sí, el mismo Mark cuya esposa, Debbie, desearía haber escuchado su confesión antes! Te dije que tenía buenas noticias que comunicar sobre ellos, ¿recuerdas?).

La batalla de Mark con la pornografía comenzó cuando era un dulce niño de once años. Cuando ya era un adulto casado, estaba totalmente dominado por la carne y sus deseos. Una intervención en grupo, en la que participaron su esposa, un médico cristiano y un terapeuta cristiano, lo llevó a revelar la profundidad de su pecado.

Tras un tratamiento con hospitalización, años de compromiso con asesoramiento profesional y una larga participación en la comunidad con otros hombres en recuperación, Mark vivió libre del pecado sexual durante más de tres décadas antes de ver el rostro de su Redentor. Su esposa permaneció casada y unida a él con un extenso asesoramiento profesional y en una comunidad de mujeres en recuperación. Disfrutaron de un matrimonio transformado y celebraron su cuadragésimo sexto aniversario antes que el cáncer silenciara su cuerpo terrenal.

Esto es lo que Mark tenía que decir sobre las mujeres que deciden seguir casadas con adictos al sexo:

> He aquí un principio general a seguir para evaluar si tu decisión de permanecer en la relación se basa o no en el enquistamiento/ la codependencia o en un compromiso sano de servir y permanecer en relación con tu pareja. Los codependientes se entregan y sirven a sus parejas por *debilidad*. Tienen miedo de estar solos

y se sienten necesitados. Las parejas sanas se entregan y sirven a sus parejas en su *fortaleza*. Están seguras de sí mismas y saben que podrían estar solas, pero eligen la relación.[5]

Camina con la fortaleza que Dios te ha dado, amiga mía. Establece límites. Eso aumentará tu fortaleza de una manera que quizá no hayas sentido antes. De hecho, yo no sabía cómo explicar lo que sentí cuando empecé a pedirle a Bob que cumpliera ciertos límites especiales.

¿Qué es esa sensación?

Cuando empecé a poner en práctica los límites con Bob, descubrí que mi corazón sentía la tristeza de este lugar desconocido, pero también sentí tener más claridad. Es importante que sepas que no me sentí desconectada de mi esposo, pero sí me sentí más racional, más fuerte, más objetiva.

Fue entonces cuando Tippy me habló del *desapego saludable*.

Desapego saludable: "un sentimiento de libertad emocional que resulta de ser más objetivos sobre nuestra participación en un problema o condición con otro individuo".[6]

Puedes empezar a experimentar ese tipo de desapego cuando estableces y guardas límites sagrados con tu esposo. El desapego incluye permanecer activamente participativa en la redención de tu matrimonio, pero renunciar a tener el control del proyecto. Tu espíritu finalmente recibe la verdad de que eres libre para confiar en la soberanía de Dios, y tus emociones también reciben un recordatorio.

(Una vez me preguntaron si podemos ver el patrón del desapego en las Escrituras. Creo que sí. Por ejemplo, leemos la progresión de este cambio emocional en el libro de Habacuc. El profeta está completamente deshecho y enojado al principio, pero a medida que pone su confianza en Dios, se vuelve más objetivo y más eficaz como profeta).

Antes de poner límites, mi propia "fortaleza" se manifestaba con gritos y regaños y, desde luego, había mucha ira y lágrimas. Mi relación con Bob era tan eficaz como la de un chihuahua que ladra mucho, pero cuando empecé a fortalecerme en el Señor y a practicar los límites, mi comportamiento comenzó a expresar más… mansedumbre.

Y si escuchar la palabra *mansedumbre* en el contexto de establecer límites suena extraño, permíteme presentarte la cualidad bíblica de la mansedumbre. Mi querida Tippy fue mi mentora en este aspecto, y quiero transmitirte lo que ella me enseñó.

Fue un punto de inflexión para mí en mi matrimonio.

La mansedumbre redentora

La definición castellana de *manso* es "tranquilo, apacible, que se impone con facilidad".[7] El mundo no ve con buenos ojos ese tipo de mansedumbre, pero la mansedumbre bíblica es algo muy diferente. Y entender la *mansedumbre* en el sentido bíblico puede redimir tu comprensión de la palabra y marcar una gran diferencia en tu matrimonio.

La palabra griega que normalmente se traduce como "manso" es *praus*. Y aquí hay algo interesante. Jesús solo se describe a sí mismo una vez en las Escrituras, y usó esta palabra. "Soy [*praus*] y humilde de corazón", dijo (Mateo 11:29).

Al parecer, *praus* es un poco difícil de traducir. La raíz "significa *más que* 'manso'… se refiere a ejercer la fortaleza de Dios bajo su control". Nuestra palabra castellana carece de ese sentido de fortaleza asociado a la mansedumbre.[8] De modo que esta es mi propia definición de la mansedumbre bíblica:

Mansedumbre: "una manera afable, apacible de ejercer la fortaleza de Dios bajo su control".

¿Sabes que la Biblia en realidad señala que cuando un esposo "no obedece la palabra" de Dios, una esposa puede ganárselo siendo *mansa*? Sí. Sumerjámonos en el pasaje.

Primera de Pedro 2, donde encontramos esta enseñanza, trata acerca del sufrimiento. (Los versículos 21-23 nos recuerdan que Cristo sufrió y no tomó represalias ni se defendió. De hecho, bendijo a los que lo maldijeron y se sometió al sufrimiento. Era humilde, pero su humildad provenía de un lugar de fortaleza sin igual, no de una debilidad fácilmente impuesta.

En 1 Pedro 3, se invita a las esposas a seguir el ejemplo de Cristo. Dios dice: déjame mostrarte una manera piadosa de responder cuando experimentes sufrimiento en el matrimonio. El capítulo comienza con la palabra *asimismo*.

¿Asimismo cómo?
Como Jesús.

Asimismo vosotras, mujeres, estad sujetas a vuestros maridos; para que también los que no creen a la palabra, sean ganados sin palabra por la conducta de sus esposas, considerando vuestra conducta casta y respetuosa. Vuestro atavío no sea el externo de peinados ostentosos, de adornos de oro o de vestidos lujosos, sino el interno, el del corazón, en el incorruptible ornato de un espíritu afable [*praus*] y apacible, que es de grande estima delante de Dios.
—1 PEDRO 3:1-4

De acuerdo, no cierres el libro. Admito que este pasaje puede ser, como mínimo, desalentador, pero me niego a usar una cuchilla de afeitar para cortar partes de mi Biblia cuando se vuelven particularmente difíciles de entender o practicar. Este pasaje fue escrito específicamente para esposas cristianas cuyos esposos cristianos no están jugando dentro de las vallas de las reglas de Dios. *¡No puedes ignorar esto!*

En mi opinión, estos versículos son bastante relevantes. Por ejemplo, que tu "atavío no sea el externo". ¿Será que Dios sabe que nuestra estrategia es tratar de ser más atractivas para llamar la atención de nuestro marido?

Dios también sabe que eso no funciona. Cambiar algo de ti (especialmente tu apariencia externa) nunca va a ser lo que cambie a tu esposo.

Una conducta llena de mansedumbre (una afable fortaleza) es lo que influirá más eficazmente en tu marido.

Imagino que te habrás quedado pensando en las palabras "estad sujetas a vuestros maridos". Algunas versiones lo traducen como "sométanse" (NVI), y eso *realmente* molesta a algunas personas, pero una lección de griego podría ser útil aquí.

La palabra griega utilizada aquí para "sujetarse" es una forma del verbo *hupotasso*. Y "su significado principal es disponerse u ordenarse de tal manera que sea útil para el equipo. Es una palabra utilizada en términos militares para referirse a una formación de soldados. *Hupotasso* significa permanecer en tu posición en la formación para que todos puedan apoyarse mutuamente".[9]

El reino de Dios es precisamente eso: un reino, no una democracia. Hay posiciones asignadas en la jerarquía. Y dentro de la relación matrimonial, el marido es designado cabeza de la familia (Efesios 5:22-24). Tú y yo estamos llamadas por Dios a afirmar el liderazgo masculino en nuestros hogares y a aceptar la posición que Él nos ha asignado. A posicionarnos de manera que respondamos a ese liderazgo y así seamos útiles al equipo.

Para comprender mejor cómo debe ser tu sujeción, volvamos a Génesis, donde Dios describe a Eva como la *ayuda idónea* de Adán. Las Escrituras hebreas originales utilizaban las palabras *ezer kenegdo* para describir esa función de la mujer. La palabra *ezer* significa "ayuda", y la palabra *kenegdo* significa "acompañar". La Biblia solo utiliza este tipo de lenguaje dos veces para señalar la capacidad de la mujer para servir y apoyar a su marido. Las otras veces que se usan estas palabras, señalan a Alguien más en ese papel: a Dios mismo.[10]

En este momento, el Espíritu Santo está siendo tu Ayudador. Esto coloca la sujeción a la luz de un poder y fortaleza increíbles: *eliges* humildad y mansedumbre, no debilidad.

¿Cómo funciona esto cuando estás casada con un hombre cuyo liderazgo está roto? A menos que hayas pasado por ello, no puedes entender lo poco práctica que puede parecer el llamado a *hupotasso*, pero hay una palabra que me ha ayudado mucho.

He oído comparar la sujeción en el matrimonio con una danza. Ambos cónyuges utilizan sus talentos y fortalezas en la danza del matrimonio, donde el hombre guía en amor sacrificial y la mujer responde en sujeción. Pues bien, es difícil bailar con un hombre cuyas piernas de liderazgo están lisiadas por el pecado. Simplemente, no se puede.

Cuando tu esposo no guía en la danza de la vida, no hay mucho a lo que responder. La danza no funciona.

Aquí es importante recordar que el matrimonio cristiano es solo un símbolo de una danza más importante. Permite que Jesús intervenga, amiga mía. Puedes someterte a Él y responderle con seguridad. Imagina que tu esposo se escabulle temporalmente en una silla de ruedas entre tú y Jesús mientras continúan la danza del liderazgo. Responde al liderazgo de Cristo en ausencia del de tu esposo. Permanece en tu posición.

Como nota al margen, esperemos que tu esposo entienda que, mientras permanezca lisiado por el pecado sexual, no está en condiciones de guiar espiritualmente a otros. Puede que necesite renunciar a cualquier posición de liderazgo espiritual que tenga, al menos por un tiempo.

Mi esposo realmente buscó esto por propia voluntad. Me dijo que no podía liderar porque había caído por debajo de la barra de integridad, y renunció al liderazgo ministerial. El hecho de que se sometiera tan voluntariamente a renunciar fue un regalo significativo para mí en medio de mucho dolor. Me demostró que entendía la jerarquía del reino y el hecho de que, debido a su pecado sexual, la estaba ensuciando.

Entonces, un día en medio de nuestro trabajo matrimonial, Bob se me acercó con humildad y me preguntó: "¿No sé si me podrías permitir otra vez orar por ti cada noche?".

Lágrimas de alegría inundaron mis ojos, y me imaginé a Jesús asintiendo orgulloso mientras Bob empezaba a danzar conmigo una vez más.

El hombre por el que oraba se convirtió en el hombre con el que oro.

Mi propia experiencia es que los límites establecidos con mansedumbre me ayudaron a mantenerme en mi posición con la esperanza de que las antiguas maravillosas piernas de liderazgo de Bob sanaran. Establecer límites especiales desempeñó un papel importante en la sanidad de mi matrimonio.

Mientras tanto, pude encontrar otras formas de apoyar a mi esposo y darle el respeto que necesitaba. Por ejemplo, aunque no podía confiar en que mi esposo fuera un líder espiritual cuando estaba luchando con su pecado sexual, había otras áreas en las que podía confiar en que su cerebro funcionaría bien. Los negocios, por ejemplo. Bob es un brillante hombre de negocios y un genio del marketing. Consultarle cuando tomaba decisiones para mi ministerio era una forma de demostrarle y mantener el respeto por él. Escuchar y responder a sus opiniones cuando tomábamos decisiones sobre nuestros planes de consejería era una forma sencilla de mantener un compromiso respetuoso.

Y la danza continuó. Mientras mantenía mis ojos fijos en Jesús como mi pareja de baile, Él me daba un sentido general de objetividad sobre la condición de Bob (de nuevo, un sano desapego). Y creo que la respuesta más afable y menos emocional a nuestros problemas tuvo más poder que mis respuestas reactivas anteriores.

La interacción de Bob conmigo también se volvió más sana. En lugar de sentirse amenazado por mis límites o sentirse rechazado, empezó a verlos como lo que eran: una forma de amor.

La primera vez que hablamos de nuestra historia fue en una conferencia de Aviva Nuestros Corazones de 2017. Mi amiga Nancy De-Moss Wolgemuth, que sabía por lo que Bob y yo habíamos pasado, me pidió que hablara sobre cómo amaba a mi esposo. Y le pedí a Bob que me acompañara en el escenario.

Me alegro de haberlo hecho. Fue útil para esas mujeres escucharme hablar, pero escuchar el corazón de Bob les abrió las compuertas de la esperanza. Cuando él hablaba no había duda de que todavía estaba roto por su pecado, y no lo minimizó. Esta frase resonó en toda la audiencia:

"Hice pasar a mi esposa por un infierno".

Necesitaban oír eso. Validaba y legitimaba cada lágrima que habían derramado. Y reavivó la llama de la esperanza de que quizás algún día sus maridos se quebrantarían lo suficiente como para admitir lo mismo.

Amiga, estoy convencida de que lo que Bob dijo a continuación afirmó que mi capacidad para establecer límites con él fue una de las claves para encontrar la sanidad de su quebrantamiento. Les dijo esto a esas mujeres:

He estado pensando en lo mucho que Dannah me ama… en parte porque recibí repetidos mensajes de texto de ella sobre este tema y ella quería saber si me amaba bien.

Así que finalmente me senté y pensé en eso, y esto es lo que le respondí: "No es cuando cocinas para mí, me escribes notas o incluso cuando miras fútbol conmigo (¡por muy genial que sea!), porque personas que no me aman harán esas cosas. No es cuando dices cosas bonitas de mí, porque personas que apenas me conocen a veces pueden decir cosas bonitas. Y ni siquiera es cuando oras por mí, porque personas que me detestan pueden orar por mí".

Entonces Bob miró al público con lágrimas en los ojos y dijo:

Dannah me ama bien cuando hace lo que sea necesario para empujarme hacia la frontera, muchas veces solitaria, del plan de Dios para mi vida. Dannah me ama bien cuando hace lo que sea necesario para señalar mi pecado y dejar que me responsabilice de él.

En nuestro matrimonio, amar bien significa estar dispuesto a tomar el bisturí y abrir una herida cuando la enfermedad del pecado, el egoísmo y el orgullo acechan bajo la superficie.

Y amar bien también significa esperar pacientemente el momento adecuado para iniciar ese corte.

Amiga mía, vas a necesitar un bisturí santo.

Establecer límites con tu marido les dará a ambos el parámetro saludable que necesitan: una valla que sustente la creatividad, la seguridad y el amor entre ustedes.

Crecer en intimidad:
Habla con tu esposo sobre **los límites**

Los límites no son para corregir o castigar al otro. Se trata de vivir dentro del cerco de santidad y vida sana que Dios ha señalado. Cuando se traspasan los límites establecidos en la Palabra de Dios, los límites especiales ayudan a restaurar la vida descarriada, así como la seguridad emocional y física.

Tómense un tiempo para reflexionar juntos en la Verdad #3:

Los límites pueden traer santidad y salud a tu vida.

1. ¿Te han ayudado tus padres a aprender el valor de los límites? ¿Eran los límites claros e inviolables en tu familia de origen? ¿Entendías por qué existían?

2. Observa la lista de límites bíblicos para el matrimonio enumerada anteriormente en este capítulo. ¿En cuáles de ellos sientes la necesidad de asumir más responsabilidad personal?

3. ¿Cómo podría establecer algunos límites especiales ayudarte a ti o a tu cónyuge a sentirse seguros? ¿Cómo podría eso ayudarles a ambos a experimentar una mayor santidad?

4. Cada uno de ustedes seleccione uno de los límites de la lista que considere que necesita darle atención. ¿Qué límite especial establecerán personalmente para respetarlo? ¿Qué consecuencias aceptarán si no respetan ese límite? Anótenlo, pónganle fecha y colóquenlo en un lugar visible para los dos.

5. Oren juntos. Pidan al Señor que les ayude a practicar y mantener límites sanos en sus vidas.

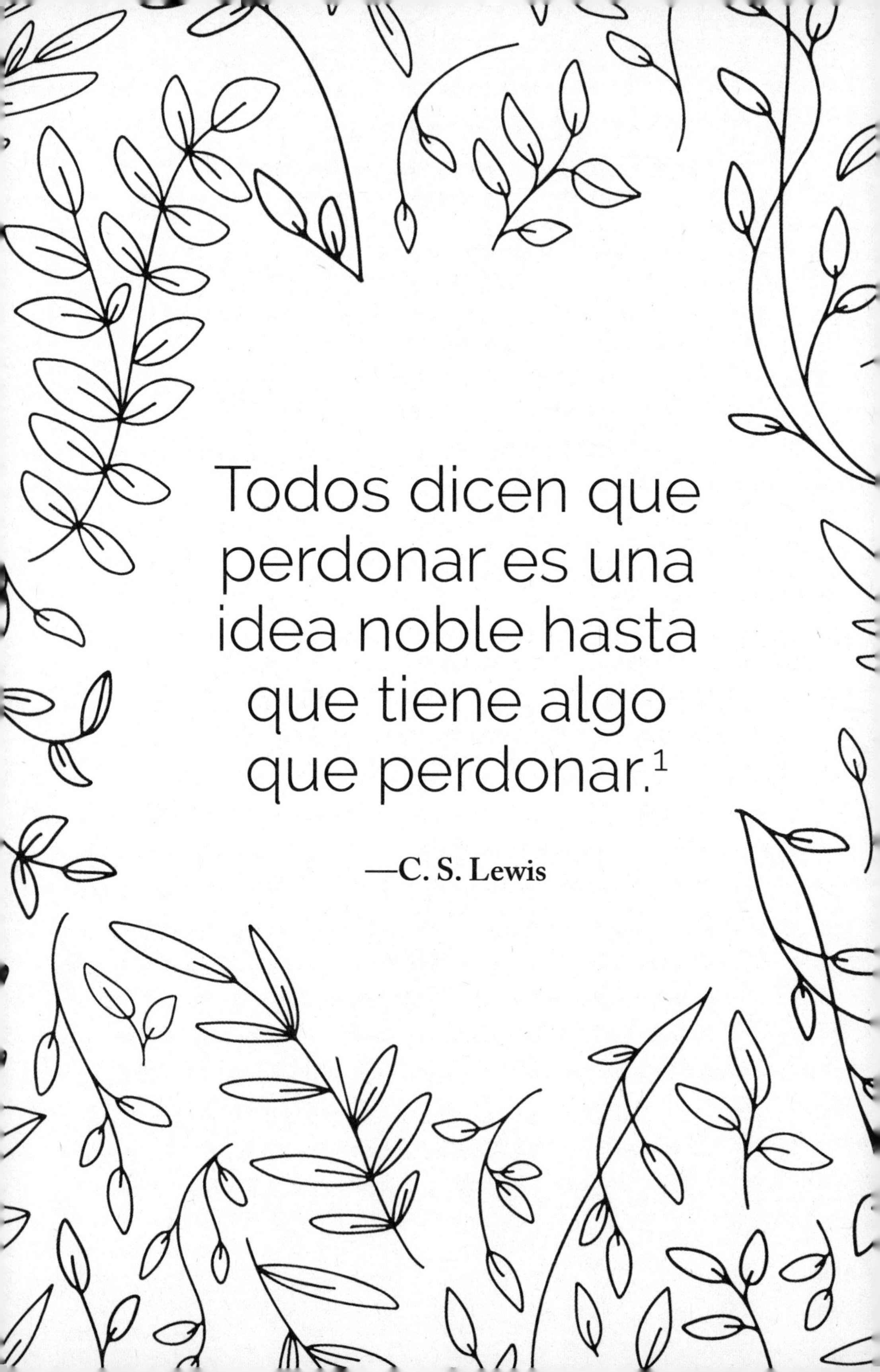

Todos dicen que perdonar es una idea noble hasta que tiene algo que perdonar.[1]

—C. S. Lewis

Verdad #4: El perdón es un acto sobrenatural que produce libertad

Y cuando estéis orando, perdonad, si tenéis algo contra alguno, para que también vuestro Padre que está en los cielos os perdone a vosotros vuestras ofensas.

—MARCOS 11:25

La enorme camioneta roja de Bob se detuvo en la entrada. Y allí, en la parte trasera, había dos sillas de cuero rojo, en las que nos habíamos sentado cuando Bob me confesó su pecado.

Hacía solo unos meses, les había pedido a un amigo adolescente y a su hermano que las trasladaran al vestíbulo de las oficinas de nuestro ministerio, donde no las vería tan a menudo y no me recordaran mi dolor.

Hoy las estaban trayendo de vuelta.

Mi querida amiga Amy me había desafiado. Ella había perdonado de inmediato a su esposo, Wade, cuando él le confesó sus pecados en el estudio de su pastor. El momento había sido tan fuerte que Wade había pedido comprar el sofá negro en el que estaban sentados.

Ahora Amy lo tenía en su dormitorio como un tributo a su corazón perdonador.

Yo había decidido que, si Dios podía redimir mi matrimonio, seguramente podría hacer lo mismo con dos sillas de cuero rojo sin vida.

Me había dado cuenta de que las conductas y creencias que nos habían llevado a nuestra situación actual tenían que cambiar. Lo que nos había traído aquí no nos iba a sacar. Bob tenía que aprender a vivir de otra manera. Y yo debía luchar con mi dolor de una manera digna de una seguidora de Cristo. Abandonar las sillas en un rincón de la oficina simbolizaba lo que yo solía hacer con mis emociones.

Ya no.

Calculé las confrontaciones que mi corazón se vería obligado a hacer al ver esas sillas todos los días para lograr la victoria. Mis emociones importaban, pero ya no tenían la última palabra sobre cómo interactuar con Bob.

Cuando los chicos empezaron a sacar la primera silla roja de la camioneta, elevé una sencilla oración. Era una que necesitaba hacer casi a diario: "Señor, elijo perdonar a Bob".

A veces desearía tener un mar de olvido para no recordar lo que otras personas me han hecho, pero no es así.

No obstante, me alegro de que Dios sí se olvide.

El libro de Miqueas señala que Dios pisotea nuestros pecados y los echa "en lo profundo del mar" (Miqueas 7:19). Él puede hacer alejar nuestros pecados de nosotros, así como "está lejos el oriente del occidente" (Salmos 103:12). Con una capacidad que ningún ser humano posee, Dios "borra" nuestras rebeliones y declara "no me acordaré de tus pecados" (Isaías 43:25).

¡Qué alivio! Sería estupendo que pudiéramos hacer eso. Si pudiéramos olvidar que otras personas (como nuestros esposos) han pecado contra nosotras, no tendríamos que luchar con el perdón.

Sin embargo, debemos luchar. Porque a pesar de lo difícil que es el perdón para nosotros, simples mortales, es la única manera de que tú y yo experimentemos la verdadera libertad en Cristo.

Sí, has leído bien.

El perdón no es algo que haces por tu marido, sino por ti. Es en tu propio beneficio.

Cuando perdonas, estás ejerciendo tu fortaleza y tu confianza en el poder de Dios para vencer el odio, la ira, la amargura y la victimización. El perdón te libera del hecho traumático que causó tu aflicción desde un principio.

No obstante, como sin duda habrás descubierto, perdonar no es fácil, pero cuando eliges perdonar, el Espíritu Santo hace una obra sobrenatural que produce libertad para que puedas dejar todo atrás y Él pueda sanarte.

La verdad que necesitas *Verdad #4: El perdón es un acto sobrenatural que produce libertad.*

Hace unos veinte años, en un momento en que mi propio corazón necesitaba mucha redención, descubrí un proceso de oración que me liberó. Lo denomino "la oración de la verdad". Es un proceso minucioso mediante el cual dos o tres personas pueden ayudar a una de ellas a identificar las mentiras, arrancarlas y sustituirlas por la verdad de Dios.

He atravesado este proceso con docenas y docenas de mujeres a lo largo de los años. Cada una de ellas tenía una profunda sed de experimentar la libertad de algo: su pasado, una adicción, relaciones rotas, ataduras emocionales o incluso simplemente un pensamiento negativo crónico. Ver a Dios liberar a estas mujeres ha sido todo un laboratorio de aprendizaje para mí. He hecho tres observaciones importantes a través de los años:

1. Ni una sola vez he orado con una mujer en busca de libertad, que no tuviera que perdonar a alguien. Nuestro propio quebrantamiento y dolor casi siempre están vinculados con los de otra persona.

2. Las mujeres que no querían o no podían perdonar no experimentaban la misma libertad real que aquellas que pudieron perdonar. A menudo permanecían en esclavitud espiritual.

3. Todas, naturalmente, queremos ser libres de nuestro quebrantamiento, ¡pero no queremos perdonar!

Hoy quiero ayudarte con la parte *antinatural* de tu travesía de redención. Aquí hay cuatro cosas que necesitas saber acerca de la necesidad de perdonar a tu esposo.

Verdad #1 sobre el perdón: Hemos recibido el *mandato* de perdonar

La Biblia lo comunica claramente y sin rodeos. Los cristianos hemos recibido el *mandato* de perdonar.

Vestíos, pues, como escogidos de Dios, santos y amados, de entrañable misericordia, de benignidad, de humildad, de mansedumbre, de paciencia; soportándoos unos a otros, y perdonándoos unos a otros si alguno tuviere queja contra otro. De la manera que Cristo os perdonó, así también hacedlo vosotros.
—COLOSENSES 3:12-13

"[Vístete]… de entrañable misericordia"; ¡no hay lugar para la amargura!

También tendrás que vestirte de benignidad, humildad, mansedumbre y paciencia. Se necesitan varias prendas piadosas para hacer esta tarea, ¿no es cierto?

El perdón es una tarea que todos y cada una de nosotras deberemos enfrentar en un momento u otro. ¿Por qué? Porque "en el mundo [tendremos] aflicción" (Juan 16:33). Eso está cien por ciento garantizado. Sin embargo, las Escrituras señalan específicamente que debemos *perdonarnos unos a otros* **como el Señor nos ha perdonado** para enfrentar las aflicciones de la vida.

Esa es la clave, por supuesto. La razón por la que debemos perdonar, según la Biblia, es que perdonar a otros está inseparablemente ligado a recibir el perdón de Dios. Jesús lo dijo directamente cuando enseñó a sus seguidores a orar:

> Y perdónanos nuestros pecados, porque también
> nosotros perdonamos a todos los que nos deben.
> —Lucas 11:4

La buena noticia, por supuesto, es que Dios nos *perdona* cuando acudimos a Él. Y Dios nos ordena conceder a otros lo que hemos recibido dadivosamente.

La triste verdad es que soy una horrible pecadora. Con eso quiero decir que tengo una *fuerte* inclinación a pecar. De modo que el Salmo 130 se ha convertido en un bálsamo para mi corazón culpable. El versículo 3 me lo recuerda:

> JAH, si mirares a los pecados,
> ¿Quién, oh Señor, podrá mantenerse?
> —Salmos 130:3

Yo no.

Mi historial sería muy largo.

A no ser por… ese mar de olvido. (Gracias, Jesús).

¿Cómo sería tu historial si no fuera por tu Redentor? Has recibido el mandato de conceder *esa* gracia (la que Dios aplica a tu historial) a otros. Sí, incluso a tu esposo.

Verdad #2 sobre el perdón: La falta de perdón afecta *tu vida* negativamente

¿Has escuchado el antiguo dicho de que no perdonar es como comer veneno para ratas y esperar que el roedor se muera? Pues resulta que es cierto.

El estrés interviene en un porcentaje que va desde el 75% hasta el 90% de las enfermedades humanas.[2] Eso no significa que no pueda ser útil. Un cierto grado de estrés puede ser útil cuando enfrentas un difícil examen de álgebra o un rinoceronte que está a punto de embestirte. El estrés envía señales a tu cerebro y a tu cuerpo para que respondan adecuadamente. (¡Estudia mucho! ¡Corre!).

Cuando el estrés nos ayuda de esta manera, se denomina *eustrés* [estrés beneficioso], pero solo estamos diseñados para sentir esa emoción durante breves periodos de tiempo. Cuando dura más tiempo, el estrés se convierte en lo que llamamos *ansiedad*. Y muchos investigadores relacionan el malestar físico (incluido el insomnio, la disminución de la inmunidad frente a resfriados e infecciones, la diabetes, las enfermedades cardiacas, la depresión, el cáncer e incluso el Alzheimer) con el tipo de estrés perjudicial.[3] Es probable que trastornos autoinmunes como el lupus estén relacionados con trastornos por estrés.[4] ¿Y el dolor? Los investigadores sugieren que el dolor crónico y el estrés son "dos caras de la misma moneda".[5]

Y aquí es donde entra en escena el perdón. Según Johns Hopkins Medicine, el "conflicto relacional continuo" contribuye significativamente a la experiencia de ansiedad, pero "el perdón… calma los niveles de estrés, lo cual mejora la salud".[6]

Esto proviene de la investigación médica, no de las Escrituras. No obstante, veamos lo que dice la Palabra de Dios.

> Quítense de vosotros toda amargura, enojo, ira, gritería y maledicencia, y toda malicia. Antes sed benignos unos con otros, misericordiosos, perdonándoos unos a otros, como Dios también os perdonó a vosotros en Cristo.
> **—Efesios 4:31-32**

La implicación aquí es que el perdón está ligado a una disminución de emociones negativas y paralizantes como la ira, la amargura, el estrés y la culpa. Sí, tal y como nos dijeron los investigadores médicos.

Por otro lado, no perdonar nos encadena a la persona que no perdonamos, a su pecado contra nosotros y a todo tipo de cosas del pasado. Yo lo he experimentado de una manera bastante inusual. Me gustaría abrirme contigo y contarte mi experiencia.

Como sabes, yo era sexualmente activa en mi adolescencia. Esa relación causó no pocas complicaciones en mi matrimonio. Mientras Bob y yo tratábamos de experimentar intimidad emocional y física, yo luchaba por disfrutar plenamente tanto de nuestra amistad como de nuestra vida sexual. Y (esto es importante) cada vez que nos peleábamos, pensaba en mi antigua pareja sexual. No en el aspecto sexual, sino más bien con autodesprecio. En mi mente pululaban pensamientos falsos como: *Nunca estarás contenta en tu matrimonio a causa de tu pecado sexual.*

Después de años de escuchar historias similares de otras mujeres, estoy convencida de que no soy la única que experimenta este tipo de cosas. Se crea un vínculo cuando tienes relaciones sexuales con alguien. Esto, creo, está en consonancia con las Escrituras que enseñan que un hombre y una mujer se hacen *uno* en la intimidad sexual. El apóstol

Pablo escribió que esta unión se produce incluso cuando se lleva a cabo el acto sexual como una mera transacción con una prostituta (1 Corintios 6:16). Nuestros cuerpos fueron creados para la monogamia.

La bioquímica respalda las Escrituras en este sentido. La *oxitocina* es un neuroquímico que inunda el cerebro de la mujer cuando alcanza el clímax sexual. Acariciarse tiernamente, tomarse de la mano, besarse y otras formas de contacto íntimo también estimulan la liberación de esta "sustancia química del vínculo físico" en dosis más bajas. No obstante, durante el orgasmo, la oxitocina inunda nuestro cerebro en cantidades generosas. Esto crea un vínculo que nos hace desear el contacto íntimo una y otra vez. Y no con cualquiera, sino *con la misma pareja*. El Dr. Joe McIlhaney, fundador del Medical Institute for Sexual Health [Instituto Médico para la Salud Sexual], explica que…

> …este deseo de contacto físico no es solo un sentimiento emocional. El vínculo es real porque se ha convertido en parte del diseño de nuestro cerebro: un vínculo físico poderoso que a menudo no puede cortarse sin un gran dolor emocional.[7]

Ojalá *solo* experimentáramos este tipo de cambio cerebral cuando estamos casadas, pero puede ocurrir con cualquier pareja sexual. Y estoy convencida de que experimenté las consecuencias de esta realidad en los primeros años de mi matrimonio, lo que me impidió tener verdadera intimidad emocional con Bob.

Hasta que participé en mi primera sesión del proceso de oración de la verdad.

Mi líder de oración me pidió que verbalizara el perdón a cualquier pareja sexual del pasado. Yo solo había tenido una, pero me tomé el tiempo de orar para perdonarlo, algo que no había hecho antes. Para ser sincera, no le di mucha importancia. Era solo parte del proceso de oración, así que lo hice.

Sin embargo, ¡meses después me di cuenta de algo glorioso! Desde el momento de aquella oración no había vuelto a experimentar esos pensamientos de autodesprecio cuando Bob y yo peleábamos. Ni una sola vez. Y hasta el día de hoy, décadas después, no he vuelto a experimentarlos. El perdón me liberó de ese patrón de pensamientos.

El perdón es un arma poderosa en el reino espiritual. De hecho, el apóstol Pablo escribió a la iglesia de Corinto y les rogó que se perdonaran unos a otros "para que Satanás no gane ventaja alguna sobre nosotros" (2 Corintios 2:10-11). No dejes que Satanás gane la batalla por tu matrimonio. ¡Perdona!

Solo que no esperes a *sentirlo* o tener ganas de perdonar.

Verdad #3 sobre el perdón: El perdón no es una emoción

Muchas mujeres cometen el error de esperar a *sentirlo* o tener ganas de perdonar a su marido. Eso probablemente nunca sucederá. El perdón no es una emoción. De hecho, suele ser contrario a lo que sentimos.

Aun así, he visto a mujeres esperar durante décadas hasta sentirse preparadas para perdonar, y así se han amargado más y más cada año. Déjame explicarte qué es y qué no es el perdón para poder ahorrarte algo de sufrimiento. He aquí una lista de lo que es el perdón:

- **El perdón es un acto de obediencia a Dios.** Cuando elegimos la obediencia, estamos respondiendo al perdón de Dios por nuestros pecados y a su mandato de perdonarnos unos a otros como Él nos ha perdonado (Colosenses 3:13).
- **El perdón es una herramienta para limpiar nuestra conciencia.** Al movernos en medio de una relación complicada, podemos quedar atrapadas fácilmente en la lucha de con quién hizo qué, quién tiene razón y quién está equivocado, quién es culpable y quién tiene alguna responsabilidad. Puede que incluso tengamos alguna culpa que confesar. Y no sé a ti, pero a mí me resulta difícil estar

presente en momentos así en mi trabajo, con el Señor o con mi familia cuando estoy distraída por el diálogo interior en busca de defenderme o demostrar mentalmente que la otra persona está equivocada. ¿Alguna vez conduces por la autopista mientras inventas discursos para dejar a tu marido en evidencia con tu ira y enojo? ¿O a veces te atormenta preguntarte cómo puedes haber contribuido al problema? El perdón limpia todo ese caos mental. Te ayuda a dejar esa lucha y entregar la situación a Dios. Si necesitas ayuda para orar por esas conversaciones mentales, te recomiendo el Salmo 7. Tengo ese capítulo de mi Biblia tan marcado, que parece que hubiera hecho de las suyas un niño pequeño. Te ofrece un patrón estupendo para orar cuando estás elaborando el perdón. Primero, le pides al Señor: "Si hay en mis manos iniquidad… persiga el enemigo mi alma, y alcáncela" (vv. 3-5). Primero admites humildemente que quieres que tu propio corazón esté limpio ante Dios, pero luego invitas a Dios a tomar el control de la situación. Mi conciencia se limpia cuando hago esta oración de este capítulo de la Palabra de Dios.

El perdón es una forma de cancelar deudas emocionales, espirituales o materiales que se nos deben con justa razón. Tu marido ha hecho un daño importante y costoso a tu matrimonio y tu corazón. Puede que incluso haya contraído deudas financieras para alimentar su adicción. Tienes razón en sentir que mereces justicia (o al menos una disculpa humillante para que las cosas sean justas). Sin embargo, cuando eliges perdonar, estás reconociendo que la justicia le pertenece a Dios, no a ti (Romanos 12:17-19). Estás aceptando que nada de lo que pueda hacer tu esposo será suficiente para sanar tus emociones rotas. Estás dejando que Dios tome el control de cualquier cosa que deba subsanarse.

- **El perdón es la promesa de nunca traer a memoria el pecado como una herramienta para herir a tu esposo**. Cuando tu esposo te confiesa su pecado, te está entregando un arma nuclear. No la uses jamás. ¡Estoy tan agradecida de que mi esposo nunca haya usado mi pasado pecaminoso en mi contra! Ni una sola vez en más de treinta años de matrimonio ha utilizado mi confesión como un arma. Bob es un gran perdonador, y por eso puedo escribir este libro. Su perdón es una herramienta de sanidad que me dio libertad y valor para ministrar a mujeres preciosas como tú. ¿No te gustaría poder decir que desencadenaste algo bueno en tu marido al perdonarlo?

> ## Cuéntame tu historia
>
> Antes de seguir leyendo, quiero que hagas un inventario. Mira la lista anterior de lo que es el perdón. ¿Cuál de esas cosas te parece más difícil? ¿Por qué? Escribe una nota en el margen de la página donde aparece la lista.

Tan útil como es saber qué *es* el perdón, creo que muchas veces las mujeres encuentran el valor para perdonar cuando entienden qué no incluye. Así que veremos algunos ejemplos de qué no es el perdón.

- **El perdón no es minimizar, negar o excusar el mal cometido contra ti**. Para perdonar de verdad a alguien, tienes que saber qué perdonar. (Esto puede parecer demasiado simplista, pero muchas mujeres se apresuran a perdonar de manera superficial. Hay muchas razones para ello, como el deseo de avanzar en el proceso de sanidad o recibir el consejo bienintencionado, pero mal informado, de que debes perdonar rápidamente. Te animo a que te tomes el tiempo necesario para comprender exactamente lo que ha hecho tu marido. Dios quiere que tu perdón sea auténtico y profundo, no una solución superficial al problema. No dejes que nadie te apresure.

- **Perdonar no es olvidar**. Solo Dios puede olvidar el pecado, pero el hecho de que no podamos olvidar tiene una cualidad redentora. Si pudiéramos olvidar todos los males cometidos contra nosotros y el dolor que hemos experimentado, no seríamos capaces de sentir misericordia ni empatía por los demás. He descubierto que Dios me ha dotado de manera única para consolar a las mujeres que han experimentado el tipo de dolor que yo he sufrido en mi matrimonio (2 Corintios 1:3-4). Estoy agradecida de poder estar aquí para ti en tu dolor, amiga mía. Espero que lo transmitas a otras cuando puedas.

- **El perdón no es un acto único**. Sin embargo, *comienza* como un acto. En algún momento tomas la decisión de perdonar. Y espero que programes un momento para expresar verbalmente el perdón a tu marido. No obstante, debido a que el perdón no es una emoción, descubrirás que hay pequeños actos necesarios hasta llegar al perdón definitivo. Cada vez que tus emociones intenten anular el trabajo del perdón, persiste. Puede ser con una pequeña oración: *Señor, he elegido perdonar a mi esposo, y lo sigo eligiendo*. O pueden ser decisiones que tomas para seguir caminando en la dirección del perdón. Mi decisión de traer mis sillas de cuero rojo otra vez a mi casa fue un paso intencional para seguir caminando en la dirección del perdón.

Hay una razón por la que el perdón no es un hecho aislado. No es fácil.

Verdad #4 sobre el perdón: Perdonar es muy difícil, ¡por eso necesitamos ayuda!

Debido a que perdonar es tan difícil, estoy sumamente agradecida por la ayuda de Dios. ¿Recuerdas que mencioné que perdonar a alguien es antinatural? Si te cuesta perdonar, el Espíritu puede ayudarte.

El hecho de que mi amiga Amy perdonara a su marido de manera tan rápida y fácil siempre me había dejado perpleja. Sinceramente, me preguntaba si había perdonado a su marido antes de tiempo. Algunas mujeres lo hacen, y eso solo acaba por causarles más traumas porque se saltan el paso de asumir el propio daño sufrido.

Sin embargo, cuando Amy y Wade dieron sus testimonios a nuestra congregación local, cambié de opinión.

Amy había sufrido horribles abusos sexuales en su infancia. Fue tan grave que ella lo bloqueó de su mente hasta que asistía a la universidad y estaba de novia con Wade.

Un día se estaban besando cuando Amy empezó a manifestar un signo revelador de un trauma del pasado. Por supuesto, Amy no se dio cuenta, pero Wade sí.

"Amy —le preguntó— ¿qué pasa? Es como si ni siquiera estuvieras aquí cuando nos besamos".

Amy empezó a consultar a una consejera cristiana, que la ayudó a darse cuenta de que estaba *disociando*. Ese es el término clínico para cuando las personas se desconectan mentalmente de sí mismas y del mundo que las rodea. Algunas mujeres, como Amy, lo experimentan cuando tienen relaciones íntimas con sus parejas o maridos. A menudo es el resultado de abusos sexuales en la infancia. Los niños suelen disociarse cuando sufren abusos. Y algunos de ellos aprenden tan bien ese comportamiento que lo mantienen cuando empiezan a tener relaciones sexuales en el matrimonio.

Cuando le ocurrió, mi querida amiga Amy comenzó el largo proceso de comprender lo que le había sucedido de niña y aprender a perdonar. Creo que perdonar a un abusador es lo más difícil y valiente que puede hacer una mujer. Requiere enfrentarse a una feroz batalla contra la vergüenza. Y es una batalla confusa, ya que lo que ocurrió no fue culpa de ella. Amy pasó incontables horas en una sala de terapia para volver a conectar con la niña que una vez fue y recibir la ayuda que necesitaba a fin de identificar las mentiras que el abuso había sembrado en su corazón. Una a una las fue arrancando y sustituyendo por la verdad de Dios.

Y sí, ¡aprendió a estar presente y a disfrutar mientras besaba a Wade! Se casaron y tuvieron cuatro hermosos bebés.

Luego, muchos años después de casados, los ojos de Wade se desviaron. Su pecado le rompió el corazón. Y cuando él se lo confesó, los años que Amy había caminado por el valle de la vergüenza y desarrollado su músculo del perdón le permitieron ver las cosas de una manera particular. Mientras su marido estaba sentado a un extremo del sofá, apesadumbrado y avergonzado, ella pudo ver la batalla espiritual tal como era. Vio a un niño pequeño que necesitaba ayuda para entender las mentiras de su corazón con el fin de que él también pudiera arrancarlas y sustituirlas por la verdad.

Amy supo al instante que tenía que perdonar a Wade, pero incluso ella se sorprendió de cómo sucedió.

"Fue como si me levantaran de un extremo del sofá y, de repente, estuviera en el otro extremo abrazando a Wade —recuerda—. Lo miré a los ojos y le dije que lo perdonaba, que no era yo, era Cristo en mí. Era sobrenatural".

¡*Eso* lo he entendido!

Perdonar a Bob era algo que no podía hacer sin Jesús. Él lo hizo en mí y a través de mí. Permíteme decir esto de nuevo:

El perdón es un acto sobrenatural que produce libertad.

Ahora me doy cuenta de que algunas personas tienen una personalidad proclive a perdonar de forma más natural. Y soy consciente de que esas personas no siempre son creyentes, pero en mi propia vida, no creo que hubiera podido realizar el acto sobrenatural de perdonar a Bob sin la ayuda de Dios. Puede que tú también necesites confiar en el Espíritu de Dios que mora en ti.

Espero que elijas el perdón y que confíes en que Dios te hará saber cuál es el momento y el lugar adecuados para hacerlo. Para Amy, sucedió muy pronto en su historia de redención y la de Wade. Para mí, tardó en llegar. Y estoy convencida de que la forma en que expresamos el perdón fue la correcta para cada uno de nosotros como individuos únicos con historias de redención únicas que se estaban desarrollando en nuestros matrimonios.

No dejes que nadie te diga que el perdón tiene que producirse de una determinada manera. Aquí es donde tengo que recordarte que el trabajo de recuperación es único para cada pareja. Confía en el Señor y en los consejeros que Él pone en tu vida.

A propósito de confiar, el perdón no es sinónimo de confianza. Esa es otra batalla. Hablaremos de ello en el próximo capítulo.

Crecer en intimidad:
Habla con tu esposo sobre **el perdón**

El perdón es más fácil para algunos y más difícil para otros, pero Dios quiere que perdonemos como hemos sido perdonados. El costo es grande, pero Jesús ya pagó el precio. Él quiere que sigamos su ejemplo.

Tómense un tiempo para reflexionar juntos en la Verdad #4:

El perdón es un acto sobrenatural que produce libertad.

1. ¿Cuál es tu reacción inicial ante la idea del perdón? ¿Te resulta difícil o fácil? ¿Por qué?

2. Comenta alguna ocasión en la que alguien te haya perdonado. ¿Cómo te sentiste?

3. ¿Qué características de tu vida podrían ser evidencia de que no has perdonado por completo las heridas del pasado?

4. El perdón no es un acto de una sola vez, pero requiere de un acto para comenzar. Si ya has oído la confesión total, necesitas verbalizar el perdón. ¿Te sientes preparado para hacerlo? ¿Por qué sí o por qué no?

5. Oren juntos. Pidan al Señor que los haga propensos a perdonar.

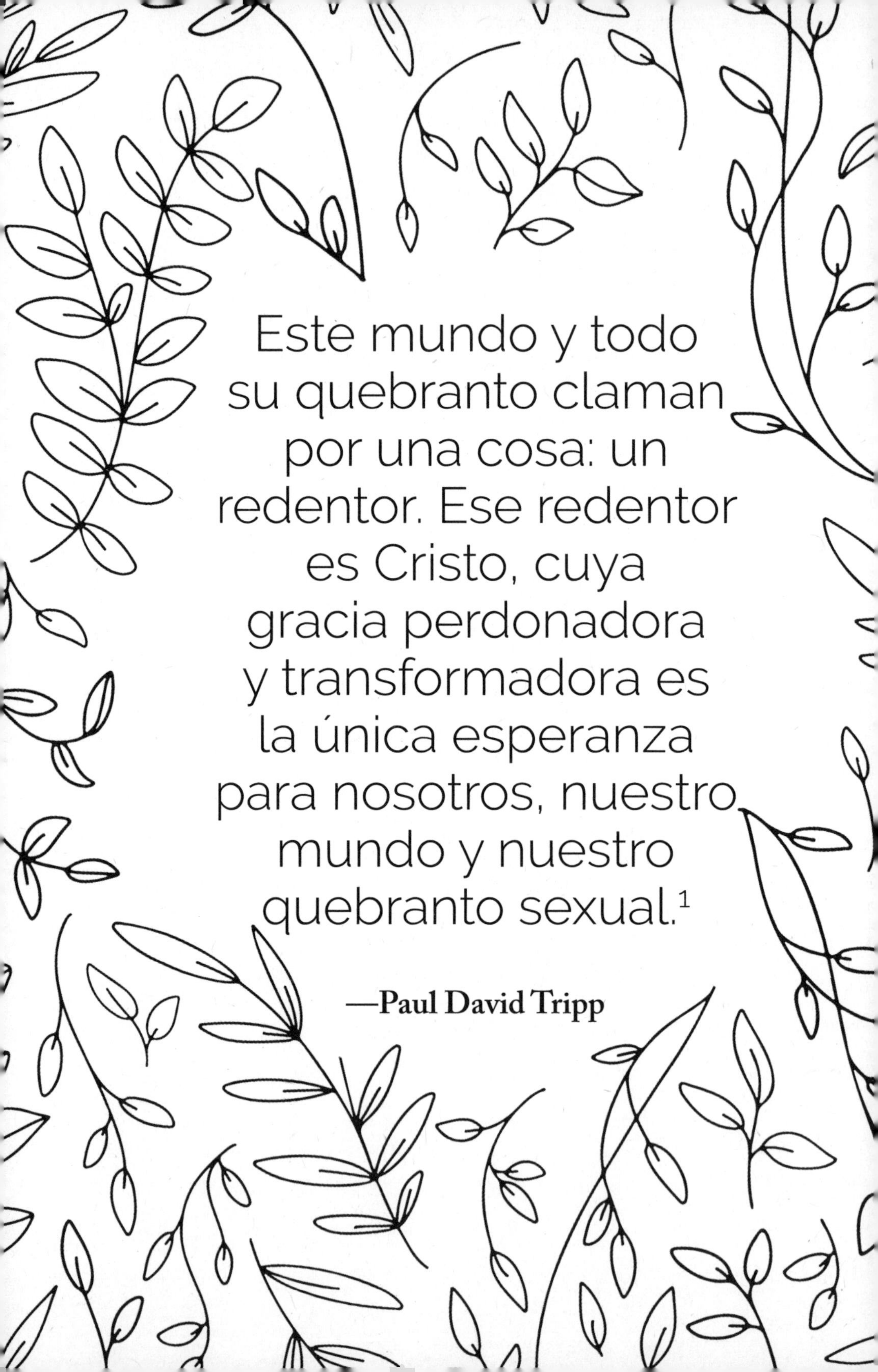

Este mundo y todo su quebranto claman por una cosa: un redentor. Ese redentor es Cristo, cuya gracia perdonadora y transformadora es la única esperanza para nosotros, nuestro mundo y nuestro quebranto sexual.[1]

—Paul David Tripp

Capítulo 13

Verdad #5: La confianza es un regalo que eliges dar

¿No sabéis que los injustos no heredarán el reino de Dios? No erréis; ni los fornicarios, ni los idólatras, ni los adúlteros, ni los afeminados, ni los que se echan con varones, ni los ladrones, ni los avaros, ni los borrachos, ni los maldicientes, ni los estafadores, heredarán el reino de Dios. Y esto erais algunos; mas ya habéis sido lavados, ya habéis sido santificados, ya habéis sido justificados en el nombre del Señor Jesús, y por el Espíritu de nuestro Dios.

—1 CORINTIOS 6:9-11

Bob y yo nos acercamos bien para que nuestros rostros se vieran en la pantalla. Mike Bivens, nuestro amigo y *coach* matrimonial de Nashville, había aceptado (como él lo llamaba) "entrenarnos".

—Tienen un problema de confianza —diagnosticó Mike con certeza.

Bob y yo nos miramos y, de repente, nos pusimos del mismo bando.

—No estoy de acuerdo —dijo Bob.

Era cierto que nos costaba comunicarnos eficazmente entre nosotros, pero nuestro compromiso no carecía de determinación.

—Están comprometidos el uno con el otro, ¡muy bien entonces!

Mike siempre celebraba con entusiasmo lo que él llamaba nuestra *unidad.*

—Lo que sucede es que no creo que lo sientan. Ese es el problema. Tienen que depositar algo en el tarro de galletas del otro.

—¿Qué significa eso? —pregunté.

Mike siempre hablaba con ilustraciones.

—Tu esposo tiene un tarro de galletas aquí mismo —dijo Mike señalando el pecho de Bob—. Justo ahí, en medio de su ser. Y tú también tienes uno. ¡No están llenando el tarro de galletas del otro!

Ese fue el día en que empecé a llamar a nuestro amigo y coach matrimonial "el hombre del tarro de galletas".

Tardaría una década en darme cuenta de que Bob era, en realidad, quien merecía ese título.

La confianza en el matrimonio es difícil de definir, pero sabemos cuándo se pierde.

Nuestra energía se desvanece y nuestros corazones se declaran en huelga. Hace falta comprensión para cruzar la línea de esos huelguistas y volverse a comprometer. Así que vamos a arremangarnos y aprender.

Confianza: "seguridad en el carácter, la capacidad, la fuerza o la verdad de alguien o algo".[2]

Pues bien, en tu situación esto es complicado, ¿verdad? Analicemos la palabra *capacidad.*

Comenzaré con un hecho real que hemos mencionado varias veces: el cerebro de tu marido ha sido secuestrado. Esto compromete su *capacidad* de ser sincero, demostrar carácter y ser fuerte.

Incluso podría llegar al punto de tener problemas para concentrarse o recordar cosas, y para tener un buen desempeño en la escuela o en el trabajo.[3] Sus emociones también pueden estar dañadas. Gary Wilson, en sus escritos de 2015, afirmó que casi una docena de estudios correlacionan el consumo problemático de pornografía con la depresión, el pensamiento paranoico, el estrés, los síntomas psicosomáticos y otras inestabilidades mentales.[4]

¿Cómo se empieza a reconstruir la confianza en una situación así?

En primer lugar, lleva tiempo. Recuerda que hay un elemento de sanidad física que debe producirse en el cerebro de tu marido. A medida que se desintoxique de las sustancias químicas de la pornografía y el pecado sexual, empezará a recuperar el control de su pensamiento. Entonces, tú y él podrán comenzar el proceso de reconstrucción de la confianza.

En este capítulo quiero ayudarte a restaurar lo que podríamos llamar el cemento de su amor de pacto. He aquí cuatro cosas que debes saber sobre la confianza en tu marido.

Verdad #1 sobre la confianza: La Biblia nos exhorta a no depositar nuestra confianza en "simples humanos"

¿No esperabas que empezara por ahí? Pues bien, las Escrituras nos advierten una y otra vez que no debemos confiar los unos en los otros.

> No pongan su confianza en los simples humanos;
>   son tan frágiles como el aliento.
>   ¿Qué valor tienen?
> —Isaías 2:22 (NTV)

La Palabra de Dios indica que podemos esperar que algunas de nuestras relaciones más importantes nos fallen. Incluso una madre lactante cuyo bebé la necesita para sobrevivir puede encontrarse en una situación en la que se olvide de su hijo (Isaías 49:15).

Eso siempre me sorprende. ¿Te lo imaginas?

La Biblia asocia el confiar en simples humanos con un gran peligro. Nos exponemos a ser maldecidos y estar afligidos y avergonzados si ponemos nuestra confianza en otros hombres y mujeres pecadores (Jeremías 17:5-6; Isaías 20:5). Al que confía en otras personas le espera aflicción (Isaías 31:1-3, NTV).

Curiosamente, la ciencia del comportamiento respalda esta valoración bíblica. En un estudio a lo largo del tiempo sobre la confianza en el matrimonio, los investigadores identificaron parejas cuyas relaciones seguían un "patrón de juego de suma cero" basado en la idea de que, en cualquier interacción, "hay un ganador y un perdedor".[5] Esto significa que se relacionaban entre sí de tal manera que, para que una persona "ganara" o tuviera confianza, la otra tenía que "perder" o experimentar una traición. Un ejemplo simple podría ser el de una esposa a la que le gusta llegar cinco minutos antes a los compromisos para sentir paz y seguridad. En cambio, su marido siente paz y seguridad cuando no tiene prisa y tiende a llegar cinco minutos tarde a todo. Si esta pareja es incapaz de comunicarse y comprometerse el uno con el otro, se verán abocados a un patrón en el que uno de los dos se sentirá traicionado en todo momento.

Los investigadores compararon estas parejas con un patrón de juego de suma cero con las que demostraban una sana confianza mutua. Bueno, al menos lo intentaban. Llegó un momento en que las parejas con mencionado patrón dejaron de acudir a las sesiones de investigación. ¡Eso fue porque los hombres se estaban muriendo![6]

La traición es lo contrario de la confianza. Cuando las relaciones humanas nos fallan (como inevitablemente ocurre), experimentamos el trauma de la traición al nivel celular. En verdad, nos espera aflicción cuando depositamos nuestra confianza en otras personas.

En cierto sentido, es un alivio saber que no tengo que depositar mi confianza en Bob. Me permite eximirlo de la responsabilidad de darme seguridad y protección para ponerla en Otro que sí me las puede dar: el Señor.

Verdad #2 sobre la confianza: Recibimos el *mandato* de poner nuestra confianza en el Señor

Lo leerás una y otra vez en las Escrituras. El único en quien puedes confiar, que nunca te defraudará, es el Señor.

Este es el primer versículo bíblico que escribí en mis tarjetas cuando comencé a recopilar las Escrituras para meditar en mi corazón:

> **Confía en el SEÑOR de todo corazón**
> **y no te apoyes en tu propia inteligencia.**
> **Reconócelo en todos tus caminos**
> **y él enderezará tus sendas.**
> **No seas sabio en tu propia opinión;**
> **más bien, teme al SEÑOR y huye del mal.**
> **Esto infundirá salud a tu cuerpo**
> **y fortalecerá tus huesos.**
> **—PROVERBIOS 3:5-8 (NVI)**

Confiar. Apoyarse. Estas dos palabras pueden estar incluso más relacionadas de lo que parece a primera vista. Apoyarse sugiere estar necesitado, ¿verdad? Pues bien, un erudito dice que la palabra traducida como confiar significa "tenderse indefenso, boca abajo".[7] ¿Por qué harías eso, inclinarte tanto que tu nariz toque el suelo? ¿Podría ser que la confianza sea una forma de adorar a Dios?

¿Cómo lo adoras con tu confianza?

Al confiar en Él "de todo corazón".

Poner parte de tu confianza en Dios y parte en tu marido es un fracaso total de esta invitación a confiar en el Señor. El Soberano lo pide todo.

¿Cuál es el resultado cuando confías en Él de esa manera?

"Salud a tu cuerpo" y fortaleza "a tus huesos".

Cuando confiamos en el Señor de todo corazón, nuestro cuerpo goza de bienestar, salud y fortaleza.

Esta verdad tan peculiar no se me escapa a mí, una mujer cuyo cuerpo fue una vez devastado por los síntomas físicos del trauma de la traición, que está casada con un hombre cuyo cerebro fue dañado por la adicción. Sí, hemos sido y seguimos siendo una pareja que necesita salud en nuestro cuerpo y fortaleza en nuestros huesos.

¿Y tú?

Pon tu confianza en el Señor. Es decir, ancla tu sensación de seguridad en el único en quien puedes confiar que nunca te fallará. Dios nunca miente. Nunca murmurará sobre ti ni se burlará de ti. Él comprende tu dolor y promete estar siempre contigo.

La fidelidad forma parte de su carácter. Puedes confiar en Él.

Siempre.

Afirmar tu corazón en la capacidad de Dios te da la libertad de abordar la enérgica tarea de construir relaciones sanas que, de hecho, requieren cierto nivel de confianza.

Verdad #3 sobre la confianza: La confianza en el matrimonio debe estar enraizada principalmente en la confianza en Dios

Aunque nunca deberíamos anclar nuestra seguridad en ninguna relación humana, una relación humana sigue necesitando cierto nivel de confianza para funcionar. Puedes encontrar una demostración de esta necesidad si buscas la palabra *confianza* en Amazon. Lo he hecho hoy y he encontrado más de *sesenta mil* libros sobre el tema. Algunos trataban sobre la confianza financiera o la capacidad de dirigir un lugar de trabajo digno de confianza. No obstante, la mayoría trataban sobre las relaciones, prueba de que valoramos la confianza en nuestras interacciones humanas. Y, desde luego, había una gran cantidad de libros sobre la confianza en el matrimonio.

No hay nadie en el planeta en quien puedas confiar como en el Señor. La capacidad de nuestro Dios omnipotente lo hace infalible. Tu marido nunca será completamente digno de confianza. Ni tú tampoco. Dios es el único de quien podemos tener "seguridad en el carácter, la capacidad, la fuerza o la verdad".

Quizá por ello la Palabra de Dios nunca nos ordena expresamente que confiemos en nuestros cónyuges. En cambio, nos instruye a confiar en Dios una y otra vez.

No estoy diciendo que confiar en tu esposo no importe. Sí importa. Ustedes dos han asumido el compromiso de una relación de pacto que está destinada a reflejar el amor de Jesucristo por nosotros. Ante todo, debe ser una relación de confianza, tal como afirma Proverbios 31:11: "El corazón de su marido está en ella confiado". Aunque no es un mandato a tener confianza, sostiene que una relación de confianza es admirable.

Sin embargo, aunque desarrolles una confianza plena en tu matrimonio, tu esposo envejecerá. Al igual que tú. Tu confiabilidad desaparecerá. Y ninguno podrá confiar en que el otro no morirá.

No obstante, siempre podrás confiar en Dios.

A medida que reconstruyan la confianza en su matrimonio, no hagan del otro el objeto principal de su confianza. En cambio, busquen juntos confiar en Dios. La única manera que conozco de hacerlo es obedecer a Dios individualmente. De ahí fluirá la confianza en el matrimonio.

Por supuesto, tú no puedes controlar lo que tu marido decida hacer, pero lo que puedes hacer es controlar tu propio comportamiento y aferrarte firmemente a la creencia de que Dios puede utilizarlo para influir en las decisiones de tu marido.

Cuando tú y tu esposo lleguen al punto en que ambos vivan dentro de los límites bíblicos saludables para el matrimonio, habrá básicamente tres áreas en las que ambos verán una evidencia de confiabilidad.

- **Fidelidad**. De hecho, es uno de los Diez Mandamientos: "No cometerás adulterio" (Éxodo 20:14). Como ya he mencionado, puedes y debes esperar que esto incluya evitar la pornografía.

- **Sinceridad**. También es un mandamiento: "No hablarás contra tu prójimo falso testimonio" (Éxodo 20:16). Eso significa básicamente "no mentir".
- **Comportamiento consecuente**. Mateo 5:37 resume esto como hacer lo que decimos que haremos y no hacer lo que decimos que no haremos.

Reconozco que todas esas áreas de confianza pueden estar comprometidas en tu matrimonio en este momento. Esto me lleva a un aspecto de la confianza que no puede ignorarse.

Verdad #4 sobre la confianza: La confianza en el matrimonio es arriesgada

Una definición de confianza es "sentirse seguro cuando se es vulnerable".[8] Mereces sentirte segura en tu matrimonio, pero debes afrontar la realidad de que siempre será una experiencia vulnerable.

> Amar es ser vulnerable. Si amas a alguien, tu corazón se estrujará y posiblemente se romperá. Si quieres asegurarte de conservarlo intacto, no debes entregar tu corazón a nadie, ni siquiera a un animal. Rodéalo cuidadosamente con caprichos y pequeños lujos; evita todo compromiso; guárdalo a buen recaudo bajo llave en el cofre o ataúd de tu egoísmo. Pero en ese cofre (seguro, oscuro, inmóvil, sin aire) cambiará. No se romperá, se volverá irrompible, impenetrable, irremediable... El único lugar aparte del cielo donde puedes estar perfectamente a salvo de todos los peligros. . . del amor es el infierno.
> —C. S. Lewis[9]

Cuando Bob y yo hicimos nuestro pacto matrimonial, nos estábamos haciendo vulnerables el uno al otro. Y los corazones de ambos se han estrujado y roto por ello.

Cuando tuve relaciones sexuales siendo una jovencita de quince años, demostré que soy capaz de tener relaciones sexuales con alguien sin estar casada. No confesarle eso a Bob antes de casarnos fue un abuso de confianza. Le mentí.

Bob me perdonó amorosamente.

Cuando mi esposo consumió pornografía y entregó su mente a una vida lujuriosa, demostró que es capaz de violar nuestros votos matrimoniales. No me brindó fidelidad sexual.

Yo lo perdoné.

En este momento, realmente no hay razón por la que alguno de los dos *debería* confiar en el otro. Cada uno se ha aprovechado de la vulnerabilidad del otro. Y no solo en estas cosas graves, en las pequeñeces también.

Muchas parejas no experimentan grandes incidentes traumáticos de traición, pero todas las parejas experimentan traición. A menudo puede ser sutil. No sacar la basura cuando habías acordado que esa era tu tarea semanal; decir que estás "esperando a que el agente inmobiliario se ponga en contacto contigo" cuando no has enviado el correo electrónico que habías prometido; quejarte de tu marido delante de tus amigas… esas pequeñas traiciones pueden acumularse y erosionar la confianza.

Búscame una pareja en el planeta Tierra que no haya violado la confianza.

No obstante, aún puedes elegir la confianza para tu matrimonio, aunque tengas que reconstruirla. Esto nos lleva a la siguiente verdad que necesitas:

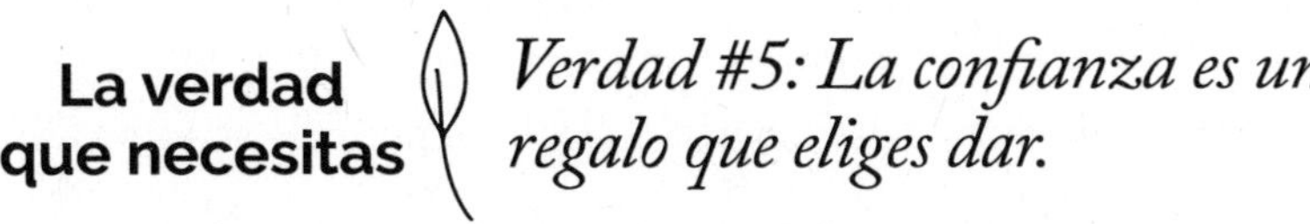

La verdad que necesitas *Verdad #5: La confianza es un regalo que eliges dar.*

Puertas corredizas y tarros de galletas

Volver a confiar en Bob me resultaba difícil, así que le conté mi lucha a mi amiga Lynn. Nadie oró más, lloró más, me aconsejó más y creyó más en mi matrimonio que esta querida amiga. Pasó numerosas horas soportando la carga de esta muchacha. (También se lleva el premio a las mejores barritas de arroz tostado con mantequilla de cacahuete enviados para mi cumpleaños más triste de todos los tiempos).

En un momento dado, Lynn nos invitó a Bob y a mí a reunirnos con ella y su marido, Dan. Nos escucharon y nos animaron. Y nunca olvidaré lo que Dan me dijo aquella noche.

"Dannah —dijo Dan—, sin duda Bob no se ha ganado tu confianza, pero no creo que nadie pueda ganársela. *La confianza es un regalo.* Y en algún momento tienes que decidir si es algo que le vas a dar".

Ser vulnerable y empezar a reconstruir la confianza juntos después de una traición grave es una opción válida para tu matrimonio. Ni siquiera deberías intentarlo sin poner firmemente tu confianza principal en Dios y evaluar el costo de la vulnerabilidad con tu marido. Sin embargo, si quieres realmente redimir tu matrimonio, en algún momento necesitas tomar la decisión deliberada e intencional de regalarle tu confianza a tu marido, pero no tienes que hacerlo todo a la vez.

Aquí es donde entra en juego nuestro amigo y *coach* matrimonial, Mike Bivens. Resulta que los datos de la ciencia del comportamiento demuestran que su teoría del tarro de galletas es muy útil.

John Gottman, un psicólogo que ha invertido más de cuatro décadas de investigación en la predicción del divorcio y la estabilidad matrimonial, cree que la confianza en realidad se construye y reconstruye en los momentos más pequeños, que denomina momentos de "puerta corrediza". El nombre se basa en una película homónima en cuya escena inicial, una mujer corre para alcanzar el tren. Lo alcanza, y su vida se desarrolla de cierto modo, pero luego en la película se repite esa escena y, esta vez, la mujer no llega a cruzar la puerta corrediza del tren. Entonces su vida se desarrolla de un modo radicalmente distinto.[10]

Gottman señala que los pequeños momentos en el matrimonio pueden ser "puertas corredizas" que cambian el curso de la relación para bien o para mal.[11] Esto podría aplicarse a varios aspectos diferentes del matrimonio, pero sin duda se refiere al proceso de construir y reconstruir la confianza.

Dicho de otro modo, pequeños actos aparentemente insignificantes pueden poner galletas en el tarro de la confianza de tu corazón.

Cuando oí esto, me di cuenta de que Bob *había* estado reconstruyendo la confianza galleta a galleta. Solo que no me había dado cuenta.

A continuación, se enumeran algunas de las decisiones que he visto tomar a Bob por el bien de nuestro amor de pacto. Cada elección, grande o pequeña, ha hecho un depósito en mi "reserva de confianza": una galleta en mi tarro. He escrito la lista de una manera que espero te ayude a reconocer las formas en que tu propio esposo puede estar reconstruyendo la confianza.

Un esposo digno de confianza:

- confiesa su pecado con toda franqueza y no minimiza o defiende su ofensa.
- **está dispuesto a responder cualquier pregunta que tengas, pase lo que pase.**
- **establece y respeta con entusiasmo los límites saludables.**
- está menos centrado en las pantallas y más presente emocionalmente.
- acepta con humildad cualquier disciplina impuesta por sus autoridades espirituales o profesionales
- demuestra una capacidad cada vez mayor para hablar de sus sentimientos y necesidades.
- pide saber acerca de tus sentimientos y necesidades.
- busca la comunidad con otros hombres cristianos.
- se reúne regularmente con su grupo local de creyentes.

- permanece en consejería hasta que ambos están de acuerdo en que ya se ha hecho el trabajo.
- es paciente contigo mientras trabajas en el daño que su pecado ha causado.
- asume la responsabilidad en lugar de poner excusas cuando un desencadenante produce una reacción en ti.[12]
- **está atento a tus necesidades sexuales y busca la satisfacción mutua en el lecho matrimonial.**
- **hace del cambio y el crecimiento una prioridad personal en su vida.**
- **se compromete a buscar un amor de pacto que sea firme y resistente.**
- **cultiva activamente su relación con Jesucristo.**

Cuéntame tu historia

Observa la lista de "un esposo digno de confianza" y pon una X junto a cualquiera de las cualidades que tu esposo esté manifestando activamente delante de ti. Como de costumbre, he señalado en negrita los aspectos en los que mi marido demuestra que es digno de confianza. (¡Mira toda esa tinta de más!). No te desanimes si todavía no ves muchas pruebas de que tu marido sea digno de confianza. Llevamos mucho, mucho tiempo trabajando en esto.

Mi esposo se ha convertido en mi hombre del tarro de galletas. Puede que el tuyo aún no lo sea. Un tarro de galletas no se llena de confianza de la noche a la mañana. Llevamos muchos años trabajando en ello y, aunque hemos mejorado bastante, todavía no somos perfectos. Como puedes ver, un tema que nos preocupa mucho a los dos sigue siendo el tiempo frente a la pantalla. Es algo con lo que ambos luchamos. Lo que quiero señalar es que todavía estamos trabajando.

Tú también estarás trabajando en esto durante mucho tiempo. Tienes que ir día a día.

Un camino para reestablecer la confianza día a día

Tal vez recuerdes que el día que Bob me confesó su pecado, yo me estaba recuperando de una lesión en la espalda. Fue muy fuerte. Estaba ayudando a unos amigos a hacer una mudanza y me lesioné al levantar una de sus maletas.

Ahora tengo un trastorno llamado espondilolistesis. Ese nombre tan elegante significa que mis vértebras se desalinean cuando estoy sentada mucho tiempo o me agacho para levantar algo.

Esa lesión inicial cambió mi vida radicalmente. El día antes del accidente yo estaba levantando fardos de heno en nuestra granja; al día siguiente, Bob me estaba levantando a mí. Al principio no podía estar de pie, sentarme, caminar, vestirme o incluso ir al baño sin la ayuda de mi marido. (¿Dónde está el emoji de la cara avergonzada cuando lo necesitas?). Tenía que confiar en la estabilidad física de Bob. Durante casi una semana estuvo a mi lado porque mi capacidad para realizar movimientos normales estaba gravemente mermada por la lesión.

Sin embargo, día a día mis músculos se relajaron de su respuesta traumática bloqueada y pude empezar la fisioterapia para fortalecerlos y que hicieran lo que mis huesos ya no podían hacer. Pasamos a emplear diversas estrategias para devolver a mi espalda su capacidad anterior: tiempo, paciencia, fisioterapia profesional, terapia neural, visitas al médico, varios colchones (en busca del adecuado), radiografías, entrenamiento fiel de Pilates y compromiso. (Hoy tengo un corsé de Pilates, ¡y estoy orgullosa de ello!).

Con el tiempo, pudimos confiar en la *capacidad* de mi espalda para hacer aquello para lo que Dios la había diseñado.

¿Puedes ver lo que estoy tratando de comunicar acerca de la reconstrucción de la confianza después del pecado sexual?

Demasiadas parejas se apresuran a confiar en el cerebro afectado de un hombre.

Puede que ambos deseen desesperadamente que las cosas vuelvan a la normalidad, pero forzar la "normalidad" resultará en aflicción para ambos. El camino más rápido a una recaída es esperar demasiado y demasiado pronto. En realidad, la confianza no es una *disyuntiva* entre dos opciones. Es más bien un proceso continuo. Y volver al extremo correcto de la escala será un proceso gradual.

El cerebro de tu marido, sus emociones y su deseo sexual pueden entrenarse para volver a ser dignos de confianza, pero sucederá *lentamente*, día a día, semana a semana, mes a mes.

Puede y debes esperar que él emplee muchas estrategias para restaurar su integridad sexual. Esto puede incluir tomar de tu fortaleza, además de tiempo, paciencia, asesoramiento profesional, terapia en pequeños grupos, visitas al médico y compromiso. Debes ver este trabajo para creer que él está reconstruyendo su músculo de integridad sexual. Piensa en ellos como galletas en su tarro de la confianza.

Al igual que con todos los aspectos de su recuperación, no existe un programa universal que funcione para todos. Sin duda hay puntos en común en la forma en que las parejas reconstruyen la confianza, pero el proceso que funciona para ti es tu programa. Encontrarlo será inevitablemente una cuestión de prueba y error, sin mencionar mucha oración y confianza continua en Dios.

¿Cómo sabes cuándo puedes confiar plenamente en la capacidad de tu esposo para caminar en integridad sexual?

Así como había señales que te mostraban que no estaba bien, habrá señales que te muestren que es digno de confianza. Y, cuando las veas, es hora de darle el regalo de tu confianza.

Estoy muy agradecida por mi hombre del tarro de galletas.

Crecer en intimidad:
Habla con tu esposo sobre **la confianza**

Reconstruir la confianza en un matrimonio herido por la traición no es imposible, pero requiere tiempo y voluntad de trabajar. Esta es un área en la que puedes ser creativa en la forma de bendecir y animar a tu marido. Si ha sacado la basura. . . eso es una galleta en el tarro. Si ha estado pagando las cuentas. . . eso es una galleta en el tarro. Si puedes, sé generosa con tus elogios cuando hablen de esta verdad. Es una excelente forma de hacer depósitos emocionales en su corazón.

Tómense un tiempo para reflexionar juntos en la Verdad #5:

La confianza es un regalo que eliges dar.

1. ¿Qué significa para ti la confianza?

2. ¿Estás de acuerdo en que la confianza es un regalo? ¿Por qué sí o por qué no?

3. Piensa en algún momento en el que no te hayas sentido capaz de confiar en tu cónyuge. ¿Qué podría haber hecho él o ella para que te sintieras lo suficientemente seguro como para concederle el regalo de la confianza?

4. ¿Qué necesitas ahora de tu cónyuge para confiar más en él o ella?

5. Oren juntos. Pidan a Dios que les dé una mayor confianza en Él para guiar sus vidas y redimir su matrimonio.

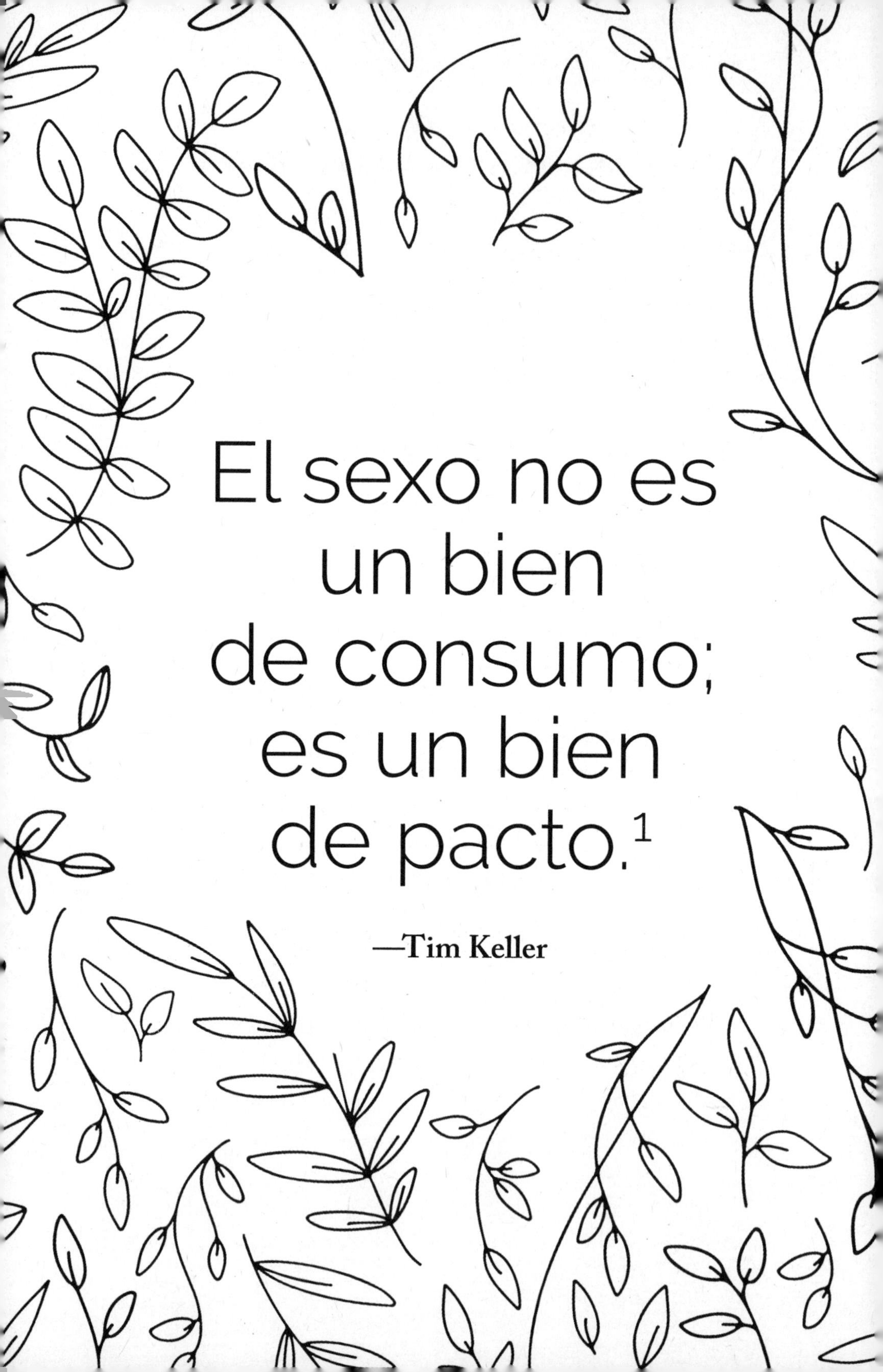

El sexo no es un bien de consumo; es un bien de pacto.[1]

—Tim Keller

Verdad #6: La intimidad consiste en compartir todo tu ser con tu cónyuge

Mi amado es mío, y yo suya.
—CANTARES 2:16

"No tenemos sexo muy a menudo". Una dulce misionera me miró a los ojos. Qué privilegio ser un lugar seguro para ella.

Habían pasado algunos años desde que Bob y yo atravesamos nuestra propia vergüenza y dolor. La obra redentora de Jesús estaba empezando a incluir la oportunidad de aconsejar a otros. Y yo estaba descubriendo que, con mucha frecuencia, donde más necesitaban que Dios apareciera con una obra de sanidad era en su lecho matrimonial.

Le pregunté a esta querida mujer qué se interponía entre ella y su marido para tener relaciones sexuales.

—Nada en concreto —empezó, y luego cambió la tónica de su respuesta—. Supongo que todo. Los viajes, el ministerio, los niños. Todo se interpone, y creo que los dos nos hemos resignado a pensar que ya hemos tenido suficiente sexo.

Siempre me entristece escuchar a las mujeres decir cosas así, pero oré por las palabras adecuadas para animar a esta querida mujer de Dios.

—El matrimonio de ustedes es una imagen de Cristo y la Iglesia —la desafié suavemente a pensar—. ¿Quizás el sexo podría compararse con tu vida de oración? En algún momento llegas estar tan cerca del Señor que dices: "Bueno, ya he orado más que suficiente, no creas que seguiré haciendo tiempo para eso".

Una luz se encendió en la cabeza de mi amiga. Pude verlo en su rostro.

La intimidad es el punto central en la intención de Dios para la expresión sexual. El Antiguo Testamento utiliza la palabra *yadá* para referirse a las relaciones sexuales entre marido y mujer. Su significado básico es "conocer", aunque también puede conllevar un sentido de "darse a conocer" e incluso "revelarse".[2] La propia definición de Dios sobre el acto matrimonial trasciende lo físico y hace hincapié en un conocimiento emocional.

Por desgracia, nuestra cultura está obsesionada con el aspecto físico y prácticamente ignora el aspecto emocional. ¡Qué ridículo debe resultar esto para el Diseñador de la intimidad sexual!

Imagina que te llevo a una habitación oscura con una lámpara. Cuando la enchufo, ¿te obsesionas con cómo se conectan las clavijas del enchufe al tomacorriente? ¿O agradeces la luz cálida y reconfortante que genera la lámpara? Por supuesto, ya sabes qué te excita.

Cuando se trata de sexo, muchos en nuestra cultura no saben qué los excita. Tendemos a preocuparnos más por las formas de tener sexo que por el calor y la comodidad de una relación íntima.

Un adicto sexual experimenta esta confusión en un grado severo. Se ha obsesionado tanto con la mecánica del sexo, que ha inhabilitado su capacidad de tener intimidad.

Mientras tú y tu marido trabajan juntos para arrancar las mentiras de su sistema de creencias, es muy importante cultivar la verdad para reemplazar esos espacios vacíos. Si te apresuras a tener relaciones sexuales con él cuando se está desintoxicando de los pensamientos lujuriosos, perderás una maravillosa oportunidad de desarrollar adecuadamente la intimidad emocional con él, que es mucho más que tener sexo... bueno, ¡ya sabes cómo funciona!

Lo que estoy a punto de revelarte es muy importante. Recuerda que un hombre que lucha con la pornografía o la adicción al sexo probablemente tenga un trastorno de la intimidad. Esto puede significar que evita el sexo contigo o que lo limita a un acto rápido de liberación física, que te deja herida, sola, enojada y frustrada.

Créeme, eso no es lo que Dios tenía en mente cuando diseñó la intimidad sexual.

La verdad que necesitas *La intimidad consiste en compartir todo tu ser con tu cónyuge.*

La verdadera intimidad sexual requiere que ambos miembros de la pareja vivan en integridad sexual, que la han definido así:

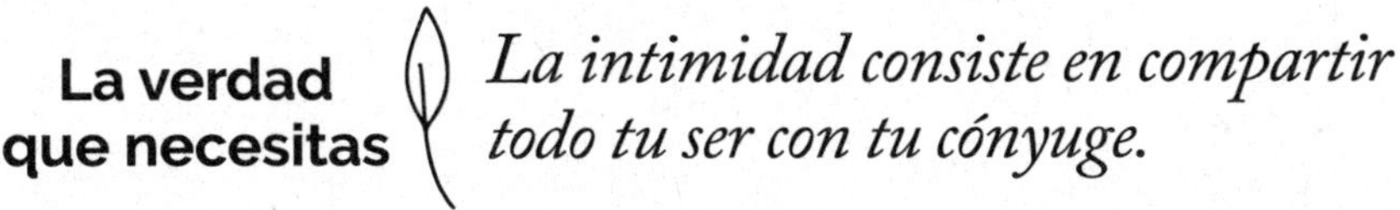

> Mis elecciones sexuales son una expresión coherente de mis compromisos relacionales y espirituales.[3]
> —**Dra. Juli Slattery**

Piensa en esto. También se podría decir así:

> Tener una unión física sin una unión de toda
> la vida es una falta de integridad.[4]
> —Tim Keller

Nuestro matrimonio y nuestra sexualidad muestran el amor de Jesucristo cuando son una extensión auténtica de nuestro compromiso de pacto.

Bien de consumo o bien de pacto

Si quieres redimir tu pensamiento sobre el sexo en treinta y cuatro minutos, escucha un sermón de Tim Keller titulado "Amor y lujuria". En él expone que el sexo auténtico es un *bien de pacto*. Con ello, Keller quiere señalar que el sexo es sacramental. Al igual que participar regularmente de la Santa Cena es una forma de recordar el nuevo pacto de nuestro Redentor, el sexo auténtico es una forma de reconocer nuestro pacto matrimonial.

> Un sacramento es un signo externo y visible de una realidad invisible… Cuando utilizas el sexo dentro del marco de un pacto, se convierte en un vehículo que involucra por completo a la persona en un acto de entrega y compromiso. Cuando en el matrimonio estoy físicamente desnudo y vulnerable, es un símbolo de lo que he hecho con mi vida integral.[5]

Keller señala que muchas personas fuera del matrimonio caen en el patrón de utilizar el sexo como un *bien de consumo* en el que tomas en vez de dar. Es decir que el sexo gira en torno a lo que *te* excita, lo que hace por *ti* y lo que *te* atrae. De este modo, el acto en sí queda desvinculado de todo compromiso vital. El sexo se convierte en una herramienta que utilizas para conseguir lo que quieres, no en una extensión de lo que haces para entregar tu vida a una persona. Es más que probable que se limite a lo físico y carezca de una verdadera amistad íntima.

Creo que numerosas parejas casadas caen en este patrón de consumo en su vida sexual. Si es un bien que te reservas o que ofreces para manipular emociones, decisiones o estados de ánimo, lo estás utilizando como un bien de consumo, no como un bien de pacto sacramental. Cuando el sexo se convierte en un acto apresurado, obligatorio o disociado, lo estás utilizando para satisfacer tu deseo o para evitar conflictos con tu pareja. Tu tiempo en la cama queda relegado a una mera función física cuando no hay contacto visual, comunicación íntima, risa (porque, oye, no siempre funciona así) y expresión de gratitud.

En el Evangelio de Juan, la mujer samaritana que Jesús encontró en el pozo sabía lo que significaba tratar el sexo como un bien de consumo. Había ido sola al pozo por… vergüenza (Juan 4:7-29). Los recuerdos sexuales, los divorcios, los rechazos y el dolor que le causaban los hombres habían creado en ella un grueso muro de aislamiento. Fue a buscar agua en pleno día porque nadie quería hablar con ella. Estaba sexualmente rota.

¿Y por qué estaba Jesús allí? Juan 4:4 dice que "le era necesario pasar" por Samaria de camino a Galilea, pero en realidad no fue así. No era común que los judíos eligieran esta ruta debido a su desprecio por los samaritanos.[6] Pero la compasión impulsó a Jesús a ir a encontrarse con esta mujer.

Amiga mía, Jesús también irá a tu encuentro allí donde estás. Hablará contigo en tu quebrantamiento, como habló con aquella mujer herida. A Él no le asustan tus secretos ni los pecados de tu marido y no soporta las conversaciones sin ninguna trascendencia.

"Ve, llama a tu marido", le dijo Jesús a la mujer samaritana (v. 16). Fue directo al asunto: su sed espiritual y emocional. Nunca satisfecha, iba de hombre en hombre para consumir lo que creía necesitar.

Sin embargo, Jesús sabía de qué estaba realmente sedienta. Era algo que solo Él podía darle: agua viva. Él era (y es) tanto la Fuente como el Agua Viva.

En 1945, el novelista Bruce Marshall escribió: "el joven que toca el timbre en el burdel busca inconscientemente a Dios".[7] Estaba describiendo la misma dinámica que Jesús vio en la mujer samaritana: que nuestra sed de sexo es en realidad una sed de Dios mal dirigida y que hasta que no saciemos nuestra sed con Agua Viva, es probable que no encontremos satisfacción en ninguna otra cosa.

El poder del ayuno

A veces, cuando mis apetitos no me dirigen a Jesús, practico la disciplina espiritual del ayuno. Descubro que negarme la comida o limitar mi ingesta a líquidos o verduras me ayuda a restablecer mis deseos y a centrarme en la principal Fuente de mi satisfacción y plenitud. Invariablemente, esta dinámica se extiende a todos los ámbitos de mi vida. Cuando controlo mi forma de comer, mi vida espiritual y emocional prospera. Y lo que es más importante, me ayuda a recuperar la pasión por mi Redentor.

Muchas parejas encuentran este mismo principio útil cuando se trata de redimir su matrimonio después del pecado sexual. Irónicamente, descubren que la mejor manera de buscar la intimidad total puede incluir *no* compartir sus cuerpos el uno con el otro durante un tiempo.

Muchos consejeros y programas de recuperación recomiendan ese período de abstinencia mientras el marido se "seca" de su sobrecarga de dopamina. Esto ofrece a la pareja una maravillosa oportunidad de reentrenar sus mentes y cuerpos para incluir la intimidad emocional en el acto físico del sexo y para que Dios redima la forma en que ambos experimentan y ven el sexo. El ayuno sexual les ayuda a restablecer su intimidad mutua y con el Señor.

Puedes decidir, junto con tu consejero o un programa en el que participes, adoptar un tiempo de abstinencia sexual. Te recomiendo que lo abordes bíblicamente. Y sí, la Biblia señala algo al respecto:

> No os neguéis el uno al otro, a no ser por algún tiempo de **mutuo consentimiento**, para ocuparos sosegadamente en la oración; y volved a juntaros en uno, para que no os tiente Satanás a causa de vuestra incontinencia.
>
> **—1 Corintios 7:5**

Si decides ayunar del sexo, es importante que tú y tu marido estén de acuerdo. Y, de hecho, deberías dedicarte a la oración mientras dure la abstinencia. Tómate tu tiempo para beber profundamente del Agua Viva.

Este tiempo de abstinencia tiene muchos beneficios para ti. Es probable que tu vida sexual necesite ser cultivada. Muchas esposas de adictos dicen que su lecho matrimonial está plagado de cosas como:

- evasión o falta de interés por el sexo
- frustración por las cosas transgresoras que él quiere hacer
- disfunción eréctil en él o dificultad para alcanzar el orgasmo en ella
- inseguridad sobre cómo se compara el cuerpo de ella con lo que él ha visto
- dolor durante las relaciones sexuales
- considerar el sexo como una obligación; no disfrutarlo
- disociación emocional durante el sexo

El propósito de la abstinencia sexual *no* es evitar el sexo, aunque eso forme parte de esta práctica. De hecho, si te alivia la idea, ya sabes por qué orar. Dios quiere que disfrutes de una relación sexual gratificante con tu marido. Creo que puedes experimentarlo, pero tu cerebro tiene que estar comprometido para que suceda. Pasa un tiempo orando por el deseo de hacer el amor con tu esposo.

Si *no* te agrada mucho esta idea, te entiendo. Desear intimidad sexual con tu esposo es bueno. Disfrutar del sexo es sano y piadoso. Dedica un tiempo a orar para que el deseo de tu esposo coincida con el tuyo y que Dios use tu sacrificio para ayudar a tu esposo a desear intimidad sexual contigo.

> ## Cuéntame tu historia
>
> Pues bien, ya conoces el procedimiento. ¿Cuáles de los temas de la lista han sido un problema en tu vida sexual? Perdóname si esta vez no marco en negrita las dificultades de Bob y las mías. Tengo la convicción de que lo que ocurre en nuestro dormitorio es algo privado entre los dos.

El propósito de este tiempo es edificar la intimidad emocional. La forma de hacerlo dependerá de dónde te encuentres en tu historia de redención.

Puede ser que trabajes independientemente para entender lo que está pasando en tu matrimonio. Está muy bien hacer esto al principio de tu trabajo cuando ambos necesitan un poco de espacio para pensar las cosas e informarse. Si estás en este punto de tu trabajo de recuperación, deberías buscar a una mujer piadosa a quien rendirle cuenta de tu desarrollo y que mantenga tu corazón abierto a tu esposo.

O tal vez estén en condiciones de trabajar juntos. Para ti, la abstinencia puede ser una manera de crear seguridad en la relación mientras desarrollan intimidad no sexual. Pueden dar largos paseos juntos, compartir aficiones u otras actividades o simplemente pasar tiempo de calidad conversando, pero estas actividades no deberían terminar en sexo. En cambio, deberían centrarse en su amistad.

Cuando el tiempo acordado para el ayuno sexual haya llegado a su fin y estén listos para retomar la relación sexual, les aconsejo que lo hagan poco a poco. Céntrense en aprender a estar emocional y espiritualmente presentes el uno para el otro durante las relaciones sexuales. Reformular su visión del sexo para ajustarla al diseño de Dios es un paso importante para ambos.

He aquí una forma sencilla de asegurarse de que sus relaciones sexuales sean emocionalmente íntimas. Pasen un rato hablando y estrechando el vínculo durante una hora más o menos antes de tener relaciones sexuales. (Creo que eso sería una cita amorosa). Sedúzcanse el uno al otro. Escúchense. Mírense a los ojos. Evita la tentación de precipitarte a un encuentro físico y procura que la intimidad conduzca a algo más holístico.

Si puedes participar en un breve tiempo de abstinencia con tu marido, le estarás ayudando a avanzar en el objetivo de tener *integridad sexual*.

En busca de la integridad sexual

La integridad sexual no consiste solo en evitar las relaciones sexuales fuera del pacto matrimonial. También incluye disfrutar de un sexo saludable dentro de él. Cuando procedes a tener intimidad con tu esposo, procura hacerlo de una forma que sea buena para ambos.

En una conversación con mi amiga y Dra. Juli Slattery sobre este libro, ella dividió la ética sexual bíblica en dos compromisos fundamentales.[8]

Compromiso #1: No tener relaciones sexuales fuera del matrimonio.

Este compromiso con la fidelidad sexual, desde luego, incluye no tener relaciones sexuales con nadie más que el cónyuge (Éxodo 20:14; Mateo 5:28). Sin embargo, la Biblia también hace referencia a otros tipos de infidelidad que podrían ser perjudiciales para tu relación con Dios y tu esposo:

- **Impureza**: dejarse contaminar o degradar, especialmente por la cultura circundante. El Nuevo Testamento tiene varias palabras para esto. *Akatharsia* (Gálatas 5:19 y otros) se refiere a "la vida lujuriosa, lasciva, disoluta".[9] *Molusmos* (empleada una vez en 2 Corintios 7:1) se refiere a "la corrupción de los principios o el carácter moral".[10] *Rhuparos* (Santiago 2:2; Apocalipsis 22:11) se refiere a estar "sucio" con "inmundicia moral".[11] Obviamente, hay muchas maneras de aplicar esto a nuestra vida en una cultura saturada de sexo.

- **Pasiones lujuriosas**: deseo sexual desenfrenado e indiscriminado por otros hombres o mujeres fuera de la relación matrimonial (Marcos 7:21-22; Efesios 4:19). Esto podría incluir la pornografía o dar paso a una mentalidad sexual obsesiva.

- **Obscenidad y chistes groseros**: humor sexual (Efesios 5:3-4).

¿Captas la idea? Hacer un compromiso de fidelidad en el matrimonio significa que todos los pensamientos, deseos e impulsos sexuales debes materializarlos en tu lecho matrimonial o apagarlos.

Compromiso #2: Hacer de la intimidad sexual una prioridad dentro del matrimonio.

Nos quedamos cortos en ajustar nuestra vida sexual y espiritual si solo centramos nuestra ética sexual en lo que no debemos hacer. Las reglas de Dios sobre el sexo no son un fuerte "¡no harás!". Una ética sexual bíblica también tiene cuidado de cumplir lo que Dios nos *manda* hacer, y las Escrituras hablan del placer sexual mutuamente gratificante y frecuente entre marido y mujer. Pasajes como Proverbios 5:18-19 y todo el Cantar de los Cantares celebran la dádiva del placer sexual conyugal, ¡y nosotros también deberíamos hacerlo!

Mira esto también:

> El esposo debe satisfacer las necesidades sexuales de su esposa, y la esposa debe satisfacer las necesidades sexuales de su marido.
> **—1 Corintios 7:3 (NTV)**

Estamos llamados como esposos y esposas a satisfacernos sexualmente el uno al otro. Esto requiere tiempo y compromiso. De hecho, en el Antiguo Testamento, un hombre recién casado no debía ir a la guerra ni hacer negocios durante todo un año para hacer "feliz a la mujer con la que se casó" (Deuteronomio 24:5, NTV).

¿Crees que lo que haría feliz a la mujer en ese primer año era que él la ayudara a lavar los platos?

El ABC para una esposa feliz

A propósito de la felicidad, muchas mujeres me piden consejo sobre lo que está bien en el dormitorio, a menudo porque lo que ha estado ocurriendo las ha hecho sentir incómodas. Este es un buen momento para cambiar eso. Si no te sientes cómoda con determinadas cosas que tu marido quiere hacer en el dormitorio, es importante que lo hables con él para que puedan llegar a un acuerdo mutuo. Como mencioné brevemente en el capítulo sobre los límites, creo que si 1 Corintios 7:5 indica que podemos llegar a un acuerdo mutuo de abstinencia sexual, también es lógico que lleguemos a un acuerdo mutuo sobre lo que constituye un sexo placentero y saludable.

Sin embargo, aquí es donde las cosas se ponen confusas. No vemos en ninguna parte de la Biblia que Dios prohíba claramente cosas como la masturbación, los juguetes sexuales o el sexo oral. ¿Significa eso que masturbarse mutuamente está bien? ¿Pueden usar juguetes sexuales si eso les da más placer a ambos? ¿Está bien el sexo oral?

Encontrarás opiniones muy diferentes de líderes cristianos sobre estos temas que no se mencionan directamente en la Biblia. Estoy firmemente convencida de que debemos tener cuidado de no crear reglas legalistas sobre cosas que Dios no condena. Él creó el sexo para el placer, y enseñamos una teología incompleta de la integridad sexual si no dejamos espacio para el placer creativo dentro del matrimonio.

La iglesia de Corinto tenía preguntas sobre el mismo tipo de cosas que tú y yo. En lugar de darles reglas rígidas y concisas sobre estas áreas grises, Pablo les dio directivas sobre cómo usar el buen juicio cuando la Biblia no establece claramente algo como correcto o incorrecto.

> Todas las cosas me son lícitas, mas no todas convienen; todas las cosas me son lícitas, mas yo no me dejaré dominar de ninguna.
> —1 Corintios 6:12

Unos capítulos más adelante, Pablo insiste en lo esencial, por lo que debió de considerar importante este consejo:

> Todo me es lícito, pero no todo conviene; todo me es lícito, pero no todo edifica. Ninguno busque su propio bien, sino el del otro.
> —1 Corintios 10:23–24

Cuando no estés segura de si algo está bien en el dormitorio, te sugiero que lo pases por el filtro de Pablo:

- **¿Es beneficioso?** ¿Es bueno para mí? ¿Para mi cónyuge? ¿Es bueno para nuestro matrimonio?
- **¿Me domina?** ¿Puede crear un hábito o adicción?
- **¿Es edificante?** ¿Me ayuda a crecer y madurar? ¿Edifica nuestro matrimonio?
- **¿Es amoroso?** ¿Esta acción muestra amor hacia la otra persona o es egoísta?

No hay ninguna razón por la que no puedan cubrirse el cuerpo de salsa de chocolate y pasar un rato delicioso juntos. (De hecho, si nos guiamos por el Cantar de los Cantares, ¡es bastante bíblico!). Sin embargo, debes pasar todo a través del filtro de la Palabra de Dios y determinar cómo pueden encontrar la felicidad y la plenitud sexual mutuamente como pareja.

Además, deben ser compasivos con la historia sexual del otro. A veces las acciones que parecen ser una parte perfectamente normal y natural de los juegos preliminares desencadenarán la reacción de un hombre o una mujer que fue abusado cuando era joven. Esta es una oportunidad para la comunicación íntima y la resolución de problemas de manera conjunta. Puede que necesiten encontrar formas de relacionarse sexualmente que sean igualmente placenteras y menos dolorosas emocionalmente. O tal vez puedan tratar (suavemente) el dolor hasta que algo que antes era desencadenante de una reacción se convierta en algo placentero. He hablado con mujeres que han experimentado ambos resultados.

¿Y el sexo anal? Como ya he mencionado antes, muchas mujeres me piden consejo sobre este tema. Normalmente, es porque su marido quiere tener sexo anal, pero ellas no.

Hay buenas razones por las que estas mujeres no lo disfrutan. Desgarros, hemorragias e infecciones son consecuencias comunes del mal uso de una parte del cuerpo destinada a ser una salida. Por ello, incluso muchas organizaciones médicas laicas desaconsejan el sexo anal y fomentan otras expresiones más beneficiosas de la intimidad física. Así que creo que puedes ir con confianza a tu esposo y comunicarle que ya no quieres que esa práctica en particular (o cualquier forma problemática de expresión sexual) forme parte de sus actividades en la alcoba.

Incluso mientras estableces esos límites sexuales, asegúrale que quieres encontrar otras formas de experimentar placer mutuo. Sé que no siempre es fácil. El cuerpo y la constitución emocional de una mujer son complejos. A menudo hace falta paciencia, comunicación, sensación de seguridad y mucha práctica para que un hombre ayude a su mujer a alcanzar el orgasmo. (¿No crees que quizá Dios lo diseñó así para salvaguardar el vínculo emocional?).

A veces, las dificultades para disfrutar del sexo o alcanzar el orgasmo pueden deberse a un abuso anterior (como indico arriba). También puede deberse a haber tenido relaciones sexuales precipitadas y apresuradas en la adolescencia o en la universidad. Algunas veces tiene una relación directa con el problema de tu marido con el pecado sexual: su anterior desinterés por el sexo contigo o tu temor de que esté comparando tu cuerpo con lo que ha visto en Internet (o en otro lugar). Y a veces es solo porque ambos han estado tratando el sexo como un acto físico sin la participación de sus emociones. Sea cual sea la causa del problema, es muy probable que tu marido y tú encuentren la forma de abordarlo juntos.

Aunque no estoy segura de exponerme tanto, quiero que sepas que mi propio cuerpo necesitó un reentrenamiento. Creo que mis problemas pueden haber sido el resultado de varios factores mencionados anteriormente, pero cuando por fin me di cuenta de lo importante que era para mi marido que el sexo fuera mutuamente placentero, investigué las opciones que teníamos para que yo pudiera volver a entrenar mi cuerpo a responder a Bob. Rápidamente aprendimos que podíamos dejar que los ejercicios sugeridos fueran una carga o podíamos hacer que fueran divertidos. Así que optamos por pasarlo muy bien mientras aprendíamos.

Hay excelentes libros cristianos que pueden ayudarte a hacer esto por ti misma. Sin embargo, si no te ayudan, una terapia sexual cristiana podría ser útil y divertida.

Muchos hombres manifiestan que lo más excitante del sexo es producir placer a sus esposas. Espero que abordes el lecho matrimonial con una mentalidad entusiasta.

La Palabra de Dios manifiesta una actitud positiva acerca de tus deseos sexuales. Tú también puedes y deberías hacerlo.

Entrégate por completo a tu cónyuge. Y espera recibir todo de él a cambio.

Crecer en intimidad:
Habla con tu esposo sobre **la intimidad sexual**

La intimidad sexual incluye disfrutar del acto físico del sexo y experimentarlo en el contexto seguro de la amistad. Descubrirás que esto fluctúa debido a diversos factores en la vida, pero el llamado bíblico a que las parejas casadas se satisfagan el uno al otro en el dormitorio sigue siendo el mismo.

Si aún no te sientes capaz de hacerlo, está bien, pero asegúrate de tener un consejero cristiano que te guíe y te haga responsable de tomar decisiones sabias en esta área. La intimidad sexual es una parte importante de tu relación amorosa.

Si estás lista para trabajar en esto, pero no sabes qué hacer, espero que esta conversación te ayude. Si no es así, busquen ayuda juntos.

Tómense un tiempo para reflexionar juntos en la Verdad #6:

La intimidad consiste en compartir todo tu ser con tu cónyuge.

1. ¿Crees que el concepto de abstinencia sexual mutua es algo que podría ayudarte a restablecer tu intimidad sexual? ¿Por qué sí o por qué no?

2. En caso de tener un tiempo de abstinencia sexual, ¿cuánto tiempo debería durar?

3. ¿Qué te gusta de tu vida sexual? ¿Qué desearías cambiar?

4. Oren juntos. Pidan al Señor que proteja su intimidad sexual y les dé sabiduría para practicarla bien.

La verdad
los hará
libres.

—Jesús

Verdad #7: La verdad los hará libres

Estad, pues, firmes en la libertad con que Cristo nos hizo libres,
y no estéis otra vez sujetos al yugo de esclavitud.
—GÁLATAS 5:1

Primavera de 2020.

Estaba sentada sin despegar la vista de la pantalla del televisor.

"La mitad de la población mundial está bajo algún tipo de aislamiento para reducir la propagación del virus que causa el COVID-19", anunció el periodista.

Bob entró a la habitación hablando por teléfono. "No te rindas, amigo", dijo con tristeza, y luego deslizó su iPhone sobre la mesa de la cocina.

—¿Alguien más se contagió? —le pregunté.

—No. Era uno de los muchachos —respondió. Así es como llamaba a los hombres de su grupo de apoyo, que velaban por la integridad de unos por otros. Años después de recuperarse, mi esposo seguía asistiendo fielmente al grupo. Yo conocía a algunos de ellos, pero no a la mayoría. Estaba agradecida por todos ellos.

—Parecía absolutamente aterrorizado —dijo Bob.

—¿Del virus? —pregunté.

—No... —Bob respondió lentamente, con cuidado de no revelar nada confidencial—. Es que... bueno, es nuevo en el grupo. No sabe cómo sobrevivirá su matrimonio encerrado en la casa con su esposa.

Mis ojos se abrieron de par en par al caer en la cuenta. No había pensado en las parejas encerradas en las primeras etapas de la recuperación de su matrimonio. Tenía que ser difícil.

Bob y yo lo estábamos pasando genial encerrados. Como los estudiantes en los días de nieve, disfrutábamos del cambio de ritmo y del tiempo a solas.

—No es el primero que me lo dice —continuó—. A varios de los muchachos les molesta estar encerrados con sus esposas.

Entonces Bob Gresh dijo algo que hizo vibrar mi corazón:

—Todo lo que pude pensar era que estoy increíblemente feliz de estar aquí contigo.

Y lo estaba.

Lo estábamos.

Y todavía lo estamos.

¿Es esto vivir felices para siempre? No importa lo que los engaños románticos del mundo nos digan, ese no es un objetivo alcanzable en el matrimonio, o en la vida, para el caso.

Sin embargo, estoy aquí para decirles que Bob y Dannah Gresh están viviendo, lo que podríamos llamar, "felices para siempre". En los últimos años, nuestro amor de pacto ha prosperado, un dulce testimonio de la obra redentora de Dios en nuestras vidas.

He aquí una dosis de realidad extraída de las palabras del propio Jesús:

Estas cosas os he hablado para que en mí tengáis paz. En el mundo tendréis aflicción; pero confiad, yo he vencido al mundo.
—JUAN 16:33

¿No es el versículo de poder que esperabas al final de este libro? Léelo más detenidamente.

Contiene una verdad que es más poderosa que el hecho de que el matrimonio (y la vida en general) sea difícil.

Jesús dijo: "Confiad".

Eso significa: "Ten confianza".

¿Confiar en qué? "He vencido al mundo".

El griego original pone algo de seguridad y esperanza en esta amonestación. La palabra griega *nenikeka* se usa aquí para "vencer". Es una forma de la palabra raíz *nike* (sí, como el calzado deportivo) y significa "vencer". No obstante, el *tiempo verbal* nos indica algo vital. Describe *una acción completada en el pasado que tiene un efecto continuo en el presente*".[1]

En pocas palabras, significa que tenemos un Redentor que sigue obrando.

La muerte de Jesús en la cruz ganó y *sigue ganando* esta batalla en tu matrimonio. Los peores problemas del mundo no tienen un efecto eterno en tu historia. El pecado y la muerte *han perdido* y *están perdiendo* su dominio.

Jesús, el propio Hijo de Dios, no ha terminado de vencer. Nos ha dejado su precioso Espíritu Santo para ayudarnos hasta que su obra en la tierra haya terminado. Y un día lo hará.

Probablemente no hoy.

Así que, antes que cierres este libro, quiero abordar ligeramente la creencia que cambiará por completo tu matrimonio y tu vida. En realidad, me he estado refiriendo a este concepto todo el tiempo, pero he dejado la gran revelación para el final porque es lo más importante.

Esta es la verdad concluyente que necesitas:

La verdad que necesitas | *Verdad #7: "La verdad los hará libres".*

No son palabras mías. Vienen del propio Jesús. Y créeme, funcionan. Quiero hablarte de un poder especial que este mundo necesita ver que tú y tu esposo experimenten.

Antes de decirte lo que es, repasemos algo.

Todos pecamos o tenemos emociones enfermizas porque hemos creído una mentira. Y, ¡cuántos problemas de pecado hay en nuestro mundo quebrantado! Creo que es porque, como sociedad, hemos hecho de la mentira nuestro refugio. Se que ya he dicho eso un par de veces, pero quiero insistir en ese hecho una vez más desde una perspectiva diferente.

La cultura ha hecho de la mentira nuestro refugio

Así como la nación de Israel se deslizó lentamente hacia el pecado y la rebelión, lo mismo ha sucedido en nuestro mundo occidental. Realmente, "hemos hecho de la mentira nuestro refugio y del engaño nuestro escondite" (Isaías 28:15, NVI), especialmente cuando se trata de nuestra visión del sexo.

La llamada revolución sexual prometió libertad y felicidad, pero solo ha producido esclavitud espiritual y emocional, adicción y dolor. Según el pastor John Mark Comer, todo es culpa de Sigmund Freud.

> El punto de inflexión fue Freud. Aunque no soy psicólogo, la mayoría de mis amigos psicólogos me dicen que, a pesar de su sabiduría, Freud se equivocó en casi todo y, sin embargo, muchas de sus ideas generaron el clima cultural que ahora respiramos. Antes de Freud, la mayoría de las personas en Occidente (lo supieran o no) pensaba en el deseo a través de la lente del filósofo del siglo IV, Agustín.[2]

Imagina que las creencias de Agustín de Hipona fueran las que nuestra cultura adoptara. Aunque un poco de investigación revelará que este teólogo de los primeros cristianos, que enfrentó sus propias batallas con la lujuria, finalmente se volvió hacia la verdad. Algunos teólogos consideran que fue el que más influyó en el pensamiento cristiano aparte del apóstol Pablo.

Agustín creía que el problema básico de la humanidad eran los deseos desordenados. En otras palabras: *el pecado*. Según el teólogo Matt Jenson, fue probablemente el primero en formular una visión del pecado conocida como *homo incurvatus in se*, o "la humanidad encorvada sobre sí misma".[3] Esta idea de que el pecado es esencialmente egocentrismo fue ampliada posteriormente por Martín Lutero y otros teólogos.

No hace mucho, la filosofía bíblica de Agustín había puesto a la cultura occidental en posición de buscar el bien supremo (el amor) ante todo, y acallar deseos menores como el sexo. Sin embargo, Freud creía que el sexo era nuestro deseo más importante. El fundador del psicoanálisis expresó ni más ni menos que rencor hacia el cristianismo.[4] El objetivo de su vida parecía ser anular los valores cristianos históricos, lo que logró con éxito al colocarnos sobre una cinta transportadora para hacer de la mentira nuestro refugio.

El Dr. Alfred Kinsey llevó la visión de Freud un paso más allá al declarar que el comportamiento sexual, que la cultura había considerado inmoral, era en realidad un comportamiento normal que debía expresarse libremente. En cierto sentido, sus libros sobre el comportamiento sexual de los hombres y de las mujeres marcaron el comienzo de la destrucción del marco moral de nuestra nación.

La fallecida Dra. Judith Reisman, reconocida historiadora de la sexualidad humana, reveló que las investigaciones de Kinsey incluían el abuso sexual infantil sistemático bajo el disfraz de la ciencia.[5] En sus estudios incluso participó un pedófilo nazi que había grabado las respuestas sexuales de niños de entre dos meses y catorce años.[6] Esta supuesta "investigación" es la base de la educación sexual en el sistema educativo estadounidense actual, desde la escuela primaria hasta los estudios de posgrado.[7]

En 1949, un universitario virgen de veintidós años, Hugh Hefner, leyó el volumen de Kinsey sobre los hombres y decidió llevar la filosofía a las masas. En 1953, lanzó la revista *Playboy*. En una ocasión señaló: "Kinsey fue el investigador y yo soy su *panfletista*".[8]

Desde la década de 1960, cuando la revolución sexual atrajo interés sobre estas filosofías, ha sido una pendiente resbaladiza de mentiras sexuales.

Me temo que tú y yo estamos experimentando las secuelas. ¿Y cómo nos está yendo?

"Los niveles de felicidad han ido en descenso, curiosamente, desde los años 60".[9]

Vivimos en una sociedad de esclavos del pecado, que ni siquiera saben lo que los llevó a su esclavitud espiritual. Esto se debe a que han sido educados para ver el pecado como algo bueno.

Nadie lo sabía mejor que los dos hombres que se pasaron la vida haciéndonos creer esa mentira.

Hay suficientes pruebas de que tanto Kinsey como Hefner vivieron infelices. Algunos investigadores creen que Kinsey murió de una enfermedad lenta y dolorosa llamada *orquitis*, una inflamación de los genitales posiblemente causada por años de sadomasoquismo autoinfligido, así como de una enfermedad de transmisión sexual.[10] En cuanto a Hefner, murió solo y asustado, habiendo experimentado una vida sexual sin amor y con poca o ninguna intimidad.[11]

No parece que estos hombres hayan encontrado la felicidad en su vida sexual.

Sin embargo, siguieron siendo impostores hasta el final: el epítome de 2 Timoteo 3:13, que nos advierte que "los malos hombres y los engañadores irán de mal en peor, engañando y siendo engañados". Sus historias ofrecen un claro testimonio de que las mentiras de Satanás conducen a la destrucción.

Las "únicas" intenciones del diablo son "hurtar y matar y destruir" (Juan 10:10). A pesar de la evidencia de este hecho en sus vidas, Kinsey y Hefner tuvieron éxito en producir una cultura donde hay un costo social por hablar en contra del culto a la pornografía y el sexo sin límites.

Verdaderamente, como cultura hemos hecho de la mentira nuestro refugio.

No obstante, hay algo más poderoso que la mentira: la verdad de Dios. Así que déjame recordarte cuán vital es que tú y tu esposo trabajen juntos y con personas bíblicamente fundamentadas y clínicamente informadas para descubrir qué mentiras están supurando en sus sistemas de creencias. Luego sumérgete en la Palabra de Dios para encontrar la verdad que contrarreste tales mentiras.

¡Llénate de la verdad!

Puedes vivir en libertad. Tu marido también puede. Nuestro Redentor dijo estas palabras para explicarte cómo:

> Si vosotros permaneciereis en mi palabra, seréis verdaderamente mis discípulos; y conoceréis la verdad, y la verdad os hará libres.
> —Juan 8:31-32

Repito: *tú* puedes conocer la verdad. Y te *hará* libre.

¿Cómo puedes conocerla? Al *permanecer* en la Palabra de Dios.

"Permanecer" significa persistir. Jesús te está invitando a no alejarte de la verdad por las mentiras del mundo, sino que permanezcas y persistas con una mentalidad centrada en la verdad.

¿Y cómo lo haces?

¡Llénate tanto de la verdad que no quede espacio para las mentiras!

Amiga mía, esto cierra el ciclo de herramientas que te he estado animando a usar todo el tiempo. En realidad, son disciplinas espirituales. Y mientras las practiques te mantendrás llena de la verdad.

¿Recuerdas qué herramientas de redención te invité a tomar y usar al principio de este libro?

- **La oración**. Es tu arma (Santiago 5:16).
- **La Biblia.** Es una luz a tu camino (Salmos 119:105).
- **La comunidad.** Tus hermanas en Cristo te guiarán y evitarán que te aísles, una de las armas favoritas de Satanás. Mientras ellas llevan tu carga (y tú las suyas), cumplirás la ley de Cristo (Gálatas 6:1).
- **El Señor.** Él es el único que puede fortalecerte para esta batalla épica contra el mal. Y promete sostenerte cuando te sientas débil (Isaías 41:10).
- **El amor de pacto.** El amor fiel de Dios es el único remedio para el pecado. Conocerlo te equipará con todo lo que necesitas para hacer su voluntad, incluido amar a tu esposo (Hebreos 13:20-21).

Estas no son las herramientas modernas pioneras en el ámbito de la recuperación, sino herramientas antiguas que los seguidores de Cristo han estado empleando con éxito durante siglos. Usarlas es lo que te permite descubrir y permanecer en la verdad de la Palabra de Dios. No las dejes de lado cuando cierres este libro. Te animo a usarlas todos los días.

Además de estas disciplinas fundamentales, hay otras, algunas de las cuales hemos examinado:

- **Cuidado.** Tienes que cuidar tu propio corazón, mente y alma. No importa quién haga el daño. Es un acto de adoración dejar que el Espíritu Santo transforme tu mente y presentar tu cuerpo a Dios (Romanos 12:1-2).

- **Lamento**. Es tu respuesta perfecta y sin pecado al quebranto de nuestro mundo (Juan 11:35).
- **Reposo**. Se nos ordena practicar un ritmo de descanso, sumamente necesario para nuestro cuerpo, alma y espíritu (Éxodo 20:8-11).
- **Sumisión**. Piensa en esta disciplina como la humildad y mansedumbre elegidas para la misión redentora de Jesucristo. La sumisión hace que el diablo huya de ti (Santiago 4:7).
- **Confesión**. Cuando saques tus pecados a la luz, serás sanada (Santiago 5:16). Y tendrás comunión íntima con Dios y con otros creyentes (1 Juan 1:7).
- **Perdón**. Esto es tanto un mandamiento (Colosenses 3:13) como un acto sobrenatural que produce libertad en tu corazón (Mateo 6:14).
- **Ayuno**. Algunas batallas simplemente no se calmarán hasta que te humilles y reconozcas el poder del Espíritu Santo al abstenerte temporalmente de comer, beber u otros comportamientos habituales (Mateo 17:21).
- **Abstinencia sexual.** Este, por supuesto, es un tipo especializado de ayuno en el que tú y tu cónyuge acuerdan mutuamente abstenerse de tener relaciones sexuales durante un tiempo. ¡Qué oportunidad para ejercitar tu autocontrol a través del poder del Espíritu Santo (Gálatas 5:22-23)! También es una manera de reeducar sus cerebros para ajustar lo que piensan del acto matrimonial a la definición de Dios (1 Corintios 7:5).

La práctica de estas disciplinas espirituales te pondrá en posición de conocer la verdad y experimentar la libertad, pero debes estar advertida: la ejecución superficial de estas disciplinas solo conduce al legalismo, no a la libertad.

El énfasis de cualquier disciplina espiritual no es practicarla, sino *conocer* la verdad.

Y la verdad es una Persona.

A menos que llegues a tener una relación íntima con Jesús, nunca experimentarás la libertad.

Tu historia es tu mayor patrimonio

Volvamos a la historia de la mujer samaritana que Jesús encontró en el pozo. La que había intentado encontrar su felicidad en un hombre tras otro, pero nunca lo consiguió.

Entonces conoció a Jesús, que no solo es el Agua Viva, sino también la Verdad que libera a las personas. Jesús le dijo: "el que beba del agua que yo le daré no volverá a tener sed jamás, sino que dentro de él esa agua se convertirá en un manantial del que brotará vida eterna" (Juan 4:14, NVI).

Y eso es lo que ocurrió. La mujer samaritana se convirtió en un manantial rebosante de vida eterna.

Esta mujer dejó caer su cántaro, un hecho que representa el beber de la fuente del deseo sexual. (¡Que Dios cause tanta alegría en la relación de tu esposo con Jesús que deje caer su cántaro!). Y entonces esta mujer, que había ido al pozo sola para que las personas no hicieran memoria de su estilo de vida, corrió por el pueblo diciendo: "¡Vengan a ver a un hombre que me dijo todo lo que hice en mi vida!".

¡Qué exposición tan radical! La vergüenza de la mujer se borró, y supo que ahora valía la pena contar su historia.

Juan 4:39 señala que "muchos de los samaritanos de aquella ciudad creyeron en él por la palabra de la mujer". Saciar nuestra propia sed con el Agua Viva siempre nos lleva a querer saciar la sed de otras personas.

Eso también es cierto para ti. Tu historia es tu mayor patrimonio en el reino de Dios. No las páginas impecables cubiertas con plástico que algunos presentan, sino las cubiertas con la suciedad del pecado y no poca cantidad de la sangre de Jesús. Las páginas de la vida que estás viviendo en este momento, amiga mía.

Muchas personas creen que el pecado sexual es una de las mayores amenazas al cristianismo. Según un estudio realizado por Josh McDowell, del 60 al 72% de los hombres de nuestras iglesias pueden clasificarse como adictos al sexo.[12] El daño es especialmente devastador cuando los pastores y líderes cristianos sufren descrédito por su mala conducta sexual. Creo que hay un daño increíble cuando la moralidad de un hombre no concuerda con lo que enseña.

Sin embargo, hay otra manera de ver esta crisis: estamos frente a una enorme oportunidad. ¿Te imaginas cuántos creerían en nuestro Redentor si realmente bebiéramos del Agua Viva, encontráramos redención para nuestros matrimonios y luego contáramos nuestras historias a otros? Si llegáramos a conocer íntimamente la Verdad, entonces dejaríamos caer nuestro cántaro y correríamos por esta cultura gritando en masa: "¡Vengan a ver a un hombre!". Yo sueño con eso.

Bob también.

Ambos estamos cansados de la presencia impotente y legalista que predomina en gran parte de la cultura cristiana. Nuestros corazones anhelan historias sinceras e imperfectas de la redención de Dios para traer un avivamiento radical entre nosotros.

Creo que este también es el sentir de Dios. Su Palabra dice esto:

> Díganlo los redimidos de Jehová, los que ha redimido del poder del enemigo.
> —Salmos 107:2

¡Levántate, amiga que estás cansada! Emplea tus herramientas de redención. Tenemos un llamado en el reino, que está justo en nuestros propios hogares: hacer el trabajo de aplicar la verdad de Dios a nuestras mentiras para que podamos mostrar al mundo perdido que es posible vivir redimidos.

La vida es muy dulce al otro lado de la redención. En Juan 10:10, donde se nos advierte sobre el principal objetivo de Satanás con todas estas mentiras, vemos que nuestro Redentor hace una audaz declaración:

> "Yo he venido para que tengan vida,
> y para que la tengan en abundancia".
> —Jesús

En abundancia.

Para mí, eso significa que puedo vivir mucho más allá de lo que podría haber previsto o esperado. Mi felicidad después de la muerte va más allá de mi imaginación.

Y esta promesa de abundancia (la intención de nuestro Redentor) se presenta en contraste con la destrucción que trae el enemigo. En otras palabras, podemos experimentar este tipo de vida en contraste con nuestra vida anteriormente rota.

¿Lo crees?

Yo lo creo.

Porque Dios ha redimido mi comprensión de su obra continua en este mundo.

He de redimir lo que creo sobre la redención

La historia del matrimonio de Bob y Dannah *no* ha terminado. La obra de redención no ha terminado.

Esto realmente solía molestarme. Quería poder vivir una de esas historias de libertad que se presentan con una puesta de sol, un caballo blanco para dos y un beso romántico justo antes del "Fin", pero las cosas no funcionan así.

Bob me ha estado diciendo esto repetidas veces mientras escribo: "No les hagas creer lo que no es. No dejes que piensen que esto es fácil". Y he intentado cumplirlo.

Queremos que sea fácil. Queremos que la redención llegue de repente a nuestras vidas. De hecho, a menudo malinterpretamos las Escrituras de tal manera que esperamos una solución rápida. Tomemos por ejemplo este versículo de la Biblia a menudo mal utilizado:

> Y sabemos que a los que aman a Dios, todas las cosas les ayudan a bien, esto es, a los que conforme a su propósito son llamados.
> —Romanos 8:28

Nos gusta pensar que eso significa que Dios está disponiendo todas nuestras cosas de tal manera que experimentemos algo bueno, pero esa no es la promesa.

La promesa es que un día *todas las cosas* nos ayudarán a bien. *Todas las cosas*. No *tus* cosas. O *mis* cosas. Tus cosas *y* mis cosas *y* las cosas de todos nos ayudarán a *bien*, pero no necesariamente podremos ver el *bien* hasta que la historia haya seguido su curso. Y entonces nos alegraremos porque comprenderemos que, a la larga, *todas las cosas* han llevado a este mundo roto rumbo a la redención.

Tu historia no ha terminado. La obra de la redención no ha terminado, y no terminará hasta el día de la redención, pero sucederá.

¡Y será glorioso!

> La fe es creer lo que aún no se ve; la recompensa de esta fe es ver lo que se cree.
> —Agustín de Hipona[13]

Crecer en la verdad: Habla con tu marido sobre **la verdad y la libertad**

Vivir en la libertad que trae la verdad es bastante simple en la teoría. Si hay un área de malestar emocional o pecado crónico en tu vida, puede que estés creyendo una mentira. Si has comenzado a adoptar modos de pensar mundanos que están en oposición a la Palabra de Dios, estás creyendo una mentira. Ser libre de tu esclavitud requiere que identifiques la mentira y la reemplaces con la verdad de Dios. Así es como experimentas la libertad.

Sin embargo, vivir en la libertad que trae la verdad es complejo en la práctica. Vivirla es como una guerra. Y las mentiras son engañosas por naturaleza. Necesitarás hacer de esto una batalla de por vida. Y es casi seguro que necesitarás ayuda.

Lo que he escrito sobre la verdad y la libertad en este libro es la punta del iceberg para identificar las mentiras del mundo y de tu sistema de creencias. Te animo a que busques lecturas adicionales o escuches algunos pódcasts que te ayuden a aprender más al respecto.

Tómense un tiempo para reflexionar juntos en la Verdad #7:

La verdad los hará libres.

1. ¿Recuerdan alguna ocasión en la que experimentaron una nueva sensación de libertad en Cristo porque identificaron una mentira que estaban creyendo y comenzaron a entender la verdad de acuerdo con la Palabra de Dios?

2. ¿Hay alguna mentira con la que estén luchando en este momento específicamente relacionada con la travesía de redención en la que se encuentran como pareja? Los ayudaré con cinco mentiras comunes que las mujeres y los hombres creen sobre el pecado sexual.

- "No puedo contarle esto a nadie".
- "Mi sexualidad está separada de mi espiritualidad. Así que esto no es tan grave".
- "Yo soy así. No puedo cambiar".
- "Las normas de Dios para el sexo son anticuadas".
- "Tengo que tener un desahogo sexual".[14]

3. Si han identificado una mentira de las anteriormente mencionadas, encuentren una verdad que resuene en su espíritu. Si necesitan algo de ayuda, he proporcionado algunas ideas a continuación, pero nada funciona tan bien como buscar en las Escrituras y orar para que Dios les revele la verdad. Lo que más importa es que comiencen a contrarrestar todo engaño trayendo la Palabra de Dios a su proceso de pensamiento.

   - Dios diseñó a la iglesia para ayudar a sanar a los que luchan con el pecado y la vergüenza (Santiago 5:16).
   - Tu pasado sexual y tus tentaciones actuales no te definen. La cruz, sí (1 Corintios 6:9-12).
   - El matrimonio y el sexo son una imagen del evangelio (Efesios 5:31-32).
   - Lo más importante de mi sexualidad no es cómo me siento, sino lo que Dios dice que es verdad (1 Juan 3:20).
   - Mi identidad es la de portador de la imagen de Dios (Génesis 1:26-27).
   - Las normas de Dios nunca estuvieron "de moda" (Génesis 19:5; 38:22; Levítico 18; Jueces 19:22; 1 Reyes 11:1-8; 1 Corintios 6:9).
   - La integridad sexual existe cuando mis elecciones sexuales son una expresión coherente de mis

compromisos relacionales y espirituales (Efesios 5:3;
1 Tesalonicenses 4:3-5; 1 Corintios 6:13-20).

- Se puede vivir sin un desahogo sexual, pero no se puede
  vivir sin el amor fiel de Dios (Proverbios 19:22).[15]

4. Oren juntos. Pidan al Señor que les revele cualquier mentira
   que hayan estado creyendo. Si están creyendo alguna
   mentira, pídanle que les revele la verdad y les renueve el
   entendimiento (Romanos 12:2).

Lecturas recomendadas:

- *Mentiras que las mujeres creen y la verdad que las hace libres*, de Nancy DeMoss Wolgemuth y/o *Mentiras que los hombres creen y la verdad que los hace libres*, de Robert Wolgemuth. Estos libros ofrecen un proceso de tres pasos para identificar las mentiras personales y sustituirlas por la verdad. Yo aporté un capítulo sobre las mentiras que creemos sobre el sexo. Las mentiras y verdades de este segmento de conversación proceden de ese libro.
- *Vivir sin mentiras*, de John Mark Comer. Este libro te ayudará a entender las mentiras de la cultura y te motivará a vivir en la verdad.

Sobre esas sillas rojas

Una alegría inexplicable brotó de mi espíritu. Lágrimas rodaron por mis mejillas.

Ni en mis sueños más descabellados habría imaginado que Dios redimiría aquellas sillas rojas. No tan a fondo. No de forma tan evidente.

Después que me las trajeran a casa, empecé a sentarme en una cada mañana. Con una taza de café en una mano y la Biblia en la otra, me empapaba de la presencia de Jesús. A veces, incluso me lo imaginaba sentado en la otra silla a mi lado. De este modo participaba en su redención.

Entonces llegaron nuestros preciosos nietos gemelos, nacidos prematuramente. Cuando llegaron a casa de la unidad de cuidados intensivos, los cuerpos de 1,8 kg de Addie y Zoe recibieron en esas mismas sillas el cuidado de sus padres, sus tías, sus tíos, sus abuelas, sus abuelos. Y de Bob y de mí.

Eso había sido una dulce gratificación.

Y ahora era aún más dulce.

Mi nuera, Aleigha (la madre de los gemelos), acababa de enviarme algo que le había pedido que escribiera. Era un prólogo para mi libro sobre la crianza de las preadolescentes. No podía imaginar lo sanadoras que serían estas palabras para mi corazón:

Hace un par de años, Bob y Dannah nos abrieron las puertas de su casa a Robby y a mí cuando trajimos a nuestras preciosas gemelas del hospital. Bob y Robby cuidaban de nuestras niñas hasta altas horas de la noche. Dannah se levantaba muy temprano para ayudarme con el primer biberón del día. Nos sentábamos en dos acogedoras sillas rojas, acurrucadas junto a su chimenea. Para mí, estas sillas son tierra santa, un lugar precioso donde encontré el amor radical e inmortal de Jesús. Dannah y yo abrazamos a mis bebitas, hablamos, reímos, lloramos y oramos. Escuchó lo que había en mi corazón y me transmitió la verdad. Verdades sobre mi Salvador, que sostuvo nuestras vidas en tiempos difíciles, verdades sobre mis hijas, verdades sobre mí.

Cuando tomes este libro, querida lectora, te estarás acurrucando en la silla roja de Dannah en la sala de su casa. Estarás riendo, llorando y recibiendo la verdad de su corazón para ti, y el inmenso amor de tu propio Salvador, Jesucristo.[1]

¡Qué inmenso el amor de nuestro Salvador!

Espero que puedas experimentar a nuestro Redentor de una manera tan hermosa y profunda como yo, amiga mía. Y luego, que le puedas contar a alguien tu historia de redención.

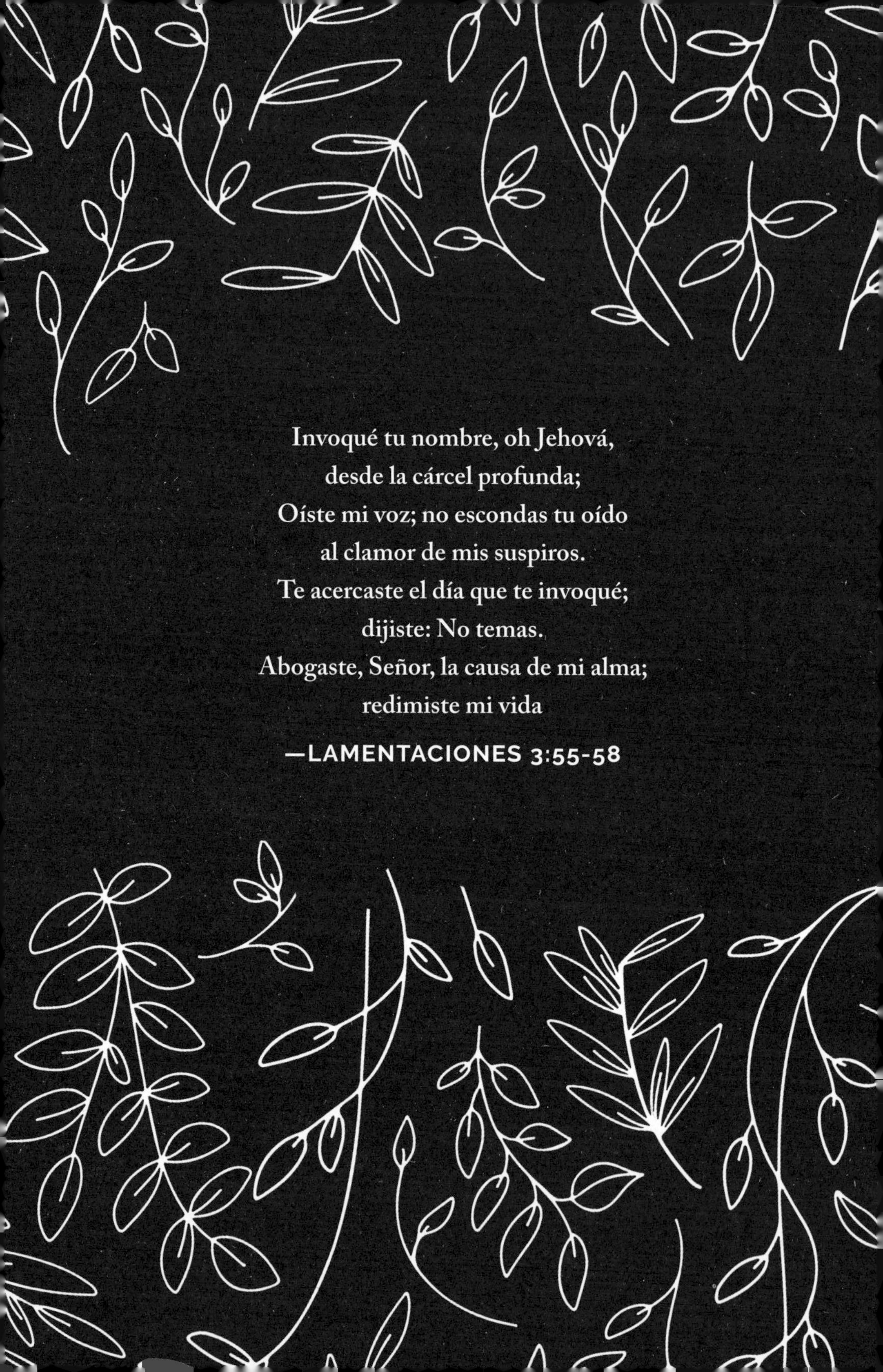

Invoqué tu nombre, oh Jehová,
desde la cárcel profunda;
Oíste mi voz; no escondas tu oído
al clamor de mis suspiros.
Te acercaste el día que te invoqué;
dijiste: No temas.
Abogaste, Señor, la causa de mi alma;
redimiste mi vida
—LAMENTACIONES 3:55-58

Contenido adicional

¿Tienes preguntas?

Incluso después de leer este libro, lo más probable es que sigas teniendo muchas preguntas. Algunas surgen con tanta frecuencia en mis debates, que me he sentido impulsada a ofrecerte contenido adicional para ayudarte a hallar respuestas.

¿Cómo sé si soy cristiana?

Dios te ama mucho, amiga mía.

Aquí mismo y en este momento, los ojos de Dios están puestos en ti (Salmos 17:8). Él te ve y está lleno de un amor profundo e incondicional por ti. Tienes todo su amor. Aquí en esta tierra, nada ni nadie tiene el poder de interponerse entre tú y Él (Romanos 8:31-39). Él te ama sin importar tu comportamiento (Romanos 5:8). No hay nada que puedas hacer para que Él te ame más o menos.

Espero que hoy empieces a comprender plenamente ese amor y a vivir en él.

Hay una cosa que eventualmente podría separarte de su amor: la muerte (2 Tesalonicenses 1:9), pero Dios te ama tanto que ha hecho algo radical para evitarlo. Te ha preparado un regalo.

No sé tú, pero yo nunca he recibido un regalo sin tener que extender la mano para aceptarlo. Déjame decirte cómo hacerlo.

Probablemente ya conozcas Juan 3:16, pero date el gusto de leerlo lentamente y detenerte en las palabras:

> Porque de tal manera amó Dios al mundo, que ha dado a su Hijo unigénito, para que todo aquel que en él cree, no se pierda, mas tenga vida eterna.
> **—Juan 3:16**

Jesús murió por *ti*.

¿Por qué?

Murió por tus pecados. Todos y cada uno de nosotros pecamos (Romanos 3:23). El pecado es un comportamiento que va en contra del diseño y el plan de Dios. Nos aleja de Dios y de quienes nos rodean. No importa cuál sea el pecado (mentir o ver pornografía, chismear o tener una aventura amorosa, guardar rencor o asesinar), todos tienen el mismo efecto: el potencial de provocar la separación eterna de Dios.

Sin embargo, hay una salida. Dios lo hizo posible.

Sentir la distancia entre Dios y tú es un paso importante en su plan. Verás, llegará el momento en que te hundirás en el fango y serás consciente de tu pecado. Puede que te sientas vacía, al límite de tus fuerzas, débil, desesperanzada o…, pues bien, pecadora. En realidad, esta es una buena noticia. Dios te está ayudando a entender tu necesidad de Él. Quiere que sientas la separación ahora para que no se convierta en una separación eterna.

Precisamente por eso, a veces las experiencias más duras de nuestra vida se convierten en las mejores. A menudo encontramos a nuestro Redentor, Jesús, cuando tocamos fondo.

Recuerda esta buena noticia mientras te cuento la mala.

> Porque la paga del pecado es muerte. . .
> **—Romanos 6:23**

La Biblia declara que el castigo por tu pecado es la muerte. El hecho es que el comportamiento pecaminoso te esclaviza al servicio de Satanás. ¿Pero sabes cómo se libera a un esclavo? Se compra su libertad. Jesús pagó por tu vida con su muerte.

Tu Redentor

Redimir algo es *comprarlo de nuevo*. En términos espirituales, la *redención* se refiere principalmente a la muerte de Cristo en la cruz, a través de la cual Él nos compró o rescató con el precio de su propia vida.

La gran noticia es que Jesús no siguió muerto. Volvió a la vida con el poder de perdonar tus pecados. Esto nos libera de la esclavitud espiritual que resulta en la muerte… si queremos.

Lo que nos lleva a la segunda parte del versículo de las Escrituras que cité anteriormente: la buena noticia que puede borrar la mala:

> … mas la dádiva de Dios es vida eterna
> en Cristo Jesús Señor nuestro.
> **—Romanos 6:23**

Jesús nos ofrece esta redención como un regalo para salvarnos de nuestra propia muerte. Esto no significa que no moriremos *físicamente*, sino que pasaremos la eternidad con Dios en el cielo. También significa que podemos vivir nuestra vida abundantemente aquí en la tierra en vez de vivir esclavizados a nuestro pecado y sufrimiento.

¿Cómo aceptar este regalo?

Aceptas el regalo de la redención de Dios cuando *crees* en Jesús y lo *recibes* como tu Salvador con una confesión de tu boca.

> … si confesares con tu boca que Jesús es el Señor,
> y creyeres en tu corazón que Dios le levantó de los
> muertos, serás salvo.
> **—Romanos 10:9**

Permítanme desglosar lo que significa *creer* en Jesús:

- Entender que Jesús es el Hijo de Dios.
- Aceptar que su muerte te salva de tus pecados.
- Dar a Jesús el control de tu vida.

¿Crees en Jesús?

Si es así, estás lista para *recibir* el regalo de Jesús como tu Salvador. Puedes comenzar ahora mismo con una oración como la que sigue a continuación:

> Amado Señor: reconozco que soy una pecadora. Te doy gracias por enviar a Jesús a morir en la cruz por mis pecados y por levantarlo de entre los muertos. Te pido que perdones mis pecados. Te invito a entrar en mi vida para que seas mi Señor. Gracias por salvarme. En el nombre de Jesús. Amén.

Si hiciste esta oración, algo sobrenatural acaba de suceder. Fuiste redimida.

Ahora cuéntaselo a alguien. Acércate a personas que conozcas que sean cristianas e invítalas a celebrar contigo. También puedes pedirles consejo sobre qué hacer para crecer en tu fe.

¿Por qué necesito un consejero (y cómo puedo encontrar uno bueno)?

Si aún no tienes un consejero cristiano, te recomiendo que busques uno.

No te sorprende, ¿verdad? Este fue el énfasis principal en la Parte 1 del libro, pero recibí comentarios de las primeras lectoras que estaban preocupadas por el coste. Y es cierto que la consejería puede ser costosa.

Pero te pido que reflexiones: ¿Cuál es el coste de *no* buscar ayuda?

Empecemos por el coste económico de la pornografía. Muchos hombres empiezan consumiendo pornografía gratis, pero muchos otros acaban pagando por ello. Cada segundo se gastan 3.075,64 dólares en pornografía por Internet. Ya, en 2006, se estimó que los ingresos de las empresas de entretenimiento relacionadas con el sexo ascendían a algo menos de 13.000 millones de dólares en Estados Unidos.[1] Y eso es solo pornografía.

Así que pregúntale a tu marido cuánto dinero gasta, si es que lo gasta, en esta adicción.

Y quiero que consideres un patrón que Bob y yo hemos observado. Muchos hombres que conocemos que administran sus propios ingresos (empresarios, dueños de negocios y vendedores) aumentan drásticamente sus ingresos con solo dejar de consumir pornografía. ¿Te imaginas cómo podrían cambiar los ingresos de tu familia a lo largo de tu vida?

Al menos un psicólogo especializado en terapia de la adicción al sexo, Doug Weiss, está de acuerdo en que la pornografía es una adicción que consume tiempo y dinero.[2] (Obviamente, lo mismo es cierto para aquellos cuyos hábitos han escalado a clubes de *striptease*, acompañantes sexuales y similares).

Y no hemos llegado a lo que la adicción a la pornografía y al sexo les está costando a ti y a tu marido en términos de su relación matrimonial, el efecto en tu familia en general o en la vida espiritual de tu marido. Y esperamos que nunca llegues a ese punto, ¡pero el costo del divorcio puede ser financiero y emocionalmente devastador para todos los implicados!

Con todo esto en mente, Bob y yo hemos optado por invertir económicamente en nuestro matrimonio y pagar la consejería que necesitamos. Cuando ha sido necesario, hemos pedido ayuda financiera a personas que nos amaban. Ha sido una gran alegría transmitir ese apoyo a otras parejas que conocemos cada vez que se presentó la oportunidad.

Todo esto es para insistir en que esperamos que consideres buscar un consejero cristiano.

Comienza ya a buscar un consejero cristiano

Esta no será una búsqueda fácil y puede llevarte semanas o meses encontrar al adecuado. Así que empieza ahora mismo.

Te recomendamos que busques un terapeuta con base bíblica e información clínica. Necesitas a alguien que ponga la Palabra de Dios como la máxima autoridad mientras trabaja con ustedes, pero que esté entrenado clínicamente para entender el efecto de la adicción y el trauma de la traición en el cuerpo y la mente humana.

Los consejeros con los que Bob y yo hemos trabajado utilizan muchos de los términos y herramientas de la industria de la recuperación para hacernos avanzar en nuestra travesía hacia la libertad, y estos han sido útiles. Pero hay una herramienta que Jesús mismo dice que es esencial para experimentar la libertad: la verdad.

El arma principal de Satanás para mantenerlos a ti y a tu esposo en esclavitud es el engaño. Después de todo, ¿no fue una mentira en el huerto del Edén lo que llevó al primer pecado?

Las mentiras son poderosas, pero la verdad de Dios es más poderosa que las mentiras de Satanás. Posee la habilidad de separarnos de las mentiras y la esclavitud de este mundo roto. Por medio de Jesucristo y su Palabra, tú y tu esposo pueden separarse del pecado y sus efectos. La gran palabra teológica para esto es *santificación*.

Jesús oró estas palabras por sus discípulos (y por nosotros) la noche antes de ser crucificado:

> "Santifícalos en tu verdad; tu palabra es verdad".
> —Juan 17:17

A medida que la verdad te santifique, experimentarás la libertad de las mentiras (Juan 8:31-32). Ese es el objetivo de encontrar la redención: ¡la libertad plena! Para experimentar eso, recomiendo un terapeuta que esté absolutamente comprometido con la autoridad de la Biblia.

Bob y yo no hemos tenido éxito en encontrar el adecuado en nuestra ciudad natal. Hay algunos buenos terapeutas cristianos donde vivimos, pero o bien no teníamos la química adecuada, o había demasiadas relaciones complejas en juego para que nos sintiéramos cómodos con nuestras opciones locales. Sin embargo, no dejamos que eso nos impidiera encontrar la ayuda que necesitábamos.

¡Tampoco dejes que eso te detenga!

En los últimos años, hemos descubierto que muchos terapeutas están dispuestos a tratar a pacientes por Internet. Dispones de muchas opciones. Bob trabaja en línea con Phil cada semana, y Phil vive en Nashville. Yo trabajo con mi querida Tippy de vez en cuando, y estoy planeando tener una terapia intensiva para finales de este año. Ella vive en Missouri. El consejero matrimonial con el que hemos trabajado, Pete, está en Colorado. Hemos viajado allí cuando ha sido necesario para recibir atención en persona.

Para buscar un consejero cristiano, probablemente tendrás que investigar y hacer una breve entrevista a varios, y luego programar sesiones con unos cuantos. (¡Si aciertas a la primera, serás especialmente bendecida!). Puedes empezar haciendo estas dos cosas:

1. **Investiga al terapeuta y haz una breve entrevista telefónica antes de concertar tu primera cita.** Busca respuestas a tus preguntas sobre su fe. No necesitas a alguien que esté de acuerdo con cada detalle de tu teología, pero yo buscaría a alguien que entienda la redención en Jesucristo y la autoridad de las Escrituras. Este es el tipo de preguntas que puedes hacer para tener una idea de lo que cree un terapeuta y de cómo ha sido formado.

   - ¿Puede hablarme de su relación con Jesucristo?
   - ¿Qué cree acerca de la autoridad de la Biblia?
   - ¿Qué papel desempeña la oración en su trabajo de consejería?
   - ¿Cómo cree que influyen las mentiras en los problemas crónicos de conducta?

   También hay que formular algunas preguntas para conocer la formación clínica del terapeuta, como por ejemplo:

   - ¿Tiene licencia para aconsejar a pacientes?
   - ¿Qué experiencia y formación tiene para ayudar a personas con adicción al sexo?
   - ¿Qué experiencia y formación tiene para ayudar a individuos que están experimentando un trauma por traición?

2. **Considera tus primeras citas como una entrevista extensa.**
   No estás obligada a trabajar con un terapeuta si no sientes
   que está comprometido con la Palabra de Dios, si no tiene la
   formación clínica adecuada para satisfacer tus necesidades o
   si simplemente no sientes la química adecuada. La consejería
   es una relación íntima e importante. No te conformes con
   nada que no sea perfecto. Si no lo encuentras, no hay ningún
   problema en seguir buscando.

Sé persistente. Vale la pena.

Considera la posibilidad de empezar con una terapia intensiva

El modelo convencional de terapia consiste en una sesión semanal de
una hora. Nos pareció una forma muy lenta de progresar, sobre todo
cuando hacíamos terapia de pareja. Cuando hablábamos de algo importante, parecía que la sesión había terminado. A menudo nos sentíamos
como si saliéramos del quirófano con el corazón abierto de par en par.

Entonces descubrimos el modelo de terapia intensiva, que emplea
sesiones más largas durante un tiempo limitado. Por ejemplo, el tratamiento puede concentrarse en sesiones diarias de tres horas, cinco días
seguidos, durante un periodo de una a cuatro semanas. Esto es estupendo si alguno de los dos necesita atención emocional urgente o si
solo quieren pasar las vacaciones recuperando su matrimonio. Después
de completar una terapia intensiva, pueden seguir eficazmente con el
modelo convencional.

Descubrimos que podíamos avanzar más en dos semanas con este
tipo de terapia, que en un año con sesiones convencionales.

Hay numerosos centros de consejería que ofrecen terapia intensiva,
y algunos terapeutas te atenderán en sesiones de terapia intensiva si lo
solicitas. Te lo recomendamos para empezar a trabajar.

¿Dónde puedo encontrar grupos de apoyo gratuitos o asequibles?

Tu marido necesita a su gente.

Y tú necesitas a la tuya.

Ya he mencionado que necesitas dos tipos de personas:

- Cada uno de ustedes necesita un grupo de hombres o mujeres que hayan pasado o estén pasando por lo mismo.
- Ustedes también necesitan explicar lo que están viviendo a sus amigos más cercanos y confiables.

Busca un grupo de apoyo

Muchas comunidades tienen grandes grupos de apoyo en persona para las esposas cuyos maridos consumen pornografía o practican otras formas de pecado sexual. Si tu comunidad no lo tiene, existen excelentes grupos de apoyo en línea.

Para ser sincera, no he participado en ningún grupo local (no había ninguno cerca de mí) ni en ningún grupo de apoyo en línea (prefiero algo más íntimo). En cambio, he creado mi propia red de mujeres cuyas vidas eran similares a la mía y que han pasado por una adicción a la pornografía u otro tipo de pecado sexual con su marido. Puede que tengas que hacer esto: crear tu propio programa como hice yo.

No obstante, la gran mayoría de mujeres encuentran que los grupos existentes para parejas funcionan bien para ellas.

Es imperativo que los grupos con los que tú y tu esposo trabajan exijan una confesión 100% sincera y humilde. La verdad no puede diluirse. Y no se puede tolerar la gracia barata. Muchos grupos permiten una transparencia parcial o simplemente le dan una palmadita en la espalda a alguien cuando dice algo superficial como "Estoy luchando" o "Tuve una mala semana". Ese no es el tipo de sinceridad que producirá la victoria. Agradéceles amablemente y busca otro grupo.

Me entristece decir que mi esposo tuvo más éxito en un grupo local de recuperación de doce pasos, que en sus grupos cristianos de rendición de cuentas para hombres. Esto se debe a que él ha encontrado que los hombres en los grupos de doce pasos tenían más humildad y estaban lo suficientemente quebrantados como para ser absolutamente sinceros acerca de su lucha. Bob ha utilizado tanto un grupo de doce pasos local como grupos de doce pasos en línea, y cuando viajamos a veces busca alguna reunión en el lugar donde nos encontramos.

Ahora bien, ¿qué pasa con mi requerimiento de que la consejería y el trabajo en grupo se basen en la Biblia? Esa es precisamente la razón por la que Bob *también* participa en un grupo de rendición de cuentas de hombres en nuestra iglesia. Cada semana se reúne con hombres piadosos para orar, y eso me hace sentir increíblemente segura, pero comprendo su necesidad de estar con hombres que no tienen miedo de ser sinceros con su pecado. Y los hombres en su grupo de recuperación de doce pasos definitivamente saben que él es un seguidor de Cristo.

No oculta quién es su "Poder Superior", y no es el único. Esto es lo que le ha funcionado a mi marido.

Considera comenzar con un retiro o conferencia

A veces, una excelente manera de encontrar a tu gente es comenzar con un retiro o una conferencia. Esto también puede acelerar tu curva educativa a medida que aprendes sobre la adicción y la recuperación y te llenas de la Palabra de Dios. Si no puedes pagar un programa de terapia intensiva, esta es una gran manera de poner en marcha tu travesía y tiene una buena relación entre costos y eficacia.

Cómo decírselo a tus amigas

La Biblia declara que Satanás "como león rugiente, anda alrededor buscando a quien devorar" (1 Pedro 5:8). Los leones suelen cazar buscando un animal que esté aislado y solo. A veces lo hacen acechando a un grupo de animales y dispersándolos. Intentan aislar a la víctima.[1]

No dejes que esa seas tú. Cuéntale a alguien que estás luchando y por qué.

No a todo el mundo, por supuesto.

Serás bendecida si tienes dos o tres amigas piadosas en tu iglesia con las que puedas hablar de cosas reales. Aunque ciertamente te resulte intimidante, hacer esto desarma a Satanás de una de sus armas favoritas: la soledad.

Permíteme repetirlo, cuéntaselo a alguien.

¿Tengo cara de tonta?

Numerosas mujeres casadas con hombres que luchan con el pecado sexual dicen que se sienten como unas completas tontas. ¿Puedes identificarte? (Levanta la mano lentamente).

¿Te sientes como una tonta en este momento?

Para agravar este dolor están los consejos simplistas de personas o libros que no comprenden la complejidad de la situación. Algunos dicen: "Solo tienes que perdonarlo". Otros: "Solo tienes que dejarlo".

Cuando los demás simplifican demasiado tu situación y la forma en que deberías responder, tienden a causar una vergüenza nociva, lo que aumenta esa sensación de sentirse como una tonta.

Aunque la verdad es que, incluso sin la opinión de los demás, probablemente te resultaría difícil no sentirte una tonta.

- tonta por no tener ni idea de lo que estaba pasando
- tonta por ignorar tu sensación de que algo no estaba bien
- tonta por creerle cuando prometió cambiar
- quizás tonta por atreverte a creer que tu matrimonio realmente podría redimirse (que será nuestro principal objetivo aquí)

Para mí, sentirme una tonta se vio agravado por el hecho de que había construido *todo un ministerio* sobre la misión que Dios había imprimido en mi corazón allá en las calles de Chicago. Había escrito un exitoso libro para adolescentes sobre el tema de la integridad sexual. El equipo de mi ministerio y yo habíamos capacitado a grupos de personas en todo el mundo para ayudar a otros a vivir en lo que llamábamos *libertad pura*.

Tuve que cargar ese paquidermo y llevarlo a la sala de consejería para que Tippy me ayudara a mirarlo con sinceridad.

Ahora bien, déjame decirte algo que aprendí: sentirte como una tonta puede alojarse fácilmente en tu sistema de creencias. Puedes creer fácilmente la mentira de que *eres* una tonta, especialmente si quieres seguir adelante con tu matrimonio.

Permíteme presentarte a una mujer cuya historia me dio el valor de enfrentar esa mentira con algo significativo.

Conoce a Cindy Beall

Un día estaba buscando un salvavidas en Amazon cuando encontré un libro titulado *Sanidad cuando la confianza se pierde: Cómo encontrar el perdón y la restauración en su matrimonio*. Quería leerlo enseguida, así que lo descargué en mi iPad y empecé:

> Si estás leyendo este libro, lo más probable es que te encuentres ante un obstáculo tan grande, tan ancho y tan alto, que pienses que no hay esperanza, pero, con Dios, siempre hay esperanza.[1]

Me cautivó de inmediato.

La historia de esta mujer era muy diferente de la mía. El marido de Cindy, Chris, era un líder religioso que había tenido una aventura amorosa y había dejado embarazada a la otra mujer. Yo no había pasado por eso. Sin embargo, me sentí identificada con las palabras de Cindy. Tenían un poder sanador para mí.

Pensé: *¡Quiero lo que tiene esta mujer!*

Al seguir leyendo, me enteré de que el pastor de Chris y Cindy, Craig Groeschel, no sabía muy bien qué hacer cuando se enteró de la infidelidad de Chris. No obstante, pensó que, si la gente escuchaba la verdad con amor, no tendrían motivos para murmurar. Así que, con sumo cuidado, contó lo sucedido a *toda la iglesia.*

No se trataba de la vergüenza pública forzada que emplean algunas iglesias, sino de un llamado al cuerpo de Cristo a ser un lugar seguro para esta pareja de cónyuges heridos y para que creyeran que Dios podía hacerlos "mejores que si fueran nuevos". (Eso es lenguaje de redención, amiga mía).

La iglesia se convirtió en un hospital, no solo para Chris y Cindy, sino para cualquiera que estuviera espiritualmente enfermo (¡necesitamos más hospitales y menos clubes de fe!).

En ese tiempo, Cindy recibió un excelente consejo de uno de los líderes de la iglesia: *No tomes grandes decisiones sobre cómo responder en este momento. Deja que tus emociones se estabilicen.* (¡Parece un consejo sabio y clínicamente informado!). Sin embargo, Cindy necesitaba un poco de espacio, así que se fue con su hijo de tres años, Noah, a casa de sus padres. Mientras se recuperaba allí, visitó al pastor de su madre para pedirle consejo.

La actitud pastoral del pastor Dan hizo que Cindy se sintiera segura de contarle toda su historia. Quería saber: *¿Debo quedarme o debo irme?* Su respuesta lo cambió todo para mí. Esto es lo que dijo:

> Lo que has soportado es muy duro, pero no pienses que eres una tonta si te quedas para ser parte de la obra redentora en la vida de un hombre.[2]
> —**Pastor Dan**

Lágrimas comenzaron a correr por mis mejillas.

Nunca quise renunciar a mi matrimonio. Ni una sola vez, pero sí luché por no sentirme una tonta. Si te pasa lo mismo, deja que esta verdad penetre en tu mente y tu corazón:

Dios ha permitido esta crisis en tu vida. Esto significa que, al menos por esta temporada, es un llamado a tu vida a cuidar y edificar tu matrimonio.

Si eres como yo, no es fácil aceptarlo. Yo quería estar en el campo misionero, sirviendo con denuedo o estar encerrada en una cabaña escribiendo un libro o ser mentora de adolescentes. Sin embargo, me resistía a esta asignación de Dios de participar en la historia de redención de mi marido.

¿Por qué?

Me sentía como una tonta.

Leer el libro de Cindy, *Sanidad cuando la confianza se pierde*, transformó mi mente. Su testimonio cambió mi forma de pensar para que considerara un honor participar en la historia de redención de Bob Gresh.

Cada vez que Dios nos llama a hacer algo, es un gran honor. Empápate de este pensamiento:

> El llamado de Cristo es siempre una promoción. Si Cristo llamara a un rey de su trono para predicar el evangelio a alguna tribu de aborígenes, ese rey sería elevado por encima de todo lo que antes conoció. Cualquier movimiento hacia Cristo es ascenso, y cualquier dirección lejos de Él es descenso.[3]
> —A. W. Tozer

¿Por qué necesito ayuda si el problema lo tiene él?

Permíteme responder esta pregunta con una historia.

El marido de Melissa Ruff había luchado con la pornografía desde que tenía apenas siete u ocho años. Su adicción a la pornografía estuvo en segundo plano durante sus años de noviazgo y los primeros años de matrimonio. Con el tiempo obtuvo la ayuda que necesitaba y experimentó la sanidad de Dios. Melissa comenta que él "se convirtió en una persona completamente diferente. Ahora es un marido increíble, un padre increíble… ¡todo lo que cualquier mujer desea en un hombre!".[1]

Sin embargo, ella no se dio cuenta de lo dañino que había sido el ciclo de la pornografía para su propia mente y corazón.

"Pensé que como él había cambiado y se había sanado y Dios había hecho algo milagroso en su vida, a mí me pasaría lo mismo —señala Melissa—. Que yo también sanaría y estaría bien. Y que tendríamos una vida sexual estupenda. Resulta que eso no fue lo que sucedió… Hubo muchos traumas durante todos los años de ese ciclo. Así que tuve que buscar mi propia consejería y ayuda para empezar a sanar".[2]

Hoy Melissa es la directora de *Live Free Wives*, una comunidad en línea de mujeres afectadas por la traición sexual y la infidelidad. No quiere que otras mujeres cometan el mismo error que ella y retrasen la sanidad.

Asumir el daño

He aquí una frase profunda que me dijo nuestro consejero matrimonial:

> Si quieres experimentar la sanidad, tienes
> que asumir el daño.
>
> —Pete Kuiper

Francamente, no me pareció justo cuando me la dijo. Y se lo comenté. Este querido hombre me dio la más maravillosa descripción gráfica para corregir mi pensamiento equivocado. He aquí la explicación.

Imagina que pasas por delante de una puerta vaivén, de las que se ven en los restaurantes y que llevan a la cocina. Al pasar, la puerta se abre con fuerza y te golpea en la cara. Te agachas con un dolor insoportable y te llevas la mano a la cara. Sientes algo húmedo y viscoso. Retiras la mano y ves que está cubierta de sangre. El cocinero que abrió la puerta está completamente apenado. "Lo siento mucho", exclama una y otra vez. Te trae hielo y paños limpios para la nariz. Vuelve a disculparse profusamente.

Aceptas sus disculpas porque, bueno, eres amable, pero después de media hora, la nariz te sigue sangrando. Parece que hay que cauterizarla.

¿Quién tiene que ir al hospital? ¿El cocinero o tú?[3]

Tú, por supuesto. Es tu cara, y tienes que asumir el daño porque eres la dueña de la nariz, y lo mismo ocurre cuando alguien hiere tu mente y tus emociones. Tu marido puede estar arrepentido. Puede que esté profundamente dolido por cómo te ha herido su pecado. Incluso puede que estés dispuesta a perdonarlo. Sin embargo, tu mente y corazón *todavía* necesitan atención especial para que experimentes la sanidad.

Tu trabajo de sanidad puede incluir consejería personal, consultas médicas, hacer ejercicio, comer bien, terapia de grupo y muchas otras cosas. Una vez, tras una larga conversación con una amiga psicóloga, decidí que mi cuidado personal requería comprarme una blusa amarilla. Es una larga historia, ¡pero marcó la diferencia!

La cuestión es: tienes que descubrir lo que necesitas y elaborar *tu* plan, pero si quieres sanarte, primero tienes que asumir el daño.

¿Por qué vuelve la tristeza?

Creo que es por la misericordia de Dios que no sintamos toda nuestra tristeza a la vez, pero aun así necesitamos sentirla. Toda. Por lo general, viene en etapas u oleadas.

Puede que aún no hayas identificado el dolor en tu corazón porque estás tan entumecida y confundida, que no estás segura de lo que sientes.

O puede que estés demasiado abrumada por el miedo y la ira como para comprender lo que está pasando.

O puede que sigas pensando, como yo al principio, que tienes que mantener el control de las cosas.

Y eso, amiga mía, no es solo una mentira, sino un obstáculo para tu sanidad y para la redención de tu matrimonio.

La aflicción es una respuesta humana normal al dolor y la pérdida. También es una respuesta apropiada al quebrantamiento y al pecado de nuestro mundo.

Recuerda que Jesús lloró ante la tumba de su querido amigo Lázaro (Juan 11:35). El Salvador del mundo era impecable y perfecto y, a pesar de ello, se afligió hasta el punto de llorar.

Sin duda, ¡eso debería decirnos algo!

La aflicción es una respuesta perfecta y sin pecado al quebrantamiento que enfrentamos en este mundo caído.

No sé a ti, pero a mí me parece extraño o incluso antinatural cuando asisto a un funeral donde las personas no parecen estar tristes. Sin embargo, me conmueven profundamente los hombres y las mujeres que expresan con sinceridad la aflicción abrumadora de su dolor, *mientras* expresan esperanza en Cristo.

Vi ese tipo de sinceridad cuando asistí al funeral de la Dra. Lois Evans. Su servicio de conmemoración fue una mezcla de lágrimas y celebración. Su hijo, Jonathan Evans, exjugador de la NFL y capellán de los Dallas Cowboys, pronunció un discurso laudatorio que se hizo viral:

> Les hago saber que hoy estoy afligido, pero no abrumado. Estoy perplejo, pero no desesperado, porque tenemos la victoria en Jesucristo.[1]

¿Por qué tanta gente quería oír el doloroso lamento de este hijo? Porque era genuino. Y nos recordó algo importante: el mundo no es como debería ser. La aflicción sincera de Jonathan nos invitó a hacer una pausa en nuestro interminable ajetreo para recordar que vivimos en un mundo pecador y caído. También nos invitó a considerar cómo debemos participar en la obra redentora de Dios para la humanidad.

Necesito que sepas esto: las mujeres piadosas lloran.

Por la muerte, por la pérdida, pero también por el pecado.

Las lloronas

En el Antiguo Testamento, Dios instruyó a su pueblo no solo a afligirse, sino a lamentarse y llorar en tiempos de pecado e injusticia. El profeta Jeremías, que escribió sobre la nación de Israel hundida en todo tipo de maldad, perversidad y engaño, también escribe:

> Así dice Jehová de los ejércitos: Considerad, y llamad plañideras [lloronas] que vengan; buscad a las hábiles en su oficio; y dense prisa, y levanten llanto por nosotros, y deshágganse nuestros ojos en lágrimas, y nuestros párpados se destilen en aguas.
> —Jeremías 9:17-18

Las "plañideras [lloronas]" a las que hace referencia este versículo eran mujeres lloronas profesionales, que se contrataban para evocar y expresar las emociones del pueblo. Al parecer, las lágrimas del pueblo de Dios estaban tan secas, que tenían que *pagar* a personas para que respondieran apropiadamente a lo que estaba sucediendo en la tierra.

¡No dejes que tus propias lágrimas se sequen por el estado de tu matrimonio! Necesitas enfrentar cara a cara la tristeza de esta temporada, no solo porque tu esposo ha entristecido tu corazón, sino porque ha entristecido el de Dios. Cuando expresas tu dolor, tu corazón está alineado con el de Dios, y le expresas tu clamor sincero para que sea tu fortaleza.

Mientras Bob y yo nos ocupábamos de nuestro corazón, mi propio progreso se retrasaba por creer la mentira de que tenía que mantener mis emociones bajo control. Pensaba que eso era lo que significaba ser "fuerte en el Señor".

Durante una sesión de consejería con mi querida Tippy, ella confrontó la mentira que estaba viviendo y me invitó a probar algo más auténtico.

"Dannah —me desafió—. Tienes que aprender a llorar".

Y entonces, me asignó la tarea de estudiar el libro de Lamentaciones. Lo hice, y te diré que ese libro no es ninguna fiesta en las páginas de la Biblia, pero es una gran herramienta de preparación en la auténtica vida cristiana. Un seguidor de Cristo expresa su dolor por el quebrantamiento de nuestro mundo mediante su llanto.

No te preocupes, ¡no voy a pedirte que estudies el libro de Lamentaciones! Ahora bien, sí quiero ayudarte a identificar tu propio dolor y tener una idea de dónde te encuentras en el proceso del duelo. También espero mostrarte algunas verdades básicas de la Palabra de Dios para que sepas qué hacer para procesar adecuadamente tu dolor.

Las olas del duelo

Es bien sabido que el duelo se desarrolla en etapas predecibles.[2] Ahora bien, como te dirá cualquiera que haya experimentado un dolor y una pérdida profundos, esas etapas casi nunca están claramente definidas. No acabas de pasar por una, que pasas a la siguiente.

Lo más habitual es que las distintas experiencias de duelo te golpeen en olas que te arrastran (¡a veces te derriban!) y luego retroceden. No es raro creer que has terminado de pasar una de ellas, para que te vuelva a arrasar otra. Solo con el tiempo, a medida que vas superando el dolor de forma adecuada, las olas del duelo se vuelven más suaves y disminuyen gradualmente.

En otras palabras, va a mejorar.

Te lo prometo, pero primero necesitas hacer el duelo.

¿Qué etapas de duelo podría experimentar?

En la Pregunta #6 vimos tu necesidad de afligirte y llorar después del *shock* de descubrir el pecado secreto de tu esposo en el matrimonio. También identificamos que el duelo es un proceso que típicamente viene en oleadas o etapas. Veamos esa progresión típica, teniendo en cuenta que el proceso puede no ser siempre lineal y cerrado. Es posible que no pases de una etapa a otra de forma ordenada y que a veces sientas que has vuelto al punto de partida, pero al final lo lograrás.

Primera etapa: Entumecimiento/Negación

Después del *shock* inicial al descubrir que un esposo ha caído presa del pecado, muchas mujeres se entumecen. Sus emociones pueden adormecerse hasta el punto de que no solo no sienten dolor, sino que no sienten casi nada.

Esta no es una respuesta nueva, por supuesto, ni es exclusiva de las mujeres. David escribió sobre ello en el Salmo 38. La Nueva Biblia de las Américas traduce el comienzo de ese versículo como "Estoy entumecido" (v. 8).

Algunas mujeres en estas primeras etapas pueden incluso encontrarse en completa negación, aceptando una realidad diferente a la que están viviendo. Como un acto de supervivencia, ¡fingen que todo está bien!

De modo que esta fase del duelo puede incluir cualquier cosa, desde convencerse de que todo ha sido un gran error hasta lanzarse de lleno a la resolución del problema, e incluso al perdón prematuro. Puede que estés haciendo todo lo "correcto" y, aun así, no entiendas bien lo que estás atravesando. La sensación general es:

"Todo va a estar bien".

Sin embargo, las cosas no están bien, ¿verdad?

Lo más útil que puedes hacer en esta etapa es darte tiempo para dejar que la realidad te absorba y que afloren tus sentimientos. (¡Y lo harán!). Escucha los consejos de amigos de confianza que puedan ayudarte a ver lo que tú no ves. Recuerda que el entumecimiento e incluso la negación son respuestas normales a un *shock* doloroso. Y resiste el impulso de precipitarte a resolver la situación antes de haberla sentido, pero no te quedes en esta fase. Admite el dolor y busca la ayuda que necesitas para seguir adelante.

Salmo 38:8 continúa diciendo: "...gimo a causa de la agitación [angustia] de mi corazón" (NBLA). David no cedió al entumecimiento cuando estuvo abatido. Permitió que su espíritu despertara... y gimiera de angustia.

Tú también debes darte permiso para llorar.

Segunda etapa: Autoinculpación

Una vez pasado el *shock*, se sabe que el duelo invita a las mujeres a mirar detenidamente el pasado y magnificar las cosas. Y, para algunas, esto se convierte en una invitación a culparse por lo ocurrido.

Esto puede ser tan sencillo como pensar: *Es evidente que lo vi venir. ¿Cómo no hice nada para evitarlo?*

Si te encuentras en este punto, puede que te sientas como una imbécil. La sensación general que puedes experimentar durante esta fase es:

"¡Es culpa mía!".

Muchas mujeres experimentan largas temporadas de autoinculpación. Y este tormento autoinfligido es una distracción malsana y poco útil de los problemas reales del matrimonio.

Aquí es donde algunos intentarían consolarte con: "No es tu culpa". Y eso es cierto hasta cierto punto. Tu esposo tendrá que comparecer solo ante Dios para explicar lo que ha hecho para ofender tus votos matrimoniales (Romanos 14:12). Su pecado *es* culpa suya.

No obstante, aceptar la verdad de Dios es a menudo mucho más complejo que recibir un consuelo rápido. Por eso no te diré: "No es culpa tuya".

El objetivo, como ves, es no culpar a nadie excepto a la principal fuente de tu dolor y apuntar tu dedo acusador en *esa* dirección. En 1 Pedro 5:8 leemos: "Sed sobrios, y velad; porque vuestro adversario el diablo, como león rugiente, anda alrededor buscando a quien devorar".

Satanás ha devorado el corazón y la mente de tu esposo durante un tiempo. Ha merodeado y ha puesto sus ojos en tu matrimonio. Es el principal culpable de esta dolorosa situación en la que te encuentras.

Si aun no lo ha hecho, tu marido tendrá que asumir la *responsabilidad* de lo que hizo. Tiene que confesar y asumir su pecado. Tú también, tendrás que hacerlo con cualquier pecado del que Dios te esté trayendo una legítima convicción. Sin embargo, la *culpa* abrumadora y condenatoria de cualquiera de los dos no encaja en el esquema de redención de Dios. Romanos 8:1 declara: "Ahora, pues, ninguna condenación hay para los que están en Cristo Jesús, los que no andan conforme a la carne, sino conforme al Espíritu".

Tercera etapa: La ira

Desde el tratamiento del silencio hasta los estallidos explosivos de ira, la ola de la ira se presenta en todas las formas y tamaños, pero rara vez pasa desapercibida. No es difícil identificar esta ola.

La sensación general que siente una mujer durante esta ola de dolor es:

"¡Cretino egoísta!".

(¡Y esa es la versión apta para todos los públicos!).

La ira como emoción es natural e incluso productiva. Es la parte de "lucha" de la respuesta de "lucha o huida" ante una situación de peligro o dolor, una ola de energía destinada a mantenernos a salvo. Los *sentimientos* de enojo no son algo de lo que debamos avergonzarnos o negar. Tampoco lo es expresar sinceramente tus sentimientos de enojo "mediante palabras".

Sin embargo, la ira descontrolada es algo completamente distinto, sobre todo cuando adopta la forma de gritos, insultos, tratamiento del silencio, arrojar objetos o ejercer violencia física con la otra persona. Tales expresiones de ira son improductivas en el mejor de los casos y pueden ser increíblemente destructivas.

Por desgracia, yo sé algo de esto. Verás, una vez Bob y yo recibimos el consejo de un hombre que pensó que sería útil que yo me dirigiera a Bob con una palabrota despectiva. Pasó la mayor parte de nuestra primera (y única) sesión juntos insistiéndome hasta que finalmente miré a Bob y repetí sin entusiasmo la palabrota que este hombre equivocado había estado intentando que dijera.

Fue como abrir una compuerta. Al final de la semana le estaba *gritando* esa palabrota a Bob… ¡y no sin entusiasmo! Desgraciadamente, también se la gruñía en voz baja a los demás conductores para expresar mi bronca al volante, *¡algo con lo que jamás había tenido problemas!*

He aquí el problema de la expresión descontrolada de la ira. Te *mantiene* enfadada. De hecho, te enfada más. Y la ira es simplemente una emoción secundaria, es decir, una prueba de que te han herido y necesitas darte permiso para llorar.

Efesios 4:26 señala: " Airaos, pero no pequéis". Tienes permiso de Dios para enfadarte. Y también tienes la advertencia de tener cuidado mientras procesas tu enfado.

Tu marido pecó. La Biblia comunica una y otra vez que a Dios le enfada el pecado. Tú también puedes enfadarte por él, pero recuerda que tú no eres Dios. Y la manera en que comunicas y expresas tu enojo puede conducirte al pecado. ¿Qué sentido tiene responder al pecado con otro pecado?

Esta es una oportunidad única en la vida para que aprendas a expresar tu ira de la manera correcta y en el momento adecuado. Escribe tu frustración en un diario. Golpea una almohada. Háblalo con una amiga. Practica boxeo, pero procesa tu ira adecuadamente. De lo contrario, seguirás incitando a quien empezó todo esto desde un principio: el diablo.

He aquí un excelente versículo para escribir en tus tarjetas si te encuentras estancada en la etapa de la ira.

> Airaos, pero no pequéis; no se ponga el sol sobre vuestro enojo, ni deis lugar al diablo.
> **—Efesios 4:26–27**

Deja que la ira te recuerde quién es el verdadero enemigo en este capítulo de tu historia. Y de paso, deja que te lleve a comprender un poco mejor tu dolor.

En la mayoría de los casos, las mujeres descubren que la ira es una boya en la cima de su océano de emociones, pero que en el fondo hay algo a lo que realmente no quieren enfrentarse: el miedo. De modo que, si estás experimentando ira, tal vez necesites hacerte esta pregunta: *¿De qué tengo miedo?*

Tal vez tengas miedo de que tu marido se aleje de su fe cristiana. O tal vez tu miedo se deba a lo que la gente podría pensar de *tu* fe cristiana si te derrumbaras en lugar de mantenerte firme.

(La ira es un magnífico pegamento emocional). Puede que te aterre que tu marido te deje, que tú tengas que dejarlo o que simplemente nunca te recuperes.

Esos temores no siempre son racionales (aunque podrían serlo). No obstante, cuando empezamos a ser sinceras sobre lo que sentimos y lo verbalizamos (a un consejero, a un grupo de apoyo y, finalmente, a nuestro esposo), la bestia de la ira que llevamos dentro no tendrá nada que la alimente.

Mi mayor temor era que nuestra relación no volviera a ser la misma. Y, en cierto modo, era un miedo razonable. Después de lo que habíamos atravesado, ¿cómo podía ser de otra manera? Entonces me di cuenta de que mi miedo y mi ira me estaban distrayendo de la maravillosa verdad de que Dios podía redimir nuestra relación.

Que no estaba luchando por el matrimonio que antes había tenido, sino por uno nuevo y mejor.

Y que lo que yo temía no era probable que sucediera, pero, si sucedía, ¡la gracia de Dios me ayudaría a superarlo!

Fue entonces cuando finalmente llegué a donde mi dolor me decía que fuera…

Cuarta etapa: Tristeza profunda

Cuando por fin llegamos al lugar de la tristeza profunda (y para mí fue bastante rápido), a menudo descubrimos que el dolor es insufrible e implacable. Aquí las noches serán más oscuras y más solitarias. Las olas serán más altas. Tendrás muchas preguntas que amenazan con abrumarte.

Y aquí es donde aprendes a lamentarte.

Lamento: "llanto de aflicción y dolor".[1]

Así lo define el diccionario, pero para el cristiano, el lamento va más allá de la aflicción y el dolor. El lamento cristiano se mezcla con la fe. No es solo un llanto de impotencia, sino también una mirada esperanzada al Señor. En realidad, ¡es una forma de oración!

Puedes usar versículos de la Biblia en tus tarjetas para expresar tus oraciones de lamento. (¡Espero que sigas recopilando versículos para memorizar y meditar!). Los Salmos son una fuente especialmente rica; de hecho, una búsqueda en Google de "salmos de lamento" revelará un tesoro de versículos. Para convertirlos en oraciones, basta con leerlos en voz alta o parafrasearlos.

Por ejemplo, podrías basar tu lamento en Salmos 102:4, 12: "Mi corazón está herido, y seco como la hierba, por lo cual me olvido de comer mi pan… Mas tú, Jehová, permanecerás para siempre, y tu memoria de generación en generación".

A medida que aprendas el modelo de las Escrituras, podrás ir formando tus propias oraciones de lamento. "Dios, hoy estoy experimentando profundas olas de miedo y frustración, como nunca he conocido. Por favor, calma la tormenta de mi corazón, así como calmaste la tormenta en el mar para tus discípulos".

Y aquí, amiga, es donde Jesús camina sobre las aguas. En medio de las olas.

Te animo a que seas como Pedro que estaba en la barca lleno de miedo, con los ojos bien abiertos para ver a nuestro Dios de carne y hueso allí en la oscuridad (Mateo 14:22-33). Escucha a Jesús decirte: "No temas". Dile a tu miedo y a tu tristeza que se sometan al Salvador.

Y entonces Él te invitará a caminar sobre esas olas profundas y oscuras como solo Él puede hacerlo, y te dirá: "¡Ven!". Y espero que vayas hacia Él.

Ahora bien, todavía tendrás muchas preguntas que parecen imposibles de responder. Es entonces cuando te hundirás y te preguntarás por qué no te quedaste en la barca.

La mujer insensata es la que no acepta las preguntas y lucha con ellas, pero no es el momento de buscar respuestas. ¿Crees que Pedro hacía algo más que aferrarse a Jesús en aquellas altas olas de miedo? Te insto a que guardes tus preguntas para más adelante. Por ahora, aférrate a Él como lo hizo Pedro.

Como yo aprendí a hacer cuando sentía que me hundía.

Jesús fue a Pedro en las olas. Vino a mí en mis olas. "Cercano está Jehová a los quebrantados de corazón" (Salmos 34:18). Allí, en mi luto, pude sentirlo en el silencio, en la oscuridad. Especialmente en mi lamento.

Si todavía no me crees que Dios nos da permiso para llorar, busca Eclesiastés 3:1-4 y verás que hay un tiempo para llorar. Hay un tiempo para todo.

> Todo tiene su tiempo, y todo lo que se quiere debajo del cielo tiene su hora. Tiempo de nacer, y tiempo de morir; tiempo de plantar, y tiempo de arrancar lo plantado; tiempo de matar, y tiempo de curar; tiempo de destruir, y tiempo de edificar; tiempo de llorar, y tiempo de reír; tiempo de endechar, y tiempo de bailar.
> **—Eclesiastés 3:1-4**

Es probable que este sea tu tiempo para llorar por el pecado y el quebrantamiento.

¿Debería dedicar tiempo a cuidar de mí (y cómo)?

Por alguna razón, esta pregunta me hace pensar en el hombre lisiado cuya historia se cuenta en Juan 5:1-16. Este hombre esperaba continuamente en el estanque de Betesda junto a una "multitud" de enfermos y necesitados. Cada día esperaban a que se agitara el agua, creyendo que el primero que entrara en el estanque experimentaría una sanidad milagrosa.

Ahora bien, no hay constancia en la Biblia de que alguien se sanara de esa manera; pero este hombre había elegido su método de sanidad, solo que no estaba funcionando para él, pues llevaba treinta y ocho años inválido.

Entonces Jesús apareció y le hizo una pregunta: "¿Quieres ser sano?" (v. 6). ¡Qué curioso preguntarle eso a alguien que está postrado junto a un estanque de sanidad!

El hombre no respondió realmente la pregunta, sino que se limitó a explicar todas las razones por las que el método de sanidad que había elegido no había funcionado. Todavía.

Jesús sabía que, en el fondo, este hombre deseaba desesperadamente ser sanado. Le dijo: "Levántate, toma tu lecho, y anda" (v. 8). Según Juan, "al instante aquel hombre fue sanado, y tomó su lecho, y anduvo" (v. 9).

No hay nada malo en cuidar de nosotras mismas, en practicar un ritmo saludable de descanso y cuidado. De hecho, Dios *quiere* que lo hagamos. Y es importante que te des cuenta de que realmente estás en una temporada en la que necesitas restaurar tu cuerpo y tu alma.

Te animo a buscar experiencias sanadoras como largas caminatas para despejar la mente, masajes que te reconforten o incluso un fin de semana en la playa con amigas para tomar aire. Yo misma mimé mi corazón roto con esas actividades durante mi intensa temporada de necesidad.

Pero ten cuidado de no quedarte demasiado tiempo junto al estanque del autocuidado. A veces hay que levantarse, tomar el lecho y caminar.

¿Y cómo sabes cuándo debes hacer qué? Es más, ¿cómo encuentras la fuerza para hacer lo que tienes que hacer?

En este momento, necesitas unos cuidados especiales. Y es tu responsabilidad asumir esa realidad y encontrar la manera de cuidar de ti misma, pero no permitas que esa realidad te haga encerrarte en ti misma y tratar de hacerlo todo en tus propias fuerzas. (No hay suficiencia dentro de ti).

En cambio, ¡te invito a acceder al Espíritu omnipotente del Dios vivo!

Redime tu comprensión del autocuidado

Redime tu comprensión del autocuidado con unas preciosas palabras que Jesús dijo a sus discípulos la última noche que estuvo con ellos. No tenían ni idea del tipo de sufrimiento y persecución que les esperaba, pero Jesús sí, y esto es lo que les dijo:

> Pero yo os digo la verdad: Os conviene que yo me vaya; porque si no me fuera, el Consolador no vendría a vosotros; mas si me fuere, os lo enviaré.
> —Juan 16:7

¡Espera un momento!
¿Les *convenía* que el Salvador del mundo se fuera y los dejara?
¿De verdad?

Sí, porque después que Jesús se fue, envió al Consolador (el Espíritu Santo) en su lugar.

Esta es la cuestión: Dios eligió con intencionalidad y propósito cuándo nacerías (Jeremías 1:5; Salmos 139:15-16). No pretendo saber cuál es tu propósito, pero sí sé que Dios nos puso a ti y a mí en el planeta durante este breve tiempo de nuestra situación actual, cuando nos "conviene" que Jesús no esté aquí en carne y hueso.

¡Así que más vale que nos demos cuenta de lo que eso significa!

He agrupado algunos versículos para ayudarnos a comprender. Échales un vistazo. Realmente parece que la ayuda del Espíritu podría marcar toda la diferencia cuando nuestro cuerpo y alma necesita algún cuidado especial y cuando necesitamos apoyo y guía para tomar nuestro lecho y andar. He aquí algunas maneras en que el Espíritu puede ayudarnos cuando buscamos redención y sanidad en nuestro matrimonio:

- Está con nosotras como nuestro Consolador (Juan 15:26).
- Intercede por nosotras cuando nos quedamos sin palabras para orar por nosotras mismas (Romanos 8:26).
- Nos abre el entendimiento para que comprendamos las Escrituras; nos ayuda cuando no podemos ni siquiera pensar (Lucas 24:45; Juan 14:26).
- Nos ayuda a experimentar la libertad de cualquier cosa que nos mantiene atadas, como el miedo, la codependencia o la conciencia excesiva (2 Corintios 3:17).
- Nos guía a toda la verdad, y nos ayuda a sortear todas las mentiras que nos confunden (Juan 16:13).
- Obra en nosotras para que seamos más semejantes a Jesús en todo lo que hacemos, en lugar de responder a nuestros esposos a partir de nuestras emociones y temores (Romanos 8:14-16).
- Nos convence dulcemente (y a nuestros esposos) de pecado para que podamos confesarlo y ser libres (Juan 16:8).

- Nos ayuda a nosotras y a nuestros esposos (y a otros en el cuerpo de Cristo) a ser de un mismo sentir y un mismo corazón (Hechos 4:31-32).

Si nos convenía que Jesús se fuera para que el Espíritu pudiera venir, ciertamente nos conviene irnos y soltar el control de la obra de sanidad que necesitamos. Debes dejar que el Espíritu de Dios te guíe para saber cuándo sentarte y descansar. Y cuándo levantarte y andar.

Descanso para el alma

No solo necesitas descanso para tu cuerpo, que te recuerdo que es uno de los Diez Mandamientos: "Acuérdate del día de reposo para santificarlo" (Éxodo 20:8). También necesitas *descanso para tu alma*. Y no puedes experimentarlo sin la presencia de Dios.

Lee estas palabras de tu Redentor:

> Venid a mí todos los que estáis trabajados y cargados, y yo os haré descansar. Llevad mi yugo sobre vosotros, y aprended de mí, que soy manso y humilde de corazón; y hallaréis descanso para vuestras almas; porque mi yugo es fácil, y ligera mi carga.
>
> **—Mateo 11:28-30**

Observa que la invitación "venid" está asociada con la promesa de descanso *y* con la referencia al trabajo. Es curioso mencionar el yugo cuando alguien busca descanso, ¿no crees?

El verdadero descanso del alma no se encuentra en los paseos por el bosque ni en los baños de burbujas, aunque sean actividades que nos hacen bien. El verdadero descanso para tu alma viene de estar unida al omnisciente y siempre amoroso Dios del universo. Y punto. Tu descanso es sobrenatural y llega cuando y donde lo necesitas si obedeces las indicaciones del Espíritu.

Esto es muy importante porque, de todos modos, es probable que tengas limitaciones en cuanto a la cantidad de tiempo que puedas dedicar a cuidar de ti misma debido a los niños, las finanzas, el trabajo o cualquier otro tipo de responsabilidad. Aun así, el Espíritu Santo puede llevarte a experimentar descanso.

Para que entiendas lo que quiero decir, abre tu Biblia en Marcos 6:30-44 y lee lo exhaustos que estaban los discípulos cuando le contaron a Jesús lo que habían estado haciendo en su nombre. Debieron de mencionar (o refunfuñar) que estaban tan ocupados, que no tenían tiempo para comer. (¿No se parece eso a tu vida a veces?).

En respuesta, Jesús les extendió la invitación: "Venid vosotros aparte a un lugar desierto, y descansad un poco" (v. 31).

¡Qué alivio habrán sentido los discípulos! Siguieron a Jesús al desierto, pero su "receso" no resultó como probablemente habían imaginado, porque la gente que los vio mientras iban a su lugar de descanso los reconoció.

> No una ni dos ni diez personas, sino cinco mil.
> Y eso eran solo los hombres.
> ¡Sus mujeres y sus hijos también estaban allí!

Antes que los discípulos se dieran cuenta, Jesús se disponía a alimentar a aquella multitud, con cinco panes y dos peces y un puñado de seguidores cansados. Obviamente, no era suficiente comida, y los discípulos estaban al límite de su pequeña reserva de energía.

Sin embargo, la Biblia dice que "comieron *todos*, y se *saciaron*" (v. 42).

¡Se saciaron! Incluso al final de sus fuerzas, los discípulos estuvieron satisfechos. Ser testigos de la obra milagrosa de Dios tiende a satisfacer a una persona.

Dios ha hecho eso por mí una y otra vez, y me he sentido satisfecha cuando estaba al final de mis fuerzas.

También lo hará por ti, cuando encuentres descanso en Aquel cuya carga es siempre ligera.

Agradecimientos

Este es el libro que una vez desesperadamente quise leer, pero que nunca quise escribir. Si no fuera por el aliento de muchos queridos amigos y colaboradores, no existiría. Literalmente, lo escribí con miedo y estoy especialmente agradecida por el ánimo que me infundieron:

Mis amigos de Moody Publishers. Paul Santhouse, no solo me alentaste a escribir este libro, sino que también animaste a mi dulce esposo cuando estábamos atravesando el fuego del refinamiento. Eres un verdadero hermano en Cristo. Y Judy Dunagan, mi querida hermana en Cristo, ¡tuviste paciencia conmigo una y otra vez cuando el miedo se apoderaba de mí! Un especial agradecimiento a Randall Payleitner, Erik Peterson, Connor Sterchi y Ashley Torres por todo el trabajo que han hecho para que este libro sea una realidad.

Dra. Juli Slattery. Gracias por aconsejarme sobre temas relacionados con la psicología y por poner a Cristo al frente de la interpretación de la ciencia del comportamiento. Tú no solo me ayudaste a escribir este mensaje con esmero, sino que también caminaste a mi lado durante los días difíciles sobre los que escribo en este libro. Eres una verdadera amiga.

Dr. Chris Miller. Tu revisión teológica (en un plazo ajustado) me dio confianza al expresar lo que había en mi corazón. Gracias no solo por tu compromiso de interpretar la Palabra de Dios con precisión, sino también por amarla.

El equipo de revisión. Eileen King, Janet Mylin, Erin Davis, Dawn Wilson, Phil Krause, Laura Booz y Aubrey Brush, aprecio mucho el tiempo valioso que han dedicado a hacer que este mensaje sea mejor, más sabio y más útil.

Anne Christian Buchanan. Tienes la mente de un editor, pero el corazón de una creadora. ¡Qué bendición has sido en los últimos días de perfeccionamiento!

Mi equipo del ministerio Pure Freedom. Han tolerado muy bien mis lapsus mentales. Y ustedes también han sacrificado horas extras y capacidad mental para permitirme escribir este libro. Un agradecimiento especial a Wade Harris y Shani McKenzie, que han mantenido el ministerio en marcha sin mí.

Amigos que oran (ustedes saben quiénes son). Ustedes son los que han presentado mi vida y este mensaje a Jesús mientras escribía. Muchas gracias.

Tippy Duncan, Pete Kuiper, Mike Bivens, Phil Herndon. ¡Ustedes son gigantes! Gracias por aconsejarnos y escribir estas páginas de nuestras vidas junto a nosotros. Si no estuvieran con nosotros en las trincheras, las lecciones de este libro no estarían en nuestra mente y nuestro corazón.

Bob. Eres muy valiente. Permitirme escribir este libro por el bien del reino y los corazones que necesitan sanidad es algo que pocos hombres harían. Y tú no solo lo permitiste, sino que trabajaste a mi lado… y aun te quedaste sin comer. Te amo. Somos felices a pesar de todo.

Jesús. Todavía no puedo dejar de derramar lágrimas de alegría mientras me siento aquí en mi silla roja y te imagino allí en la tuya. Nadie escribe mejores finales que tú, mi Redentor. ¡Te amo con todo mi corazón!

Notas

Capítulo 1

1. D. Martyn Lloyd-Jones, *Spiritual Depression: Its Causes and Cure* (Grand Rapids, MI: Eerdmans, 1965), 143. Edición en español: *Depresión espiritual: Sus causas y su cura*, CRC World Literature Ministries/Libros Desafio (1 de enero de 2014).
2. Este concepto me lo presentó nuestro querido consejero matrimonial, Pete Kuiper, del Crossroads Counseling Center, en Buena Vista, Colorado. Él nos enseñó, por primera vez, esta maravillosa verdad durante nuestro primer curso intensivo de terapia allí. Muchos años después, trajimos a Pete a nuestra ciudad natal para entrenar a nuestro equipo ministerial y al personal de algunas iglesias locales. Muchas de mis citas de Pete en este libro, incluida esta, son del cuaderno amarillo que llené durante esas conferencias posteriores. Las utilizo con su permiso. Para más sabios conocimientos de Pete, recomiendo encarecidamente su libro *At the Crossroads: Finding Your Way Home to Who You Really Are* (Friendswood, TX: Baxter Press, 2018).
3. Quizás te preguntes por qué sugiero que "tal vez" vuelvas a disfrutar de tu matrimonio. Es porque se necesitan dos personas para mantener una relación sana. Sin embargo, es muy importante que tengas en cuenta que esta libertad está disponible para ti ya sea que ese resultado para tu matrimonio sea lo que desees o no.

Capítulo 2

1. John Gottman y Nan Silver, *The Seven Principles for Making a Marriage Work: A Practical Guide from the Country's Foremost Relationship Expert* (Nueva York: Harmony Books, 2015), 13.
2. Gottman y Silver, *Seven Principles for Making a Marriage Work*, 13.
3. A. W. Tozer, *Paths to Power* (Chicago: Moody Publishers, 1940), 19–20. Edición en español *Sendas de poder*, Fundación Alianza, 2019.
4. Mark R. McMinn, *Why Sin Matters: The Surprising Relationship Between Our Sin and God's Grace* (Wheaton, IL: Tyndale, 2004), 110–11.
5. Covenant Eyes, *Porn Stats: 250+ Facts, Quotes, and Statistics about Pornography Use* (Edición 2018), eBook (Owasso, MI: Covenant Eyes, 2022), 13, descargado de www.covenanteyes.com/pornstats.
6. Covenant Eyes, *Porn Stats*, 22.

Capítulo 3

1. Rosie Makinney, *Fight for Love: How to Take Your Marriage Back from Porn* (Nashville: B&H, 2020), 3.
2. Barbara Steffens y Marsha Means, *Your Sexually Addicted Spouse: How Partners*

Can Cope and Heal (Far Hills, NJ: New Horizon, 2009), 62. (Nota: Aunque creemos que la investigación de estas autoras es válida y útil, nos parece que muchas de sus soluciones y enseñanzas no son bíblicas ni equilibradas).

3. Ashley Jameson, "Women's Takeover #1: Healing from Betrayal with Dr. Barbara Steffens", *Podcast Pure Desire*, YouTube, 1 de febrero de 2022, 4:47–5:00, www.youtube.com/watch?v=2Qg27oapLVA.

4. Hilal Dogan, "This Is Your Brain on Trauma", DVM360, 2 de octubre de 2019, www.dvm360.com/view/your-brain-trauma.

5. Bradley D. Grinage, "Diagnosis and Management of Post-Traumatic Stress Disorder", *American Family Physician*, 15 de diciembre de 2003, www.aafp.org/pubs/afp/issues/2003/1215/p2401.html#sec-6; y Megan Hull, ed., "PTSD Facts and Statistics", Recovery Village, 26 de mayo de 2022, www.therecoveryvillage.com/mental-health/ptsd/ptsd-statistics.

6. Kather ine Blakeman, "Your Brain on Porn", National Center on Sexual Exploitation, 19 de diciembre de 2017, https://endsexualexploitation.org/articles/your-brainon-porn.

7. Kendra Cherry, "What is Neuroplasticity?", Verywell Mind, 18 de febrero de 2022, www.verywellmind.com/what-is-brain-plasticity-2794886.

8. Ferris Jabr, "Cache Cab: Taxi Drivers' Brains Grow to Navigate London's Streets", *Scientific American*, 8 de diciembre de 2011, www.scientificamerican.com/article/london-taxi-memory.

9. Gary Wilson, "The Great Porn Experiment", exposición dada en TEDxGlasgow, 4 de marzo de 2012, YouTube, 16:28, www.youtube.com/watch?v=wSF82AwSDiU.

10. Rachel Anne Barr, "Watching Pornography Rewires the Brain to a More Juvenile State", The Conversation, 27 de noviembre de 2019, https://theconversation.com/watching-pornography-rewires-the-brain-to-a-more-juvenile-state-127306.

11. Makayla Simpson, "What You Should Know about Women and Pornography", Ethics and Religious Liberties Commission, 20 de septiembre de 2018, https://erlc.com/resource-library/articles/what-you-should-know-about-women-and-pornography.

12. Elizabeth Martin y Robert Hine, *A Dictionary of Biology*, 6.ª ed. (Oxford, UK: Oxford University Press, 2008), s.v. "supernormal stimulus", Oxford Reference (online), 2014, https://www.oxfordreference.com/view/10.1093/acref/9780199204625.001.0001/acref-9780199204625-e-4294.

13. Oxford Reference Overview, s.v. "supernormal stimulus," consultado el 8 de agosto de 2022, https://www.oxfordreference.com/view/10.1093/oi/authority.20110803100543339.

14. Judith Reisman, "'Gay' Gypsy Moths and Porn Addiction", The Reisman Institute, 17 de abril de 2013, www.drjudithreisman.com/archives/2013/04/gay_gypsy_moths.html.

15. Tom W. Coleman y otros, *Gypsy Moth*, Forest Instinct and Disease Leaflet 162, US Department of Agriculture, Forest Service, abril 2020, www.fs.fed.us/nrs/pubs/ jrnl/2020/nrs_2020_coleman-t_001.pdf.

16. Reisman, "'Gay' Gypsy Moths and Porn Addiction".

17. Ted Shimer, "Porn is Rewiring a Whole Generation, Christians Included",

Relevant, 19 de mayo de 2022, https://relevantmagazine.com/life5/porn-is-rewiring-a-whole-generation-christians-included.

18. Covenant Eyes, *Porn Stats: 250+ Facts, Quotes, and Statistics about Pornography Use* (edición de 2018), eBook (Owasso, MI: Covenant Eyes, 2022), 4, descargadas de www.covenanteyes.com/pornstats.

19. Jay Stringer, *Unwanted: How Brokenness Reveals Our Way to Healing* (Colorado Springs: NavPress, 2018), 6.

Capítulo 4

1. Karen Ellis, "A Powerful Weapon", Kingdom Praying with Karen Ellis, transcripción de un episodio del pódcast de Revive Our Hearts, 2 de octubre de 2022, www.reviveourhearts.com/podcast/revive-our-hearts/powerful-weapon.

2. Alice Park, "What Divorce Does to Women's Heart Health", *Time*, 14 de abril de 2015, https://time.com/3821251/divorce-heart-attack.

3. Amanda MacMillan, "What Is Inflammation? 13 Ways Inflammation Can Affect Your Health", Health, 4 de marzo de 2015, www.health.com/mind-body/13-ways-inflammation-can-affect-your-health.

4. Sotirios Tsalamandris y otros, "The Role of Inflammation in Diabetes: Current Concepts and Future Perspectives", *European Cardiology*, 14, no. 1 (2019): 50-59, https://doi.org/10.15420/ecr.2018.33.1

5. Nitin Singh y otros, "Inflammation and Cancer", *Annals of African Medicine*, 18, no. 3 (2019): 121-26, https://doi.org/10.4103/aam.aam_56_18.

6. El término "trauma por traición" fue presentado por primera vez por la psicóloga Jennifer Freyd en 1991. Para un breve resumen de esta experiencia desde un punto de vista puramente secular, véase Crystal Raypole, "How Betrayal Can Cause Trauma and How to Start Healing", Healthline, actualizado el 21 de octubre de 2021, www.healthline.com/health/mental-health/betrayal-trauma.

7. Ethan Kross y otros, "Social Rejection Shares Somatosensory Representations with Physical Pain", *Proceedings of the National Academy of Sciences (PNAS)* 108, no. 15 (28 de marzo de 2011): 6270-75, https://doi.org/10.1073/pnas.1102693108.

8. Karen Ellis, "A Powerful Weapon".

Capítulo 5

1. Nancy DeMoss Wolgemuth y Robert Wolgemuth, *You Can Trust God To Write Your Story: Embracing the Mysteries of Providence* (Chicago: Moody Publishers, 2019), 185. Edición en español *Confía en Dios para escribir tu historia*, por Editorial Portavoz (21 de enero de 2020).

2. No es una cita exacta, sino una paráfrasis de Atanasio de Alejandría, citada a menudo en Joel C. Elowsky, ed., *Letter to Marcellinus on the Psalms: Spiritual Wisdom for Today* (New Haven, CT: ICCS, 2017) 285-86.

Capítulo 6

1. Erin Davis, *Connected: Curing the Pandemic of Everyone Feeling Alone Together* (Nashville: B&H, 2014), 154-55.

2. *Lexico*, s.v. "shame", consultado el 10 de julio de 2022, www.lexico.com/en/definition/shame.

3. Brené Brown, "Shame Resilience Theory: A Grounded Theory Study on Women and Shame", *Families in Society—The Journal of Contemporary Social Services* 87, no. 1:43-52, citado en Joaquin Selva, "Shame Resilience Theory: How to Respond to Feelings of Shame", Positive Psychology, 14 de junio de 2017, https://positivepsychology.com/shame-resilience-theory.

4. American Psychological Association, s.v. "trauma", *APA Dictionary of Psychology*, consultado el 10 de julio de 2022, https://dictionary.apa.org/trauma.

5. "What Is Trauma?", hoja informativa en PDF, Therapist Aid, consultado el 10 de julio de 2022, www.therapistaid.com/worksheets/what-is-trauma.pdf.

6. Juli Slattery, "#398. How Trauma-Informed Care Helps Your Brain, Body and Relationships", entrevista con Victoria Gutbrod, *Java with Juli* (pódcast), Authentic Intimacy, 31 de enero de 2022, www.authenticintimacy.com/resources/39821/398how-trauma-informed-care-helps-your-brain-body-relationships?source=blog.

7. Victoria Gutbrod, en Slattery, "#398. How Trauma-Informed Care Helps Your Brain, Body and Relationships".

8. Xiaoli Wu y otros, "The Prevalence of Moderate-to-High Posttraumatic Growth: A Systematic Review and Meta-analysis", *Journal of Affective Disorders*, 243 (15 de enero de 2019): 408-15, Science Direct, https://doi.org/10.1016/j.jad.2018.09.023.

9. Rosie Makinney, *Fight for Love: How to Take Your Marriage Back from Porn* (Nashville: B&H, 2020), 7.

10. Makinney, *Fight for Love*, 93.

Capítulo 7

1. Joni Eareckson Tada, *Making Sense of Suffering* (Torrance, CA: Rose Publishing, 2012), "Scriptures on God's Purpose in Our Pain: Suffering and My Faith", ubicación 147 de 305, Kindle. Edición en español: *¿Qué sentido tiene el sufrimiento?*, publicado por Rose Español; edición reimpresa (1 de noviembre de 2012).

2. C. S. Lewis, *A Grief Observed* (Nueva York: Bantam, 1976), 9. Edición en español: *Una pena en observación*, publicado por Editorial Rayo, una división de HarperCollins, Nueva York, 2006.

3. Pete Kuiper, clase de asesoramiento de CrossRoads, agosto de 2017. Usado con permiso.

Capítulo 8

1. John Newton, "Letter Twenty-Eight: Ryland's Marriage—Advice on the Married State", en Grant Gordon, ed., *Wise Counsel: John Newton's Letters to John Ryland, Jr.* (Edimburgo: Banner of Truth Trust, 2009), 138-39.

2. Kay Arthur, *Our Covenant God: Living in the Security of His Unfailing Love* (Colorado Springs: WaterBrook, 2003), 3.

3. "A Smoking Fire Pot", Ligonier, 11 de agosto de 2006, www.ligonier.org/learn/devotionals/smoking-fire-pot.

4. Kathy Keller, "Marriage in Gospel Focus", discurso previo a la conferencia The Gospel Coalition National Women's Conference 2012, Orlando, Florida, 22 de junio de 2012, YouTube, 31:13/41:35, www.youtube.com/watch?v=G8hmo0Ji-uo.

5. Kathy Keller, 31:20/41:35.

6. Timothy Keller, "Love and Lust", sermón pronunciado el 6 de mayo de 2012 en la Redeemer Presbyterian Church YouTube, 4:40/34:40, www.youtube.com/watch?v=jUWnE 6GeOiE.

7. Timothy Keller, "A Covenant Relationship", sermón pronunciado el 9 de septiembre de 2007 en la Redeemer Presbyterian Church, YouTube, 6:21/30:55, https://www.youtube.com/watch?v=xICD5Ycsu04.

Capítulo 9

1. Pete Kuiper, Clase de consejería de CrossRoads, agosto de 2017. Usado con permiso.

2. Pete Kuiper, Clase de consejería de CrossRoads, agosto de 2017. Usado con permiso.

3. Peter H. Kuiper, *At the Crossroads: Finding Your Way Home to Who You Really Are* (Friendswood, TX: Baxter Press, 2018), 25-26.

4. Nancy DeMoss Wolgemuth, *Lies Women Believe: And the Truth That Sets Them Free*, edición actualizada y ampliada (Chicago: Moody Publishers, 2018), 233. Edición en español *Mentiras que las mujeres creen y la verdad que las hace libres*, publicado por Editorial Portavoz (18 de septiembre de 2018).

5. *Lexico*, s.v. "bitterness", consultado el 10 de julio de 2022, www.lexico.com/en/definition/bitterness.

6. Jacinta Jimenez, "Compassion vs. Empathy: Understanding the Difference", Better Up (blog), 16 de julio de 2021, www.betterup.com/blog/compassion-vs-empathy#:~:text=Compassion%20definition%3A%20compassion%20is%20an,creates%20a%20desire%20to%20help.

7. Douglas Weiss, *Intimacy Anorexia: Healing the Hidden Addiction in Your Marriage* (Anaheim, CA: Discovery Press, 2010), leyenda del capítulo 1, Kindle. Edición en español *Anorexia de la intimidad: Sanando la adicción oculta en tu matrimonio*, leyenda capítulo 1, Kindle (30 de octubre de 2015).

8. Weiss, *Intimacy Anorexia*, capítulo 3.

9. Jay Stringer, *Unwanted: How Sexual Brokenness Reveals Our Way to Healing* (Colorado Springs: NavPress, 2018), 25.

10. *Revealing Reality, Young People, Pornography, and Age-Verification*, informe en pdf elaborado para la Junta Británica de Clasificación Cinematográfica (enero de 2020), 15, www.revealingreality.co.uk/wp-content/uploads/2020/01/BBFC-Young-people-and- pornography-Final-report-2401.pdf.

11. Susan Knight, "5 Stages of Pornography Addiction", *Imperial Valley Press*, 6 de abril de 2015, www.ivpressonline.com/life/stages-of-pornography-addiction/article_cab7748c-2515-50b0-b8c4-fad6f988aef5.html.

12. Robert Weiss, "Sexual Addiction: Tolerance and Escalation", *Counselor: The Magazine for Addiction and Behavioral Health Professionals*, 15 de septiembre de 2015, https://www.counselormagazine.com/en/sexual-addiction-tolerance-and-escalation.

13. Jimmy y Kelly Needham, "When Your Spouse is Addicted to Pornography", For Better or for Worse with Jimmy and Kelly Needham, transcripción del episodio del pódcast, Revive Our Hearts, 4 de noviembre de 2020, www.reviveourhearts.com/podcast/revive-our-hearts/when-your-spouse-addicted-pornography.

14. Jimmy Needham, "The Real Battle for Sexual Purity", Jimmy Needham (blog), 7 de junio de 2016, www.jimmyneedham.com/articles/the-real-battle-for-sexual-purity.

15. Needham y Needham, "When Your Spouse is Addicted to Pornography".

Capítulo 10

1. A. W. Tozer, *Man: The Dwelling Place of God* (Louisville, KY: GLH, 2019), 15. Edición en español *El hombre: La morada de Dios*, Editorial Clie, 1994.

2. Rosie Makinney, *Fight for Love: How to Take Your Marriage Back from Porn* (Nashville: B&H, 2020), 65.

3. Debra Laaser, *Shattered Vows: Hope and Healing for Women Who Have Been Sexually Betrayed* (Grand Rapids, MI: Zondervan, 2008), 207.

4. Laaser, *Shattered Vows*, 207.

5. Esta lista está parafraseada de Susan Knight, "5 Stages of Pornography Addiction", *Imperial Valley Press*, 6 de abril de 2015, www.ivpressonline.com/life/stages-of-pornography-addiction/article_cab7748c-2515-50b0-b8c4-fad6f988aef5.html.

Capítulo 11

1. Will Krieger, "Lessons from the Playground", Repass, 28 de abril de 2016, http://repassinc.com/2016/04/4125.

2. Robin Weidner, "Setting Godly Boundaries in Marriage", Focus on the Family, 1 de enero de 2008, www.focusonthefamily.com/marriage/setting-godly-boundaries-in-marriage.

3. *Gaslighting* es un término tomado de una vieja película llamada *Gaslight* (1944). Básicamente significa hacer que alguien se cuestione sus propias percepciones, la realidad o incluso su cordura.

4. "How Pornography Impacts Violence against Women and Child Sex Abuse", Fundación Focus for Health, consultado el 30 de julio de 2022, www.focusforhealth.org/how-pornography-impacts-violence-against-women-and-child-sex-abuse.

5. Mark Laaser, *Healing the Wounds of Sexual Addiction* (Grand Rapids, MI: Zondervan, 2004), 172. Edición en español *Cómo sanar las heridas de la adicción sexual*, Editorial Vida (1 de enero de 2016).

6. He adaptado esta definición del *APA Dictionary of Psychology*, s.v. "detachment", APA, consultado el 10 de julio de 2022, https://dictionary.apa.org/detachment.

7. *Lexico*, "meek," consultado el 10 de julio de 2022, www.lexico.com/en/definition/meek.

8. Strong's Exhaustive Concordance, s.v. praus (Strong's #G4239), Bible Hub, consultado el 10 de junio de 2022, https://biblehub.com/greek/4239.htm

9. Daryl DelHousaye, "Continuing Insight: Loving Like Jesus in Our Marriage", en *Marriage: Its Foundation, Theology, and Mission in a Changing World*, eds. Curt Hamner y otros (Chicago: Moody Publishers, 2018), 61.

10. DelHousaye, "Continuing Insight", 62.

Capítulo 12

1. C. S. Lewis, *Mere Christianity* (Nueva York: HarperOne, 2015), 115. Edición en español *Mero cristianismo*, HarperOne (14 de marzo de 2006).

2. John Murphy, "7 Health Dangers Aggravated by Stress", MDLinx, 11 de junio de 2020, www.mdlinx.com/article/7-health-dangers-aggravated-by-stress/5MRhVj-D6ZY 9cNTGjucJDT5.

3. Murphy, "7 Health Dangers".

4. Robert H. Shmerling, "Autoimmune Disease and Stress: Is There a Link?", Harvard Health Blog, 27 de octubre de 2020, www.health.harvard.edu/blog/autoimmunedisease-and-stress-is-there-a-link-2018071114230.

5. Chadi G. Abdallah y Paul Geha, "Chronic Pain and Chronic Stress: Two Sides of the Same Coin?", *Chronic Stress* (2017), 1, httpps://doi.org/10.1177/2470547017704763.

6. "Forgiveness: Your Health Depends On It", John Hopkins Medicine, consultado el 29 de julio de 2022, www.hopkinsmedicine.org/health/wellness-and-prevention/forgiveness-your-health-depends-on-it.

7. Joe S. McIlhaney Jr. y Freda McKissic Bush, *Hooked: The Brain Science on How Casual Sex Affects Human Development* (Chicago: Northfield Publishing, 2019), 35.

Capítulo 13

1. Paul David Tripp, *Sex in a Broken World: How Christ Redeems What Sin Distorts* (Wheaton, IL: Crossway, 2018), 20. Edición en español *Sexo en un mundo quebranta-do: Cómo Cristo redime lo que el pecado distorsiona*, B&H Español (1 de mayo de 2019).

2. Merriam-Webster, s.v. "trust (n.)", consultado el 10 de julio de 2022, www.merriam-webster.com/dictionary/trust.

3. Gary Wilson, *Your Brain on Porn: Internet Pornography and the Emerging Science of Addiction* (Margate, Reino Unido: Commonwealth, 2015), capítulo 1, "What Are We Dealing With?", ubicación 1099 de 4427, Kindle. Edición en español *Tu cerebro en el porno: La pornografía en Internet y la ciencia emergente*, publicado de forma independiente (27 julio de 2023).

4. Wilson, *Your Brain on Porn*, "What Are We Dealing With?", ubicación 1150 de 4427.

5. John Gottman, "John Gottman on Trust and Betrayal", *Greater Good Magazine*, 29 de octubre de 2011, https://greatergood.berkeley.edu/article/item/john_gottman_ on_trust_and_betrayal.

6. John Gottman, "John Gottman on Trust and Betrayal".

7. David Guzik, "Proverbs 3—Wisdom from Trusting God", en *The Enduring Word Bible Commentary*, 2020, https://enduringword.com/bible-commentary/proverbs-3/.

8. Dennis Jaffe, "The Essential Importance of Trust: How to Build It or Restore It", *Forbes*, 5 de diciembre de 2018, www.forbes.com/sites/dennisjaffe/2018/12/05/the-essential-importance-of-trust-how-to-build-it-or-restore-it/?sh=3dcd0a4064fe.

9. C. S. Lewis, *The Four Loves*, reedición (Nueva York: HarperOne, 2017), 155-56. Edición en español *Los cuatro amores*, HarperOne (28 de marzo de 2006).

10. Ellie Lisitsa, "'Sliding Door' Moments", The Gottman Institute, consultado el 29 de julio de 2022, www.gottman.com/blog/what-makes-love-last-sliding-door-moments.

11. Lisitsa, "'Sliding Door' Moments".

12. Un desencadenante es un estímulo (como una escena de una película o ver la silla donde ocurrió la confesión) que hace que tus emociones reaccionen de una manera muy real a lo que ocurrió en el pasado. Un desencadenante puede hacerte sentir como si estuvieras de nuevo en el punto de partida, ¡pero no es así! No dejes que los desencadenantes te mientan. Interpreta el mensaje de la emoción. ¿Necesitas trabajar más en esa área? Hazlo.

Capítulo 14

1. Timothy Keller, "Love and Lust", sermón predicado el 6 de mayo de 2012 en Redeemer Presbyterian Church, YouTube, 8:42-44/34:40, www.youtube.com/watch?v=jUWn E6GeOiE.

2. Larry Pierce, *The Outline of Biblical Usage*, s.v. *yada* (Strong's H3045), Blue Letter Bible, consultado el 10 de julio de 2022, www.blueletterbible.org/lexicon/h3045/kjv/wlc/0-1.

3. Juli Slattery, *Rethinking Sexuality: God's Design and Why It Matters* (Colorado Springs: Multnomah, 2018), 105.

4. Keller, "Love and Lust", 10:42-47/34:40.

5. Keller, "Love and Lust", 9:23-9:52/34:40.

6. Chris Taylor y Jenifer Taylor, "Jesus Passes through Samaria", The Bible Journey, consultado el 17 de agosto de 2022, www.thebiblejourney.org/biblejourney1/4-jesuss-journeys-around-galilee33795/jesus-passes-through-samaria.

7. Bruce Marshall, *The World, the Flesh, and Father Smith* (Boston: Houghton Mifflin, 1945), 108. Edición en español *El mundo, la carne y el Padre Smith*, Ediciones Encuentro, S.A. (18 de marzo de 1994).

8. Juli habla de estos dos compromisos fundamentales en un libro que escribió. Quizá quieras leerlo: Juli Slattery, *25 Questions You're Afraid to Ask About Love, Sex, and Intimacy* (Chicago: Moody, 2015), 118-22. Edición en español *25 Preguntas que temes hacer acerca del amor, el sexo y la intimidad*, por Unilit (1 de enero de 2017).

9. *Thayer's Greek Lexicon*, s.v. *akatharsia* (Strong's Greek #4508), Bible Hub, consultado el 31 de julio de 2022, https://biblehub/greek/167.htm.

10. Greek Word Studies, "Defilement (3436) *Molusmos*", Bible Portal, consultado el 31 de julio de 2022, https://bibleportal.com/sermon/greek%2Bword%2Bstudies/defilement-3436-molusmos.

11. Strong's Concordance and HELPS Word-studies, s.v. *rhuparos* (Strong's Greek #4508), https://biblehub/greek/167.htm.

Capítulo 15

1. Skip Moen, "Just Do It", Hebrew Word Study, 29 de septiembre de 2014, https://skipmoen.com/2014/09/just-do-it.

2. John Mark Comer, *Live No Lies: Recognize and Resist the Three Enemies That Sabotage Your Peace* (Colorado Springs: WaterBrook, 2021), 114. Edición en español *Vivir sin mentiras: Reconoce y resiste a los tres enemigos que sabotean tu paz*, Origen (5 de julio de 2022).

3. Matt Jenson, *The Gravity of Sin: Augustine, Luther, and Barth on "homo incurvatus in se"* (Nueva York: T&T Clark, 2007), 2.

4. David P. Goldman, "The Prophet of Ordinary Unhappiness", *Claremont Review of Books* (primavera de 2018), https://claremontreviewofbooks.com/the-prophet-of-ordinary-unhappiness.

5. Judith A. Reisman y Mary McAlister, "Deconstructing Dignity by Eradicating Shame: The Pernicious Heritage of Alfred Kinsey", *Faculty Publications and Presentations* 4:6, https://digitalcommons.liberty.edu/cgi/viewcontent.cgi?article=1003&context=psych_fac_pubs.

6. Jeremy Wiles, "What The Media Won't Tell You About The Sexual Revolution", The Conquer Series, 31 de julio de 2018, https://conquerseries.com/what-the-mediawont-tell-you-about-the-sexual-revolution.

7. Reisman y McAlister, "Deconstructing Dignity", 9.

8. Reisman y McAlister, "Deconstructing Dignity", 8.

9. Comer, *Live No Lies*, 29.

10. Susan Brinkman, "Sordid Science: The Sex Research of Alfred C. Kinsey", *Alfred C. Kinsey and American Sex Ed*, The Reisman Institute, publicado el 14 de agosto de 2005, http://www.drjudithreisman.com/archives/2005/08/sordid_science.html.

11. Stephen Galloway, "Hugh Hefner: The Sad Secrets of his Final Years Revealed", *The Hollywood Reporter*, 5 de octubre de 2017, https://www.hollywoodreporter.com/movies/movie-news/hugh-hefner-sad-secrets-his-final-years-revealed-1046373.

12. Austin Fruits, "The Porn Epidemic: Problem, Consequence, and Hope", Josh McDowell, 13 de noviembre de 2019, www.josh.org/the-porn-epidemic-problem-consequence-and-hope.

13. Agustín de Hipona, *Essential Sermons, The Works of Saint Augustine: A Translation for the 21st Century*, traducción de Edmund Hill (Hyde Park, NY: New City Press, 2007), 164.

14. Nancy DeMoss Wolgemuth, *Lies Women Believe: And the Truth That Sets Them Free*, edición actualizada y ampliada (Chicago: Moody Publishers, 2018), 156-58. Edición en español *Mentiras que las mujeres creen y la verdad que las hace libres*, Editorial Portavoz (18 de septiembre de 2018).

15. Nancy DeMoss Wolgemuth, *Lies Women Believe*, 156-58 (adaptado).

Epílogo

1. Aleigha Gresh, prólogo para Dannah Gresh, *Six Ways To Keep The "Little" In Your Girl* (Eugene, OR: Harvest House, 2010), 9.

Pregunta #2

1 Covenant Eyes, *Porn Stats: 250+ Facts, Quotes, and Statistics about Pornography Use (2018 Edition)*, eBook (Owasso, MI: Covenant Eyes, 2022), 4-5, descargado de https://www.covenanteyes.com/pornstats.

2 Doug Weiss, "How Much is Porn Costing You? The Costs of Pornography on Your Life", YouTube, 12:18, youtube.com/watch?v=n30ZdMxWbDc.

Pregunta #3

1   Angela M. Cowan, "Carnivore Lions", National Geographic Resource Library, actualizado el 20 de mayo de 2022, https://education.nationalgeographic.org/resource/carnivore-lions.

Pregunta #4

1. Cindy Beall, *Healing Your Marriage When Trust is Broken: Finding Forgiveness and Restoration* (Eugene, OR: Harvest House, 2021), 11. Edición en español *Sanidad cuando la confianza se pierde: Cómo encontrar el perdón y la restauración en su matrimonio*, Casa Creación (7 de agosto de 2012).
2. Beall, *Healing Your Marriage*, 43.
3. A. W. Tozer, *Man: The Dwelling Place of God* (Louisville, KY: GLH, 2019), 10. Edición en español *El hombre: La morada de Dios*, CLIE, 1994.

Pregunta #5

1. Melissa Ruff, "Unmissable Ministries #6 Live Free Wives", Fight for Love (pódcast), episodio 44, 27 de octubre de 2020, 8:24–34/39:51, https://fightforloveministries.org/podcast. Cambié un poco la cita para hacerla más concisa.
2. Ruff, "Unmissable Ministries #6", 8:40/39.51, editado.
3. Pete me ha dado permiso para mencionar esta ilustración. También se encuentra en su libro, *At the Crossroads: Finding Your Way Home to Who You Really Are* (Friendswood, TX: Baxter Press, 2018), 25-26.

Pregunta #6

1. Jonathan Evans, "Dr. Lois Irene Evans: A Celebration of Life and Legacy", discurso laudatorio pronunciado el 6 de enero de 2020, YouTube, 3:30:52, www.youtube.com/watch?v=FGxsa8vLU4Y.
2. La psiquiatra Elisabeth Kübler Ross es famosa por haber introducido la teoría de las etapas del duelo en su libro de 1969, *On Death and Dying*. Aunque he aprendido de sus ideas y he utilizado parte de su terminología, mi concepto de las fases del duelo difiere del suyo. Se basa en mi experiencia personal y en mis investigaciones, así como en la sabiduría de varios hombres y mujeres cristianos que me han aconsejado.

Pregunta #7

1. Vocabulary.com, s.v. "lament", consultado el 10 de julio de 2022, www.vocabulary.com/dictionary/lament.